U0540818

国家社科基金项目"民国时期劳工抚恤问题研究"（13BZS060）成果

姜迎春 著

中国近代劳工抚恤问题研究

Zhongguo Jindai Laogong
Fuxu Wenti Yanjiu

中国社会科学出版社

图书在版编目（CIP）数据

中国近代劳工抚恤问题研究 / 姜迎春著 . —北京：中国社会科学出版社，2024.1

ISBN 978 – 7 – 5227 – 2367 – 9

Ⅰ.①中… Ⅱ.①姜… Ⅲ.①劳动就业—社会保障—研究—中国—近代 Ⅳ.①D693.66

中国国家版本馆 CIP 数据核字（2023）第 147160 号

出 版 人	赵剑英
责任编辑	田　文
特约编辑	吴焕超
责任校对	刘利召
责任印制	王　超

出　　版	中国社会科学出版社
社　　址	北京鼓楼西大街甲 158 号
邮　　编	100720
网　　址	http://www.csspw.cn
发 行 部	010 – 84083685
门 市 部	010 – 84029450
经　　销	新华书店及其他书店
印　　刷	北京明恒达印务有限公司
装　　订	廊坊市广阳区广增装订厂
版　　次	2024 年 1 月第 1 版
印　　次	2024 年 1 月第 1 次印刷
开　　本	710 × 1000　1/16
印　　张	20.5
字　　数	296 千字
定　　价	118.00 元

凡购买中国社会科学出版社图书，如有质量问题请与本社营销中心联系调换
电话：010 – 84083683
版权所有　侵权必究

序　　言

近代中国的现代化以工业化为主线，引发思想、政治、经济、军事、文化、社会的一系列变革。这种变革与日本、德国现代化道路的不同之处在于，其"弱政府"的背景，难以为中国社会变革提供有效的支持和动力，难以为工业化进程中的弱势群体提供有效的庇护。因此，近代中国包括劳工抚恤在内的一系列社会保障措施，实际是在民间力量的主导下展开的，其范围是局部的，其效果是短暂的，其稳定性是脆弱的，其保障性也是微弱的。以至于很多学者质疑中国近代是否有现代意义上的社会保障？是否有实质性的社会保障行为？

诚然，中国近代的社会保障与西方工业化强国的社会保障相比，无论是制度规范、运行保障、基金储备都差距甚大。大部分受恤人得到的补偿基本是象征性的。从效果来看，无法以现代社会保障的标准来界定。但是，其研究价值在于，中国工人阶级在工业化进程中的觉醒和斗争；中国社会在工业化进程中的反思和摸索。他们在政治动荡、经济孱弱、社会力量微小的背景下，在民族战争、阶级斗争连绵起伏的背景下，为了劳工的生存、为了企业的稳定和发展、为了民族战争的胜利，嫁接中国传统社会的行会联盟，借鉴西方的社会保险，实现了中国劳工抚恤由家庭保障向社会保障的转变，为中国近代社会保障体系的建立，创造了一个艰辛的开始。救急、救恤与保障不仅是抚恤功能的变化，也是中国社会对于社会保障的责任认识的变化，更是人们对于社会发展愿景的一个升华。

中国近代社会保障史的研究一直是学界的薄弱环节，主要原因有三：一是资料基础薄弱，至今未见专门的近代社会保障资料汇编出版。这一方面源自近代的个人、企业和社会对于劳工的苦难关注较多，但对于工伤保障的实施和效果缺乏关注，能够看到的记录都是片面、零碎的，系统留存的资料不多；另一方面在于研究者疏于此方面的搜集和整理。二是研究力量不足。中国社会保障史的研究涉及经济学、历史学、法学、社会学多个领域，对于研究者的知识储备和学科背景要求较高，很难形成规模化的研究团队。三是研究不平衡，社会保障按功能分为社会救济、社会抚恤、社会保险、社会福利，其中社会救济与灾害、慈善等社会热点联系紧密，所以研究者甚众。社会福利是社会保障的高层次表现形式，在近代中国仅有个别案例，研究对象和研究素材稀缺，属于事实性缺席。而社会抚恤是当时劳工保障的主要形式，承载着受恤人继续生存的希望，社会保险则是劳工抚恤的现代化升级版。后两者的研究能够代表近代中国社会保障的发展方向，虽逐步引起学界重视，但成果不足。

《中国近代劳工抚恤问题研究》一书，是国家社科基金项目"民国时期劳工抚恤问题研究"的衍生品。它的出版有助于推动社会保障的精细化研究，丰富中国近现代经济史、中国近代社会史的内涵。为我们呈现一个多元、立体的近代中国的现代化之路。作者从博士阶段开始就涉足此方面的研究，搜集了中国第二历史档案馆、湖北档案馆、四川档案馆、云南档案馆等十多个地区档案馆的未刊档案，其中台湾"中研院"、香港中文大学中国研究服务中心的未刊资料颇为珍贵。更为难得的是，作者对于中国现代化理论、社会保障专业知识以及社会学方法的娴熟应用，使得该书实现了理论与实际、宏观与微观、定量分析和定性分析、人物与事件的统一。政府、社会、企业、个人构成了整个历史叙事中的互动元素，在不同的时期，此消彼长或此长彼消，呈现出一部动态的历史画卷，从而在一定程度上改善了既往研究的孤立、静止、片面的弱点。

从学术角度而言，当下新经济史、新文化史、新社会史的研究浪潮方兴未艾。本研究在这些方面也作出了一定的尝试和努力。本书强调扩大了的总体社会史概念，认为社会史应该包括经济、政治、文化等各个方面，主张从社会各个视角，运用多学科或跨学科的方法，来全面分析社会现象。一方面注重从一个新的角度去研究历史；另一方面注重所得出的结论带有一定的理论色彩，改变过往以精英人物为主角的历史，挖掘社会下层和人民群众的历史。通过县志、日记、报刊中有关民众日常社会生活的新史料，力图再现普通民众在一个相当长的历史时段中的社会生活。同时，马克思主义的理论色彩也非常明显。不是简单地从理论出发，而是注重对历史过程的调查，并把理论性与叙事性结合起来。探讨的领域，既有经济、政治，也有底层文化。使用的研究方法，既有经典的经济基础与上层建筑的关系、阶级斗争和历史规律等客观因素，也强调人在历史发展中的主观作用（当然不是随心所欲地创造历史）。

从现实意义上来说，本书对于政府主导下的社会保障体系的建设提供了许多历史思考，如何在经济投入不增加的情况下，提升社会保障的水平，实现精准服务；如何明晰政府、企业、个人在社会保障中的权利和义务，激发社会成员参与社会保障的热情，使得社会保障资金来源多元化，标准的层次化，利益的长期化，使得社会保障由社会负担变为社会动力。这些都能在历史中找到启发。

总之，作为一名长期从事中国近代社会经济史研究的研究者，本人认为此书作者在资料搜集挖掘方面的贡献，在研究方法上的努力，以及在理论上的创新，都作出了值得肯定的尝试。

朱英

2023 年 7 月于桂子山

前　言

　　民国劳工抚恤问题从广义上来说就是民国时期因公致病伤残劳工和因公亡故劳工遗族的生活长期保障问题。这个问题涉及政治、经济、法律、社会等诸多因素，而民国时期正是中国政治动荡、经济困窘、法制不全、社会服务欠缺的非常时期，伤残亡故受恤人的生存要求在近代环境下变得遥不可及，于是在劳工的抗争下，再加之国际劳工运动的推波助澜和劳工政党的组织，资方的特权受到挑战，劳资冲突不断，罢工此起彼伏。政府出于维护政权稳定的需要，采取调和政策，各时期都有不同水平的抚恤制度出台，南京国民政府时期公营企业发展，由企业主导的抚恤改良措施不断出现，再加之社会团体推出的保险等措施，劳工抚恤水平在曲折中改善。但是这种改善又在各个不同时期经受不同的考验，变异调适始终伴随着劳工抚恤制度的变迁。本书从五个不同时期来考察劳工抚恤问题的出现、探索、解决与缺失，从而探讨近代劳工问题的发展脉络和社会保障制度的发展轨迹。本书首先主要侧重于研究晚清劳工团体的出现、特点与对劳工抚恤问题的不同影响，以及劳工抚恤问题的初现，政府、企业、社会对劳工抚恤问题的各种态度。接着，北洋政府时期劳工抚恤问题日益严重，劳工暴力抗争不断，由于资方的强势镇压、工人政党的呼吁、国际劳工组织的调解和帮助，再加之革命风潮四起，政府不得不通过制定法律来调解，但是决心不大，抚恤赔偿仅以100日工资为准，受恤人依然无以聊生，所以效果甚微。

　　南京国民政府时期则出现了难得的"和平"时间，中央集权有力，经济复苏，社会相对稳定，南京国民政府着手利用法律来调解劳资矛盾，但是工厂法的出台受到资方的反对和拖延，而后通过国家政权强力施行，经过公营企业的示范，略有成效，但是伤亡劳工所得抚恤金仅能维持3—5年的生活，不足以维持长期生活。政府不得不另辟蹊径为受恤劳工寻找保障之道，保险很快提上立法议程，但是保险强调政府、企业、个人三方共责，而国民政府无意承担经济责任，劳工保险一拖再拖，无疾而终，最后不得不以商业性质的简易人寿保险予以补充。到了全面抗战时期，劳工抚恤制度受到战争伤亡和通货膨胀的双重挑战，而此时政府忙于民族战争无暇顾及，劳工抚恤依靠企业自为，在一些实力雄厚的企业，如资源委员会、民生公司等，通过提高抚恤待遇，办理员工互助保险，受恤劳工得到的保障有时竟能达到10年以上，而企业所付甚少。鉴于互助保险的强大保障功能，到全面抗战末期国民政府出面组织川北盐工保险，同样获得一定成效。但是随着抗战后通货膨胀狂潮的来临，无论是资源委员会的员工互助保险，还是盐工保险的保障能力都大打折扣，简易人寿保险甚至破产，企业不得不再次改变抚恤措施，除将恤金（保险金）与生活费指数挂钩外，还加大了劳工互助保险的现收现付力度，其中交通部门的公赙金制度颇有成效，但是即使竭尽全力，这些企业劳工受恤人的保障水平还是倒退到只能维持3—6个月。而此时东北解放区，中共施行的公营企业劳工保险，强行规定企业和政府负责职工全部保险费，很快赢得了40万工人的支持。国民政府自下而上的保险尝试也随着政权的崩溃戛然而止。

  这一过程不论是对近代史的研究还是对社会保障史的研究都有借鉴意义。从政治角度来说，社会保障制度的建立和实施离不开政府的组织、监督、规范和财力支持；而政府也通过这个制度的建立获得政治合法性和稳定的社会秩序，在这个双向的互动过程中，国民政府在劳工和资本家两个阶级之间摇摆，最终使得劳工抚恤问题悬而未决，也就丧失了劳工的支持。从社会保障角度来说，在全面抗战爆发后，政府缺位的情况下，劳工的互助保险在企业的组织下进行得有声有色，其保障能力远远大于同一时期政府保障的军人和公教人员的抚恤。这从另一个方面说明了社会保障只有动员每个社会成员的积极性，才能构筑有效的"保险池"，抗击各种灾害和风险。

目 录

绪 论 ……………………………………………………………(1)

第一章　漠视：清末劳工及劳工抚恤 ……………………………(21)
 第一节　晚清：近代劳工的形成及分布 ……………………(22)
 第二节　意外、疾病与工业灾害 ……………………………(36)
 第三节　劳工抚恤初态 ………………………………………(41)
 第四节　西方社会保险思想的传入 …………………………(50)

第二章　抗争：北洋政府时期的劳工抚恤 ………………………(69)
 第一节　矿难、工业灾害与抚恤 ……………………………(69)
 第二节　劳工抚恤的抗争 ……………………………………(88)
 第三节　抚恤法规的演进 ……………………………………(112)
 第四节　国际劳工运动的影响 ………………………………(132)

第三章　调和：南京国民政府初期劳工抚恤 ……………………(145)
 第一节　《工厂法》抚恤条款出台前后的博弈 ……………(145)
 第二节　《工厂法》下各类企业的抚恤状况 ………………(159)
 第三节　实际运行中的企业抚恤条款 ………………………(172)
 第四节　劳工抚恤的保险化探索 ……………………………(181)

第四章　自为：全面抗战时期的劳工抚恤 ………………………(197)
 第一节　《工厂法》抚恤条款在战争条件下的运行 ………(199)

第二节　各类保险的推行 …………………………………（212）
第三节　抗战劳工的政府抚恤 …………………………………（234）
第四节　全面抗战时期军人、公教人员、劳工抚恤
　　　　状况比较 ……………………………………………（245）

第五章　挣扎：抗战后的劳工抚恤 ………………………（249）
第一节　各种企业劳工抚恤办法的调整 ………………………（250）
第二节　各类保险的调适 ………………………………………（275）

结　语 ………………………………………………………………（295）

参考文献 …………………………………………………………（306）

绪　　论

一　选题缘由

　　近代社会保障兴起于20世纪初，国际劳工组织对它的定义是："社会保障是针对因疾病、工伤、就业、残疾、死亡等不测和分娩、老龄等情况，而导致丧失或部分丧失劳动能力和基本生活需要时，由政府负责，利用一系列公的或法律手段，集聚社会力量，向社会成员提供医疗、养老等物质援助和各种服务，以确保其基本生活。"[①] 在中国，近代社会保障体系由社会保险、社会救助、社会福利和抚恤四大部分构成。[②] 其中社会保险与社会福利是舶来品，而社会救助和抚恤却是自古就有，只是在工业化进程中发生了变异和转型，社会救助由以前的国家或个人恩赐行为转变为有组织、有计划的救助活动；而抚恤由原来的恩赏补偿型向生存保障型转变，最终与社会保险相融合。抚恤由原来家庭保障的补充变为工业化时代受恤人的依靠，因此被誉为"另一条通向社会保障的航线"。

　　但是近代中国劳工抚恤的转型可谓充满曲折与艰难。最初，在偏远的矿山，一场场突发矿难带来一群群无可依靠的孤儿寡母和一具具残缺的躯体，他们生无可恃；在口岸城市一座座纺织厂中，工人们在暗无天日的环境中工作生活，年轻的躯体过早地留下了疾病的因子，常年在疾病与劳作中挣扎。如同西方早期工业化一样，没有人为工人

[①] 联合国国际劳工组织主编：《社会保障基础》，吉林大学出版社1998年版，第3页。

[②] 李晓林、王绪瑾主编：《社会保障学》（全国高等教育自学考试教材），中国财政经济出版社1997年版，第13—14页。

的伤病与死亡负责，这些被认为是工人们获取报酬应付的代价。在当时一些有良知的企业主会按传统方式以安葬费或安抚费的名义给予一定的一次性补偿，这就是最早的劳工抚恤。当然这些补偿是象征性的，根本无法也无意解决劳工及家属的长期生存问题。

工业化创造了前所未有的财富，却给生产者带来灾难，这是进步还是倒退呢？进入20世纪，西方的思想界、政界、企业界都对此问题进行反思，苦难的劳工也掀起一场场反抗运动来表达诉求，甚至推翻政权。为了维持统治，西方以社会保险为核心的现代社会保障制度应时而生，它在一定程度上缓和了劳资矛盾，医治了工业病。这些思想和措施深刻影响了在工业化征途中刚刚起步的中国，民国抚恤在传统抚恤的基础上，学习近代西方社会保障制度，逐步改变传统抚恤救一时之急，而不能长安孤残的弊端，使之制度化、法治化、科学化、大众化，传统的家庭保障向现代社会保障模式转换。西方社会保障制度是建立在工业化程度高、经济发达、政权稳固、法制环境良好、社会组织健全基础之上的，反之民国是一个政治动荡、战事频仍、经济困窘、社会力量孱弱的时代，在此种条件下如何借鉴西方成熟经验，既保护那些因工伤残或殒命的底层受恤人的利益，同时又发展经济促进社会进步，成为当时的一大难题，也是我们今天关注的重点。

1911年到1949年的历史大致可分为4个时期。1911—1927年，北洋政府时期，此时适逢欧战爆发，资本主义获得发展的良机，工业化速度迅猛，但是由于政治动荡，法治缺位，劳工生存条件恶劣，其权利被忽视，既没有制度保障，也没有监督机制，在工人政党的领导下，各地劳工为改善生存条件发起的斗争由自发走向联合，此起彼伏，劳资矛盾尖锐。每一次劳工罢工都会把提高抚恤待遇作为重要条件，而且随着罢工一次次爆发，抚恤要求逐步提高。1927年南京国民政府成立，全国实现了政治统一，经济再次发轫，社会相对稳定，算是相对和平时期，但是此时劳工罢工在新兴的中国共产党领导下规模更大、组织严密、条件具体、要求系统，反映到抚恤要求上就是由象征性的抚恤补偿向具有时效性的抚恤保障过渡。为了缓和劳资矛盾，平息工人运动，国民政府制定并推行一系列军人、公教人员、劳工抚恤制度，特别是《工厂法》的颁布让劳工抚恤上升到法律层面，而且对该法的监督也较为有效，取得了一定成绩，同时社会保险也在积极筹备之中。1937年全面抗日战争爆发，国民政府虽然政治威望空前提高，但是经济、军事形势严峻，受恤人群增大，军人、公务员是抚恤的重中之重，劳工抚恤基本由各个企业在《工厂法》下自主自为。这一时期，资源委员会、川北盐工等机构和群体摸索出一些行之有效保障措施，具体做法是变企业单方责任的抚恤为多方共责的保险，劳工抚恤改企业保障为机构成员互济，虽然其措施的适用范围有限，但是其探索价值不言而喻。1945—1949年的内战时期，国民党政权衰微崩溃，军人、公务员抚恤体系名存实亡，其受恤人群整体陷入生存绝境，但是由企业组织、劳工自为的抚恤措施，如互助寿险、公赙金等制度，却呈现出"东边太阳西边雨"的不同样态。在一些效益较好的行业，如重工业部门、银行、铁路，采取了多种应对措施，居然度过混乱时期。另外，一些社会机构推出的即支即付、成员互济的伤残亡故保险在通货膨胀的恶劣环境中存续下来并发挥了一定作用。而在一些经济效益较差的企业中，劳工则采取了抱团取暖、互相自保的团体行为，虽然作用有限，但聊胜于无。这四个时期劳工抚恤的演变和发展，为考察极端条件下的社会保障制度运行规律提供了宝贵样本。北洋政府到南京国民政府经历了一个无视劳工抚恤到重视劳工抚恤的过程，北洋政府更多的是扮演救火员角色，四处灭火；而南京国民政府则用法律手段来推行，虽效果不尽如人意，但路径值得肯定。全面抗日战争时期，政府缺位，但是企业却能找到一些解决方法，社会智慧与责任在此得以彰显。而在国共内战中，政权全面崩溃，此时企业、个人、社会各显其能，避免了混乱岁月整个劳工受恤群体的集体崩溃，其间的措施和经验值得总结。

现在国家的政治经济状况与民国比不可同日而语，已成为世界第二大经济体，社会保障实现了全社会成员的基本生存保障，面临着如何实现更高层次的保障的问题。存在的困难主要是人口多，经济能力难以支撑过高的社会保障成本。而近代，一些企业如商务印书馆、资源委员会等却能在极端条件下实现较高的保障水准，他们的经验与做法应该有值得借鉴之处。

在学术上，劳工问题一直受到学术界的关注。民国时期学者的劳工调查、共产主义者的劳工阶级矛盾研究以及国民政府的劳工政策研究都留下了宝贵的资料和成果。新中国成立后，国内外学者基于这些资料进行的劳工研究成果斐然。但是由于记录较少，资料零散，长期以来劳工抚恤问题研究者寥寥；少数的研究成果集中于对抚恤条款的解读，未能拓宽视野将抚恤纳入近代社会保障体系发展过程来考察，同样未见从支撑劳工抚恤的政治、经济、社会因素角度来深层次考量民国时期抚恤制度的成果。这就使我们容易陷入一个误区，民国那些立法机构仿照西方制定的法律条文是否代表了抚恤的真实状况？精妙的法律条文经过不同水平的基层官员、别有用心或有心无力的企业主的层层变异，受恤人的真实所得与制度设计者的初衷是否相符或相去多远？军人、公务员、劳工的抚恤实际效果孰优孰劣，以及不同的抚恤制度良莠如何，我们是否应该有一个客观的标准来加以比较呢？诚如王奇生所言，国民党政权像一个由上下两个极不一致机体组成的"夹层面包"。带有现代色彩的上层文官整天忙于制定各种法令、计划和决议，而下层无承接能力，其结果是"层层推转，步步变质"[①]。这些都是本书主旨所在，贴近底层观察民国劳工抚恤状况，以期对近代社会保障以及民国政治社会样态有更深入的了解。

二 研究对象的界定

（一）"抚恤"的概念

按照《说文解字》的解释，"抚"是"安也。从手无声。一曰循也"的意思[②]，"恤"通"卹"，意思是"忧也。收也。从心血声"[③]。

---

① 王奇生：《革命与反革命：社会文化视野下的民国政治》，社会科学文献出版社2010年版，第391页。
② ［汉］许慎撰，［清］段玉裁注：《说文解字注》，上海古籍出版社1981年版，第601页。
③ ［汉］许慎撰，［清］段玉裁注：《说文解字注》，上海古籍出版社1981年版，第214页。

合起来的意思是指用手使其心安，不忧。汉语词典的解释是："对因战或因公致伤、致残和牺牲以及病故人员的家属给予物质上的帮助和精神上的安抚。"它包含四层意思："一抚慰救助；二体恤爱护；三慰问伤残人员或死者家属并给以物质帮助，四指抚恤金。"英文有两个词可表达抚恤的含义："pension"和"assistance"，前者主要指抚恤金，后者指帮助、援助的过程。

抚恤制度的起源可以追溯到商周时代，但是对于1949年以前各个历史时期的抚恤，不同时期学者赋予了不同的含义，对它的解释也大相径庭。

20世纪80年代，孟昭华从阶级斗争的立场出发，在《中国民政史稿》中对抚恤进行了界定："抚就是抚恤，即抚慰和恤赈，抚慰主要是精神上的抚慰和政治荣誉，恤赈乃是给予钱款或物质照顾。"①认定封建社会的抚恤是统治阶级的"恩赏"，"谈不上什么优抚制度规定"。认为真正意义的抚恤"随着人民军队的诞生而产生"。这种定义在20世纪90年代以前是主流意见。20世纪90年代以后，伴随研究的深入，这一定义在被用于实际问题的解释中出现了很多歧义，一方面抚慰、救助、体恤、爱护、安抚这些词语过于感性，难以准确诠释抚恤的具体内容，不是所有类似行为都叫抚恤。另外，对于物质的帮助和精神的安抚的次数和力度都缺乏界定，一次给予叫不叫抚恤？很难将它同救助、优待等行为区别开来。抚恤在近代出现了政府抚恤、企业抚恤、民间抚恤等多种形式，似乎也不能以这个定义来解释。因此，不少学者在自己的研究中，对这个概念进行了界定和丰富。

李翔研究了全面抗战时期国民政府的军人抚恤制度，从国家合法性的角度对抚恤概念做了补充，认为抚恤伤残军人是国家合法性的表现，属国家应尽义务。他对全面抗日战争时期军人抚恤所下的定义是：国民政府运用政治权力以及组织管理能力，调动资源，对在全面抗战中伤残亡故的军人进行的安抚慰问和恤护。抚恤制度既涵盖抚恤

---

① 孟昭华：《中国民政史稿》，黑龙江人民出版社1986年版，第130页。

的条文法规，也包括在此基础上所形成的请恤、领恤、发恤等一整套制度体系及保证该制度有效施行的各项措施。在当时，它既是军事后勤的一部分，同时它的发恤、核恤又属于地方民政业务，属民政的范畴。①

台湾学者傅肃良为考察公务员的抚恤，对抚恤的概念做了三条较为清晰的界定："一、抚恤是政府对亡故公务人员之遗族给予抚恤金。二、给予抚恤金是酬庸亡故公务人员之生前服务于功绩。三、抚恤之目的在安抚遗孤之生计。"② 这个界定也明确了公务员抚恤的责任主体是政府，其目的是酬劳死者生前的功绩，保障遗族的生存。

经过这些学者的补充和深化，抚恤的内涵丰富了许多，笔者认为抚恤在近代的语境中应该具有如下含义：

第一，就责任主体而言。抚恤是一项维护国家安全和社会稳定的重要措施，涉及社会弱势群体的社会事业，客观上需要集中领导和统一管理。同时在全社会范围内实现广泛的公平和正义是政府合法性的体现，国家在抚恤组织和运营中的主导作用不可取代，社会团体和个人则承担部分责任。

第二，就抚恤范围而言。抚恤主要针对的是在战争中牺牲或受伤的将士及其遗族，到了近代除军人和公务员外，还包括工厂中因公伤亡或因公致残、致病的劳工。

综上来看，中国近代的抚恤是指以政府为主导，以法律为保障，社会共同参与，针对特殊人群的基本生活保障系统的一部分，含救助、奖励、补偿意义，其目标是保证伤者或亡故者遗族长期或终生的基本生活。

劳工抚恤分为广义和狭义的理解，狭义的劳工抚恤指劳工因公致病、伤残、亡故后的抚恤金；广义的劳工抚恤则是指政府、企业、个人为保障意外伤残亡故受恤人长期生活而做的法律、经济、制度安排，含有奖励、救助、保障三重含义。

---

① 参见李翔《抗战时期国民政府强化军人抚恤制度原因之分析》，《军事历史》2008年第1期。
② 傅肃良：《考铨制度》，台北：三民书局1980年版，第499—500页。

承载抚恤功能的主要载体就是抚恤金。在抚恤过程中存在一次恤金和年恤金两种。一次恤金自古就有，存在雇佣关系的社会成员，当被雇佣的一方出现亡故或受伤时都会得到一笔抚恤金，可以用来丧葬、暂时接济遗族或残疾受恤人的生活。像民国初期矿难事故中的死亡者，恤金基本都是 40 元，既没有法律的强制规定，也没有考虑受恤人的需求，受恤人领到恤金后用以购买产品和服务。这种恤金的保障作用非常有限，只能起到应急作用。如前文的 40 元钱大约是同时期工人 2 个月的平均工资。一次恤金是在劳工遇难之后，一次性给受恤人的恤金，用于解决罹难之后的丧葬、临时生活问题，可以救急。其特点是象征性的，它只具有道义价值，而缺乏现代保障价值。

年恤金则是按年发放，目的是保障受恤人的长期生活，一般期限是到受恤人去世（后代则到成人），国际上不同国家对年恤金的规定不同，美国是无限期直至受恤人（包括伤残者本人和亡故者直系家属）死亡，其他国家分别有 16、20、25 年的界定，国民政府军人和公教人员年恤金年限为 16—25 年不等，这种恤金保障能力最强。在劳工抚恤中关于这种年恤金虽然也有规定，但是一般年限只有 3—5 年，而且因为形势动荡难卜，企业基本都实行一费了责。这笔钱到底能保障受恤人生存多久，能否真正补偿受恤人的损失呢？这个问题是本书研究的主线。

最后需要界定的是抚恤与社会保障体系的关系。社会保障在实施过程中有四种形态：社会救济、抚恤、社会保险、社会福利。社会救济是临时性措施，只在危机来临时由政府或社会给予罹难者救助，以渡过难关为终止，主要指自然灾害救济。社会福利是更高级的社会追求，在一些富裕的国家或企业对成员给予的高于社会基本保障标准的利益，如免费保健、娱乐度假等，这两个都不是社会保障的常态形式。

1883 年德国通过了世界上第一个社会保障法案《疾病保险法》，社会保险成为各国社会保障的常态形式，这种制度于 1890 年传到中国，从理论到实践，一直到新中国成立后，才作为法律形式被固定下来。但是其社会成员互助的原则却在民国时期被用来解决伤亡劳工抚恤问题。传统抚恤的功能经历了救急、救助到保障的转型，作为常态化的劳工抚恤也逐渐与劳工保险融合。因此在近代中国，劳工抚恤可以说是劳工保险的过渡形式。

（二）劳工的界定

劳工，新华字典的解释是："劳"指人类创造物质与精神财富的活动。"工"指个人不占有生产资料，依靠工资收入为生的劳动者。现代汉语词典将劳工分为两大类：一是指旧时的工人；一是指被抓去强迫服苦役的人。① 劳工这个阶层产生于近代工业文明，相当于西方工业社会中的"蓝领"工人。在中国，对于劳工的界定是一个动态的历史过程，不同时期有不同的范畴。最早的劳工主要是指体力劳动者。

到五四运动时期，为了团结更多的革新力量，劳工边界被放大，即指所有脑力劳动和体力劳动者。蔡元培在《劳工神圣》中写道："我说的劳工，不但是金工、木工等等。凡用自己的劳力，作成有益他人的事业，不管他用的是体力、是智力，都是劳工。所以农是种植的工；商是转动的工；学校教员、著作家、发明家是教育的工，我们都是劳工。"②

这种观点很快得到了学者、官方和共产主义者的认同。学者陈润东总结道："凡执其艺以发挥其本能而为社会劳动服务者，皆谓之劳工。"③ 1931年全国工商会议的界定也是如出一辙。"所谓劳工不单指在工厂里用力的人说，就是用心的如学校教授、报馆记者无一不是劳动分子。"④在共产党的理论语境中，工人阶级一词成为劳工的代名词，最初包括工人、手工业者等无产者，后来认定知识分子也是工人阶级的一部分。

与此同时，一些劳工专家为了研究需要，在此基础上对劳工群体进行了细分。张效良将劳工分为5类：1. 奴隶工人——包括田奴、婢

---

① http://www.cidianwang.com/cd/l/laogong770.htm
② 蔡元培：《劳工神圣》，《新潮》1919年第1卷第2号。
③ 陈润东：《今年五一节应庆祝政府实施劳工教育》，《中平邮工》1935年第1卷第2、3册合刊。
④ 实业部总务司商业司《全国工商会议汇编（1931）》（下），沈云龙主编：《近代中国史料丛刊》第3编第20辑第196册，第4编，（台北）文海出版社1987年版，第19页。

女、学徒、侨奴（俗名卖猪仔）、妓女；2. 农业工人——佃户、贫农、长工、短工、畜牧工；3. 工业工人——工业工人分两类，一类是手工业工人包括家庭手工、工场手工、沿街手工；另一类是机器业工人包括纺织、机器、电气、印刷、烟草、矿冶、其他等；4. 输运工人——包括陆上输运（含码头工人、起卸工人、挑夫、人力车夫、轿夫、马车夫、驾骆驼工人、驾电车夫、驾汽车夫、铁路工人等）、水面输运（含轮船工人、航船工人、渡船工人等）、航空输运（含驾机、修机、司油、接客等）；5. 职业工人——大概都习得一种专门技能，以资自立谋生者，如职员、教师、医生、律师、工程师、美术家、文学家等。[①] 民国劳工专家潘公展、陈达也有类似的划分。

结合近代语境，可以将劳工的概念概括为个人不占有生产资料，靠出卖劳动力换取工资维持生活的人。包括体力劳动者和脑力劳动者，如码头工人、海员、矿工、司机、教师、医生等。

由于劳工群体成分复杂、分布广泛，想要穷尽资料，做总体研究只能是一种徒劳的奢望，只有针对一些代表性的群体，以点带面，梳理些许脉络。本研究所针对的人群，前期主要是指一些带有近代性质使用机器的工业企业，如军工厂、矿山等部门的雇佣工人；1928年后，主要考察南京国民政府颁布的《工厂法》适用工厂的工人，指使用汽力、电力、水力、发动机器的工厂，平时雇佣工人数在30人以上的工厂工人，[②] 主要包括银行和企业职员，以及铁路、邮电、工厂的产业工人等，也就是张效良所界定的机器工人、输运工人、一部分职业工人。据中央工厂检查处1934年年报，11省合于《工厂法》第一条规定的工厂之工人约有52万人。[③] 以当时1518588名劳动者计算，受法律保护人数约为全部劳动者的40%。这类具有近代性质的劳工群体诞生于洋务运动，壮大于民国初年，发展于南京国民政府初

[①] 张效良：《现代中国劳工之研究》，《天籁季刊》1930年第20卷第1第2号，第2—4页。
[②] 邢必信等编：《第二次中国劳动年鉴》第三编，北平社会调查部1931年版，第5页。
[③] 参见南京国民政府实业部中央工厂检查处：《民国二十三年全国工厂检查年报》附录，第40页。

期，在全面抗战中经受考验，是中国近代工业化的亲历者。主要分布于上海、南京、武汉等几个产业集中城市、数十个矿山和十数条铁路。

之所以选择这部分群体，主要原因有四：一是本书主旨是研究中国工业化进程中伤残亡故劳工的抚恤保障问题，选择一些代表中国工业化水平企业的劳工作为对象，无疑是最具说服力的。二是《暂行工厂通则》、《工厂法》所指定的这些矿山、公营企业和大型私营企业，是近代机器生产最密集的部门，也是工业事故和灾害的密集区。这些工厂的受恤人数众多，他们遭受的苦难具有普遍性和代表性，具有关注价值。而一些传统的手工业作坊或小型工厂，事故发生的密度和烈度以及伤害性远不如这些工业企业。三是这些工厂是苦难最深重，也是矛盾最尖锐的地方，当然还是各种变革和制度诞生的最前沿，许多新方法、新措施都是在这里最先试行。四是这些企业受到政府和社会的高度重视，政府部门工厂检查和社会调查频繁，所以数据翔实，资料丰富。再加之这些企业的现代化程度较高，管理规范，账目、记录等原始凭证保存完好，都可以为还原这段历史，研究近代劳工抚恤发展脉络提供便利。

三　学术前史

涉及中国近代劳工抚恤问题的研究，按时段划分，可分为1949年以前和1949以后的研究。

（一）1949年之前的研究

民国时期劳工抚恤通常是作为劳资关系的一部分来考察的，其成果大多隐含于其他研究之中。20世纪20年代初劳资矛盾尖锐、罢工频发成为主要社会问题。各界人士开始重视劳工的生存保障问题。其中学术界关注伤残和死亡劳工的抚恤问题主要通过调查，有三种主要渠道：一部分是来自民间团体和学术机构的调查，此种调查侧重微观层面。如陈达的《中国劳工问题》（商务印书馆1929年版）和《我国工厂法的施行问题》；祝世康的《劳工问题》（商务印书馆 1934 年版）；王清彬等编著的《第一次中国劳动年鉴》（北平社会调查所 1928 年版）；邢必信等编著的《第二次中国劳动年鉴》（北平社会调查所 1932 年版）；史国衡的《昆厂劳工》（商务印书馆 1946 年版）等，一些零星研究都被收录在了李文海、夏明方、黄兴涛主编的《民国时期社会调查丛编》系列丛书当中。

一部分来自于 1930 年以后国际劳工局中国分局出版的《国际劳工消息》《国际劳工通讯》《国际劳工》等杂志，介绍了许多中外劳资争议事件、工人运动动向、学术研究论文以及第一手的统计资料。其中涉及抚恤问题的资料虽然不多，但是公正、客观，并具有全球比较视野。

一部分则是来自于官方的统计和调查，侧重于宏观方面。如实业部编撰的《全国工人生活及工业生产调查统计报告书》（工商部 1930 年）、《二十一年中国劳动年鉴》（实业部编 1933 年）、《二十二年中国劳动年鉴》（实业部编 1934 年）、《中国经济年鉴》（实业部编 1934 年），统计了 1927 年到 1930 年全国各行业的劳工劳动状况、工人组织团体、劳工运动、劳资争议、劳动法令与劳动设施等诸方面。还有一些劳工官员主办的刊物和主持的调查也颇为客观、权威。如实业部劳工司司长朱懋澄、专家李平衡等指导编印的《劳工月报》《劳工月刊》《实业部月刊》等刊物，刊登国内外的官方文件、劳动立法、劳动界新闻、调查统计报告等资料和论文；其中以吴至信的《中国惠工事业》（世界书局 1940 年版）对劳工抚恤的调查最为深入，调查通过对当时具有代表性的 40 多家厂矿企业的统计，得出当时的劳工抚恤不足以保障伤者和遗族的生活，只能算是一种赔偿的论断。

在此基础上，大量劳工专家致力对劳动立法的研究。一时间作品迭出，代表论著有：李剑华的《劳动问题与劳动法》（太平洋书店 1928 年版）、方显廷的《我国工厂法与纱厂业之关系》（《大公报》1933 年 11 月 15 日）、史太璞的《我国工会法研究》（正中书局 1945 年版）、曹剑光的《劳工法的研究》（南华图书局 1929 年版）、刘巨塈的《工厂检查概论》（商务印书馆 1934 年版）、谢振民的《中华民国立法史》（正中书局1948年版）等。

法律只是规范秩序，能够真正解决劳工保障问题的还是社会保险。它既保障劳工生存，又能减轻企业负担，备受各界推崇。潘公展（《中国创办劳工保险刍议》，中国保险年鉴社1937年版）、马寅初（《中国保险业与中国建设之关系》，中国保险年鉴社1937年版）、罗敦伟（《保险事业与统制经济》，中国保险年鉴社1937年版）等对以社会保险来解决伤残劳工和死亡劳工遗族生存问题大力推崇，但著作基本以宣传鼓动为主，缺乏对于可行性措施的探讨。而《简易人寿保险》杂志则较为详细地记载了简易人寿保险实行过程中被保险人的种类、各类金额比例，以及作用。

上述调查研究的共同之处在于：一是具有强烈的解决劳资矛盾的现实目的性。民国之初也是工业化初始，新阶层、新问题凸显，于是各政党、各专家、各学术团体都纷纷出谋划策，构成了民国初年劳工研究的热潮；二是以调查工人生产、生活状况与劳资冲突为主，留下大量第一手资料，为后续研究提供了基础。陈达、李平衡、李超俊、方显廷、潘公展、李大钊等一些著名学者对劳工调查的亲力亲为，国内各大媒体、专门刊物以及国际劳工组织等机构的密切关注与推动，还有政府不遗余力的支持，使得这一时期的调查资料翔实、具体、科学，即使到今天这些资料仍然是劳工研究的支撑；三是强调通过发展工人组织，利用社会力量建立社会保障体制，提高工人生活水平，但是忽略了政府责任。因为民国时期，政治动荡，政府屡弱，南京国民政府初期虽然出现短暂的稳定，但随后的全面抗日战争又将政府拖入战争的泥沼，无暇顾及劳工生存保障问题，因此当时学者们倾向于依靠社会力量来化解这一社会问题。

（二）1949年以后的研究

1949年前的研究基于现实需要主要侧重于实践层面，1949年以后特别20世纪80年代以来一些国内学者和台湾学者则注重中时段研究，着眼于历史角度和价值角度，不同时期呈现出不同观点。

在20世纪90年代以前，经济改革刚刚起步，一些研究者在研究民国军事史的过程中,开始对军人抚恤问题有所涉猎。但是他们主要是沿袭以往的阶级分析模式,着重分析了民国军人抚恤的性质,认为"国民党反动政府虽然在优抚方面有些明文规定,但由于反动政权的本性……不过极尽一些欺骗之能事罢了"。(《中国民政史稿》,孟昭华、王明寰著,黑龙江人民出版社1986年版) 刘国林在《中国历代优抚》(黑龙江科学技术出版社1988年版)一书中,对历代的抚恤政策做了一个宏观分析,关注对象由军人扩展到了公务员,在第10章专门论述了近代抚恤制度,文章也是以军人抚恤为主体,略论及公务员,肯定了民国抚恤体系在技术层面上的进步性,但仍然没有摆脱意识形态的约束,认为是统治阶级采用的统治"手段"。这些成果侧重于研究抚恤制度的变迁,侧重于上层建筑的作用,既体现了研究者突破藩篱,关注底层,关注民生的时代视野,又反映出旧时代所留下的价值观念的桎梏。

进入90年代以后,学界对抚恤制度研究的广度和深度进一步扩展。敖文蔚在《中国社会通史·民国卷》(山西人民出版社1998年版)中,认为民国抚恤的研究对象应该从军人拓宽至公务员、党员、教职员、守土抗战的民众等。抚恤研究的视野由军人这一特定群体扩展到了广大民众,虽着墨不多,但研究思路令人耳目一新。

在深度上,学界逐步摆脱片面、孤立地研究抚恤制度的模式,开始关注抚恤制度与社会、家庭、军事、政治、经济的关系。敖文蔚的专著《中国近现代社会与民政》(武汉大学出版社1992年版)集中把清末民国时期包含抚恤在内的各项民政措施和制度放到了清末民国这100年的社会历史条件下来考查,在书中,作者对民国抚恤制度的沿袭和变异过程中的社会效应和缺失做了整体分析,它的价值在于摆脱了以前研究抚恤问题时孤立地审视制度条文的片面做法,而是和当时的政治、经济、社会结合起来进行考查。在书中第2编第5章,作者对十年内战的抚恤和全面抗日战争的抚恤分别进行讨论,认为十年内战中抚恤的性质虽然仍然是反共、反人民的,但是其范围已经从军人扩展到了文官、警察、铁路邮政职工,含有近代化抚恤普遍性原则,认为此时抚恤的内容包括物质抚恤和精神抚恤两部分,是一大进步。随后,关于劳工抚恤的抚恤条文、抚恤机构、抚恤思想、抚恤效果研究陆续展开,整个研究态势从宏观向微观领域深入,研究成果主要有:

1. 以研究法律制度为切入点

如岳宗福的《近代中国社会保障立法研究(1912—1949)》(齐鲁书社2006年版)、陈竹君的《南京国民政府劳工福利政策研究》(《江汉论坛》2002年第6期),从立法的角度,突出抚恤制度的法律价值。其中孙安弟的专著《中国近代安全史(1840—1949)》(上海书店出版社2009年版)则对晚清到新中国成立这一时期的工业灾害、劳工伤亡人数、赔偿制度等作了全景式的梳理,其资料价值突出。还有一些关于劳工抚恤法规的研究包含在民国其他社会保障的研究成果之中,如翟旭丹的《近代上海社会福利制度研究1927—1937年》(博士学位论文,华东政法大学,2013年)。刘秀红侧重于北洋政府时期的劳工伤残亡故问题研究,其文章对这一时期的政府和行业制度进行了一些梳理,代表作有《民国北京政府时期劳动灾害赔偿制度探析》(《安徽史学》2015年第5期)、《民国北京政府时期铁路劳工社会保障立法述论》(《扬州大学学报》2012年第6期)。而汪华则立足上海,对该地区企业的劳工保障制度进行了剖析,抚恤制度是其主要研究对象之一。代表作有《施惠与控制:近代上海劳工福利政策的双重效应》(《上海师范大学学报》(哲学社会科学版)2015年第3期)、《近代上海社会保障研究(1927—1937)》(博士学位论文,上海师范大学,2006年)。这些研究既有宏观层面的构建,也有微观层面的解读,代表了一种研究趋势。

2. 重在分析抚恤制度的运行实施

针对劳工抚恤的专题研究不多见,但是散见于其他研究当中的成果数量很多。如围绕《工厂法》研究的有彭南生、饶水利的《简论1929年的〈工厂法〉》(《安徽史学》2006年第7期)和饶水利的《南京国民政府〈工厂法〉研究:1927—1936》(硕士学位论文,华中师范大学,2007年)以及朱正业、杨立红的《试论南京国民政府〈工厂法〉的社会反应》(《安徽大学学报》(哲学社会科学版)2007

年第 11 期)。作者普遍认为《工厂法》虽然在抚恤力度、实施效果等方面不尽如人意,但是其在缓和劳资矛盾、争取劳工利益方面还是有积极意义的。

值得一提的是,一些学者从劳工抚恤与政治、经济、社会、外交的关系来探析各种保障制度的影响因素。其中田彤的《国际劳工组织与南京国民政府(1927—1937)——从改善劳资关系角度着眼》(《浙江社会科学》2008 年第 1 期)说明了国民政府推行劳工抚恤制度的国际因素;霍新宾则从阶级关系的视角解读了实际运行中劳工利益的来源(《"无情鸡"事件:国民革命后期劳资纠纷的实证考察》,《近代史研究》2007 年第 1 期)等。

还有学者从研究保险出发追溯对于近代伤残亡故劳工的抚恤保障的发展。毋庸置疑,这使得抚恤和保险研究实现了有机结合,也符合民国时期人们从互助中寻求保障的历史事实与由抚恤向保险发展的历史脉络。周华孚、颜鹏飞编的《中国保险法规暨章程大全》(上海人民出版社 1992 年版)无疑是这些研究的基石。而朱华雄、朱静著的《民国时期社会保险思想研究》(武汉大学出版社 2014 年版)则对民国保险思想的滥觞作了剖析;李琼则利用国民政府社会部档案撰写了《民国时期社会保险理论与实践研究》(社会科学文献出版社 2014 年版),重点对社会保险的运行状况作了细致考察,使人们看到了条文的发展与实际运行的真实状况。

综合来看,整个民国时期的劳工抚恤研究经过多年的资料挖掘和研究探讨,形成了相当数量的成果,但是空白和薄弱之处依旧明显。

第一,民国时期的劳工抚恤涉及面广,既包括近代工业企业部门,又包括传统的手工业者和服务业者,前者分布在 20 多个城市和矿山,后者则深入到每个社会细胞中,据有关资料显示,1919 年,我国工人数量达到 200 多万,分布在大约 1000 多个企业当中,每个地区、每个企业的经济基础、工作环境、工人构成都大不相同,以前的研究要么着眼于国家制度层面的法律、机构、思想等顶层设计思考,如岳宗福的社会保障立法研究、饶水利的《工厂法》研究等;要么立足个别地区或企业,以个案研究为突破口,这些研究都能立足事实,还原历史，但是由于资料的零散与庞杂，这些成果彼此孤立，缺乏联系，劳工抚恤研究的"碎片化"现象严重，这些局部的碎片需要一个体系将他们连接起来，形成一个有机整体。

第二，抚恤制度涉及制度学、法学、经济学、社会学等多个领域的内容，包含理论探索和实践施行两个环节，由于政府部门的法律条文等显性资料便于研究者利用，初期的研究主要以对抚恤制度的条文分析、解读为主，结果往往被民国学者那些精妙的法律条文所迷惑，疏于对抚恤制度实际运行效果的深层次关注，缺乏实际的检验标准，结论流于肤浅。大多数学者认为这是一个针对特定人群的救助帮困措施，只是关注救济或者抚恤了没有，而不关注究竟应该有多少受恤人，实际有多少受恤人受益，抚恤金支撑基本生活的能力如何，以及抚恤资源分配背后政治、经济、社会利益的权衡与角逐等。对这些内容的揭示有助于实现更高层面的研究旨趣。

第三，虽然早在20世纪90年代就有学者提出抚恤研究除军人之外，还应包括劳工、公务员等其他社会阶层，但是多年来由于资料匮乏与零散、研究视野狭窄，关于劳工抚恤的专题研究一直较为薄弱。如今随着大型民国数据库的开发和应用，地方、企业档案的整理公布，使得民国劳工抚恤的资料丰富起来，但是这些资料的归纳和解读仍然处于初始阶段，研究者侧重于制度本身的思想源泉、条款解析、机构变迁、人事更迭，而没有更多关注造成制度现象的经济、政治、思想、文化因素。民国劳工抚恤制度的发展离不开对传统济贫思想的沿袭，也离不开近代西方社会保障思想的影响，更离不开近代世界范围内劳工运动和劳工组织的冲击。政党启蒙、劳工觉醒、国际组织的干涉、现代政府义务等因素共同促进了劳工抚恤与国际接轨，向近代社会保障制度转型。但是，近代中国动荡的政治局势、绵延不断的国内战争和几近倾国之力支撑的民族战争造成了国困民乏，经济困窘，社会力量孱弱的局面，这种条件下的劳工抚恤转型之路注定曲折，当然其中不乏经验和智慧，这些因素在既往的劳工保障问题研究中，鲜有涉及。

四 研究思路、研究方法和创新之处

1911年民国初肇,迎来了资本主义发展的一个高峰,到第一次世界大战结束时,无论是工厂数量还是资本规模都是民国初年的10倍以上。但是工业事故和因工伤亡的劳工数量也是相应翻倍,在国内工人罢工运动的推动和国际劳工组织的敦促下,民国北京政府和南京国民政府不得不重视这一社会问题,于是传统的劳工抚恤被以《工厂法》的形式强行规定了责任双方的义务和权利;劳工因公伤残亡故后,受恤人的补偿金额和时限有了规定,这比传统抚恤完全由民间自为的做法更加严谨、规范和科学,但是对落实制度和实施效果缺乏监督机制。民国北京政府政治动荡无暇顾及,南京国民政府时期开始全面实施,但是时间短暂,到了全面抗战时期,挽救国家危亡成为时代主题,劳工抚恤和保障基本由企业自为自律,一些中央企业作出了示范,有些措施简单实用。第二次国内战争时期,物价飞涨、国民党政权衰微,劳工抚恤责任完全由企业和社会承担,受恤人的命运冰火两重天,在一些实力效益较好的企业,受恤人能得到很好的保障,而在一些实力较差的企业,受恤人基本沦落到无依无靠的境地。我们考察这一过程,既可以了解到中国近代的劳工保障如何在政府、国际组织、社会、政党力量的推动下,由无序到有序,由救济到保障的发展过程,又可以了解支撑社会保障的社会、政治、经济条件,同时我们可以更多地思考在政权衰微、经济不振、社会动荡的环境中,社会保障制度能否成为芸芸众生可以依靠的诺亚方舟。

(一) 研究思路

劳工抚恤的研究目标是考察民国各个时期伤残亡故劳工及其遗族的生存保障手段和状况,本研究主要内容有三:一是对劳工抚恤制度的形成、发展、变迁及其背后的政治、经济、社会、国际影响因素的探讨,突出各时期抚恤措施的传承、借鉴、创新之处。二是侧重考察劳工抚恤制度实施的实际效果,以生活费指数为标准,探讨各个时期抚恤金的真实保障能力和作用，以了解该制度的效度。三是重点揭示传统劳工抚恤向现代劳工保障制度过渡的过程，由家庭自保到劳工互保再到社会保险，抚恤也经历了从企业单方责任到劳工、政府、企业共同参与的转型过程——抚恤保险化的发生、发展以及作用。

首先诠释研究中的基本概念。如抚恤、保险、互助保险、公赈金等以及相互关系，界定研究范围；其次，追溯近代劳工抚恤发展的历史脉络以及影响民国劳工抚恤制度的西方社会保障思想；再次，将近代劳工抚恤的历史脉络分为民国北洋政府时期——近代劳工抚恤制度的发端（1911—1927）、南京国民政府时期——劳工抚恤体系的初步形成（1927—1937）、全面抗战时期——劳工抚恤体系的艰难与应对（1937—1945）、国民党政权崩溃时期——劳工抚恤的自救与沉浮。本研究分别对抚恤制度文本的内容和运行实态进行考察，将宏观的政策和微观的个案结合起来进行研究，在此基础上回答：1. 民国时期劳工抚恤问题的产生背景。2. 民国北京政府、南京国民政府推出以《工厂法》为核心的劳工抚恤制度的实际效果如何，以及为什么会这样。3. 社会力量为劳工受恤人的基本生存提出了什么方案以及作用如何。最后分政治动荡时期——民国北京政府时期、相对和平时期——南京国民政府初期、全面抗战时的经济困窘期、国民党政权崩溃时期四个时期，在解读抚恤条文的基础上，探讨国民政府在不同历史时期抚恤制度法规为适应需要所作的调整，劳工抚恤走上了企业抚恤和保险抚恤相结合的道路，在不同的企业中有不同的表现。

难点：一是在研究内容上，既要注重法规条文的解析，又要观照制度实施的实际效果。上层决策者的考量、选择和下层受恤人的抗争、挣扎同步呈现，同时兼顾各个时期的中外政治、经济、社会背景，才能较为全面、真实地反映抚恤状况。研究时段长，范围宽，如何做到既有宏观把握，又能洞见其微，使结论不流于表面，又不致"一叶障目，不见森林"，是一大难点。

二是中国劳工分布地域广泛，层次各不相同，而且不同行业，同一行业不同企业之间差距甚大，如何找到共性，得到准确的判断，较为困难，因此本书只能重点关注那些处于转型时期较为典型的事件和企业来进行分析，以图抓住劳工抚恤近代化的发展脉络。

三是如何结合法学、政治学、管理学、制度学、社会学、社会保障学方面的理论和方法对抚恤制度进行实证研究是一大难点。劳工抚恤的内容涉及救济、公共管理、社会保险、公益服务等多个领域，既要厘清关系，又要研究他们之间的联系，如何做到泾渭分明又不孤立片面，需要充分的资料支撑和理论构建。

基本观点：通过对相关文献的初步解读，笔者认为当时的北洋政府和南京国民政府为维护政权稳定、加强统治而对劳工抚恤制度所作的改进，不自觉地表现出现代国家的责任意识、政府的服务精神，以及劳工保障社会化的趋势：1. 劳工抚恤法规的制定和实行使抚恤常态化、科学化、规范化。劳工抚恤法规的颁布，表现出劳工保障由社会习俗到国家意志的转变，但是囿于政治、经济、社会条件保障的范围仍然有限，国民党政权为维持统治，不得不在劳工、资本家以及外资势力之间寻求平衡。2. 在抚恤方法上，劳工抚恤则体现出社会化的趋势，起初的企业单边责任使资方不堪重负，劳工抚恤也只能是低水平的临时救济，随后政府尝试用国家、企业、个人共担的社会保险代替劳工抚恤，但是由于经济、法律、社会条件不具备而进展缓慢，战争的破坏又使得这种尝试被迫中断。3. 在全面抗日战争的特殊环境下，国家力量向民间人群延伸，受恤人群除军人、公教人员外，还包括海外归国抗战的侨工、空袭遇难的工厂工人、招雇的民工以及守土抗战的广大民众，但当时国困民穷，能给的抚恤只能是象征性的。此时以资源委员会为代表的大型公营企业立足人数众多的劳工队伍，为劳工组织互助保险，而这种互助保险为受恤人提供了一个较为安全的避风港。4. 到了第二次国共战争时期，国民党政权危在旦夕，根本无暇也无力顾及劳工受恤人的存亡，这时在川北出现了跨地区的全行业互济的盐工保险，这种保险突破了企业的范畴，扩展到了整个行业，其保障能力、安全性都大大提高，无疑是那令人绝望的岁月中的一根救命稻草，由此抚恤保险化的概念正式被提出。

总之，中国近代劳工抚恤经历了一个由危难救急到短时间救恤，再到完全保障的过程；它的手段由企业单方面的抚恤赔偿向企业、个人共责的互助保险转换；其性质由传统的慰劳酬绩发展到近代的社会义务。这个过程揭示了中国社会保障近代化的变迁史，体现出工业化背景下的劳工保障体系形成的内在逻辑。

（二）研究方法

主要方法是基于民国档案（含南京、上海、成都、重庆、台湾多地档案馆）、报纸、期刊等原始资料的实证比较研究，力求做到计量分析与文献解读、宏观统计和微观个案相结合。注重多学科综合：从制度学、法学的角度对南京国民政府时期的劳工抚恤条文进行重新解读；从社会学（特别是社会保障学）的角度对各个时期抚恤制度所产生的实际效果进行研究；从经济学和社会保障学角度对这一时期的保险、抚恤、公赗金等制度进行分析、评价。

（三）创新之处

新资料的发现。台湾"中央研究院"、"国史馆"和第二历史档案馆以及云南、四川、浙江、重庆、江西、湖北等省档案的发掘，为本书的撰写提供了基础。另外得益于近些年大型民国期刊数据库的开发，使得本书能够集中利用中国近代40多种中央及各部门、省、直辖市的公报、月刊，还有《申报》《大公报》等便捷强大的搜索引擎，使得材料来源更加广泛可靠。

研究方法。注重将历史学研究法同社会学、管理学、法学、制度学等学科方法相结合，以社会保障的标准，对近代各时期的抚恤制度及实施效果作实证考察，是本研究的新思路。另外，引入当时工资生活费标准来评价各个时期的劳工抚恤效果也是本书的创新点之一。

研究内容。除对劳工抚恤法律文本的解读比较之外，劳工抚恤制度形成的政治、经济、社会原因剖析则将此研究推向深入。另外，劳工抚恤的保险化趋势研究也是本书一大亮点，而且将军人、公教人员和劳工抚恤进行比较研究拓宽了研究的视野，弥补了以往比较研究的不足。

第一章　漠视：清末劳工及劳工抚恤

在中国漫长的传统社会中，带有雇佣性质的劳工群体一直存在，诚如民国学者张效良所分析的5种劳工中，奴隶劳工、手工业劳工自古就有：地主权贵家的短工、长工、婢；手工业作坊的学徒帮工；军队作战中征调的挑夫、劳役等，只是在农耕时代，这些劳工人数有限，要么短期服役（如军队征调），要么分布零散，难以形成长久固定的群体力量；再加之传统社会大多为手工劳动，劳作危险性小，伤亡概率较低，那些数量有限、遭受意外伤害的零星伤残者甚至毙命劳工的遗族基本上都是回归乡里，务农糊口，依靠传统家庭保障来度过残生，巨大的人口基数稀释了少数罹难者的身影。

鸦片战争之后，随着西方工业文明的发展，航海、采矿和军事工业最早采用机器生产并逐步规模化，大批劳工终日参与其间，形成了第一批近代意义上的工业劳工，而机器的伤害性也远远超过了农耕工具，因工伤残亡故劳工人数大增，这些携家入城、远离土地的罹难者无法再依靠家庭来获得保障，他们的伤残亡故保障问题日显，逐步成为社会问题。

诚如民国学者所言："中国自昔以农立国，产业幼稚，无所谓劳工运动，更无所谓劳工立法，自海禁大开，工业渐兴，外国人亦多设立工厂于通商矩埠，遂以发生劳工问题。"[①] 劳工抚恤是指针对劳工雇用期间因公致病、残废、死亡的一种补偿，目的是保障伤残劳工及亡故劳工遗族的基本生存。在近代中国，传统的恩赏式抚恤难以解决大

---

① 谢振民：《中华民国立法史》，正中书局1948年版，第1307—1308页。

面积的劳工伤残问题，于是在传统方法基础上改良、变异，构成了清末劳工抚恤的发展主线。

第一节　晚清：近代劳工的形成及分布

中国具有近代意义的劳工最早出现在海关和码头。因为西方文明的传播舞台就是以海洋为背景的。早在乾隆年间，粤海关即规定外国商船入港贸易要先到澳门向海防同知衙门申请引水员。在澳门，海防同知衙门设有引水员14名，专习其职。担任引水员的大抵是熟悉港口航道的木船船工和渔民。[①] 这是中国最早的海员，从某种意义上来说，也是近代最早的劳工。

一　海员和码头工人

1830年，英国轮船福士号出现在广东伶仃洋洋面，这是机械动力的船舶第一次在中国出现。[②] 机械动力使得来华商船的密度大为增加，所需引水员也大大增加。1842年5月15日《香港宪报》第二号所载的关于当地的第一次人口调查报告称："全岛华人5650人，其中散居筲箕湾、黄泥涌等20多处村落的渔民，共计2550人，水上艇2000人。"这些渔民和水上艇长期在海上谋生，又得地利之便，故最早成为外国轮船招募的海员工人。第一次鸦片战争之后，为了更方便地雇用中国人，1844年中美签订的《望厦条约》第八款规定，美国在中国"雇觅跟随、买办及延请通事、书手，雇用内地艇只，搬运货物，附载客商，或添雇工匠、厮役、水手人等"，中国政府"应各听其便"。为了防止中国政府暗中阻止中国人入外国公司受雇，第十八款又规定，美国可以聘用中国人"教习各方语音，并帮办文墨事件"，而且"不论所延请者系何等样人，中国地方官等均不得稍有阻挠、陷

[①] 中国航海协会编：《中国航海史（近代航海史）》，人民交通出版社1988年版，第163页。

[②] 中国航海协会编：《中国航海史（近代航海史）》，人民交通出版社1988年版，第101—103页。

害等情"①。

1842年之后，外国轮船公司开始以香港为基地运行定期班轮，由于中国劳工价格低廉，于是广东出现了第一批"行船仔"——船（海）员。据统计，同治七年（1866年）九月，当时全国有中外籍引水员203人，其中中国人有103人。例如，与港澳毗连的香山县淇澳岛，约有900多人，原以渔业、农业为生，由于政府剥削，生活无着，全岛有90%以上的人户到港澳或外洋谋生，其中绝大部分人当了海员。省港大罢工时，该岛有100多人在香港当海员。香港至今还有以淇澳岛海员占大多数的"群义"馆。②

与航海业繁荣相伴生的是为远洋轮船提供服务的船坞的壮大。当时，最早的柯拜船坞就雇佣了大约1000人。③船坞的发展使得劳工阶层中的技术工人比例增多，技术工人的工资较一般劳工高。祥生船厂有个工役奚关春每工可以得300文，而其他工役工资不过200文、最少190文，太守（清朝太守是知府别称原文用太守）很奇怪问所以然，答曰："奚关春能入水升高，故工价较大，……（其余）就其工力而判多寡"④。

1863年，广州黄埔外国船坞的一份商务指南称："（广州）修理船舶的船坞设备在过去四五年内已增加，修理船舶的工匠的技艺也大有进步，……船舶修理业已经吸引了很多的本地居民到黄浦沿岸来了。"⑤

在孙毓棠所统计的1864年前全国32家外资企业当中，船厂或修理厂占了18家，可见当时中国的工业主要立足于为过往船只提供修理和补给，这一时期的工人只有少数的技术工人，大部分海洋劳工从事的都是简单的体力劳动，技术含量不高，被取代的可能性较高，所以工人谈判和议价的能力不足，劳工伤残抚恤也鲜有记载。

---

① 谷云编：《中国近代史上的不平等条约》，人民出版社1973年版，第13—14页。
② 中国海员工会广东省委员会编：《广东海员工人运动史》，广东人民出版社1993年版，第3页。
③ 刘明逵、唐玉良：《中国工人运动史》（第一卷），广东人民出版社1998年版，第18页。
④ 孙毓棠编：《中国近代工业史资料》（第一辑），科学出版社1957年版，第1219页。
⑤ 孙毓棠编：《中国近代工业史资料》（第一辑），科学出版社1957年版，第1223页。

表1-1　　　　　　　　1864年以前外资在华企业

企业	国别	设立时间	所在地	情况
墨海书馆	英	1843	上海	英国伦敦会传教士所办的印刷所。
柯拜船坞	英	1845	广州黄埔	修理船舶，1860年后有船坞4座。1863年售予香港黄埔船坞公司。
美华书馆	美	1845	宁波	美国长老会所办的印刷所，后移至上海。
字林报馆	英	1850	上海	出版《北华捷报》《字林报》《字林沪报》等。
美商船厂	美	1852	上海	修理船舶，五十年代停业。
浦东船坞公司	英	1853	上海	修理船舶，资本为9400两。
老德记药房	英	1853	上海	制造药品、化妆品、汽水，使用机器。1889年资本为120000元，有工厂。
埃凡馒头店	英	1855	上海	制造面包、糖果、汽水，并经营酿酒。
下海浦船厂	美	185	上海	修造船舶，有乾船坞。1858年停业。
望益纸馆	葡	1857	上海	印刷。
浦东铁厂	英	1857	上海	修理船舶。
上海船坞公司		1858	上海	修理船舶。
厦门船厂	英	1858	厦门	修造船舶，有船坞3座。1892年改组为厦门新船坞有限公司，资本为67500元，工人约为200人。
隆茂洋行	英	1858	上海	打包厂，使用水力压机。
祥安顺船厂	英	1860	上海	修理船舶。
纺丝局	英	1862	上海	英商怡和洋行嘱英人美哲（J. Major）所建，缫机100车，1866年停业。
祥生船厂	英	1862	上海	修造船舶。1879年有工人1000—1400人。1891年改组为有限公司，资本为800000两，在浦东有大型船坞与机器厂。
旗记铁厂	美	1863	上海	修造船舶，有船坞。1865年为李鸿章、丁日昌所购买，成为江南制造局的基础。
得利火轮磨坊	英	1863	上海	用机器磨面粉。
末士法汽水公司	英	1863	上海	制造汽水。
卑利远也荷兰水公司	英	1863	上海	制造汽水。

续表

企业	国别	设立时间	所在地	情况
香港黄埔船坞公司	英	1863	香港与黄埔	初设时资本为240000元，在香港与黄埔皆有船坞。1876年将黄埔的设备售予广东地方政府。1886年增资至1560000余元。19世纪末，有工人2500—4500人。
顺丰砖茶厂	俄	1863	汉口	1868年俄商在汉口一带共有3个砖茶厂，工人手工制作。1873年移至汉口，建立了使用蒸汽机的砖茶厂。
福州船厂	英	1867		修造船舶。大约九十年代初停业。
旗记铁厂	美	1863	广州	修理船舶，有船坞3座。
高阿船厂	英	1863		修理船舶，有船坞2座。
船厂	英	1864		修理船舶，有船坞1座。
柴工师文	英	1864	汕头	修理船舶。
正广和洋行	英	1864	上海	主要从事制酒及各种饮料。
大英自来火房		1864	上海	制造煤气。最初资本100000两，1896年增至300000两，有工人200—300人。
耶松船厂	英	1865	上海	修造船舶。长期租用上海浦东两船坞公司的船坞。八十年代已能修造2000吨的汽船。1892年改组为有限公司，资本为750000两，约有工人2000余人。
于仁船坞公司	英	1864	九龙	修造船舶。资本为500000元，黄埔有船坞四座。1870年为香港黄埔船坞公司所并。

资料来源：孙毓棠：《中国近代工业史资料》第1辑，科学出版社1957年版，第234—241页。

如果说广东是近代海员的诞生地，那么近代码头工人的诞生地应该是上海。1842年《南京条约》签订之后，五口通商，凭借其优良的自然条件，上海由一个小渔村逐步发展为商品集散地，大批货轮云集于此，需要码头工人装卸。1872年4月15日上海《申报》记载，当时洋泾浜码头就已有了"夫头"，每当船到之时，就任由"夫头"挑选群集在江边等候的流动散工，装卸货物，按件给资。上海港就逐步形成了一支码头工人队伍。到19世纪末，上海港有码头工人大约2万多名。①

随后这个群体在五大通商口岸出现，它有别于以前的码头工人的地方是：一是码头运量大、工作负荷重。因为远洋机械轮船的运载量是内河木船的数十倍，远洋轮船源源不断的货物可以使他们全日制地从事搬运货物来获取全部生活来源，而不是以前农忙时务农，农闲时运货的"半工半农"状态，这些搬运工很快变成了依靠搬运货物而养家糊口的职业工人。二是需要的人多，形成了固定职业群体。西方国家通过不平等条约使得中国由沿海到沿江，开放的口岸越来越多，而且随着中外贸易的发展，输入的商品、输出的原材料日益增多，从事码头搬运的工人数量日增。根据邓中夏的估计，到1924年华籍海员中宁波人约4万以上，广东人约6万以上。加上沿海及河内的海员，总人数当有15万人。② 这些码头工人虽然人数众多、集中，但是属于非技术劳工，供过于求，议价能力也有限。这些海员和码头工人是最早接触西方信息的人群，"春江水暖鸭先知"，外面世界的劳工思想最早都是从海员主张发酵，而工人运动也是从这个群体发端。

二 技术工人群体的出现

第二次鸦片战争之后，一些洋务派官员主张学习西方技术，尝试创办新式企业。1861年，安庆军械所的成立开启了近代军事工业机器化生产的先河，在随后的40年间，洋务派先后建立了30多个工厂，著名的有江南机器制造总局、金陵机器局、福州船政局、德州北洋机器局和湖北枪炮厂等。其中上海江南机器制造总局规模最大，经几次扩建后，拥有火炮、枪械、弹药、火药、机械制造、造船、炼钢工场以及翻译出版部门，形成了一座综合性大型近代工厂。1865年李鸿章创办江南机器制造总局时，用工仅200人，1867年增至500人，1876年增至2000余人，1894年达2800余人。这一时期上海外资兴建的修

---

① 苏生文：《中国早期的交通近代化研究（1840—1927）》，上海学林出版社2014年版，第22页。
② 邓中夏：《我们的力量》，《中国工人》第2期，1924年11月出版。

造船舶机器厂达到 14 家,雇中国工人约 4000 人。再加之民营企业中的雇工 1500 多人,仅上海地区就有工业劳工 8320 余人。① 辛亥革命前,兵器工业从业人员达 2.8 万人,占全国产业工人总数的 10.5%。②

表 1-2　1861 年至 1894 年清政府经营的近代军用工业简表

局厂	所在地	设立年	创办人	情况	经费
安庆内军械所	安庆	1861	曾国藩	规模很小,手工制造子弹、火药、炸炮等;造过一只小汽机轮船。	
上海洋炮局		1862	李鸿章	规模很小,英人马格里主持。以手工制造为主,造子弹、火药。	
苏州洋炮局		1863	李鸿章	始用西洋机器,系自上海移至苏州。造子弹、火药。1865 年移至金陵。	由苏沪军需用款开支。在苏州共约一年,经费支出为 110657 两。
江南制造局	上海			清政府所办规模最大的军用工业,造轮船、枪、炮、水雷、子弹、火药与机器。有炼钢厂。	最初约为 543000 两。1874 年至 1894 年每年经费为 330000—790000 两不等。
金陵制造局	南京	1865	李鸿章	比各省机器制造局大些。造枪、炮、子弹、火药。1881 年添建金陵制造洋火药局。	每年经费约为 110000 两。1884 年后每年经费 52000 两。
福州船政局	福州	1866	左宗棠	清政府所办规模最大的轮船修造厂。造轮船。	创办经费为 470000 两。每年经费为 480000—600000 两不等。
天津机器局	天津	1867	崇厚 李鸿章	仅次于江南制造局。造枪、炮、子弹、火药、水雷。有炼钢厂。	创办经费约为 220000 两。1870 年以降,每年经费为 130000—42000 两不等。

---

① 中共上海市委党史研究室、上海市总工会编:《上海机器业工人运动史》,中共党史出版社 1991 年版,第 32—35 页。

② 王立等主编:《当代中国的兵器工业》,当代中国出版社 1993 年版,第 6—8 页。

续表

局厂	所在地	设立年	创办人	情况	经费
西安机器局	西安	1869	左宗棠	规模很小，系临时性。造子弹、火药。1872年迁至兰州。	不详。
福建机器局	福州	1869	英桂	规模很小。造子弹、火药。时开时停。1855年以后略扩充。	不详。
兰州机器局	兰州	1872	左宗棠	规模较小。造枪、子弹、火药。1880年停闭。	不详。自甘肃关内外办理军需款项内开支。
云南机器局	昆明	1872（?）	岑毓英（?）	规模较小，后停办。1885年再建。造炮、子弹、火药。	不详。
广州机器局	广州	1874	瑞麟 刘坤一	初办时主要造小轮船。后来逐渐扩充。包括自英商购买的黄埔船坞。1885年后能造子弹、火药、水雷。	创办经费约为170000两。每年经费不详。
山东机器局	济南	1875	丁宝桢	中型。造枪、子弹、火药。	创办经费186000两。每年经费约为36000两。
四川机器局	成都	1877	丁宝桢	中型。造枪、炮、子弹、火药。	创办经费为77000两。每年经费为20000—60000两。
吉林机器局	吉林	1881	吴大澂	中型。造子弹、火药、枪。	每年经费为40000—100000两不等。
神机营机器局	北京	1883	奕譞	规模稍大。制造情况不详。1890年冬毁于火。	创办经费数十万两。每年经费不详。
浙江机器局	杭州	1883	刘秉璋	规模较小。造子弹、火药、水雷。	创办经费约为100000两。每年经费不详。
台湾机器局	台北	1885	刘铭传	规模较小。造子弹、火药。	创办经费约为100000余两。每年经费不详。
湖北枪炮厂	汉阳	1890	张之洞	规模颇大。1895年正式开工。造枪、炮、子弹、火药。较其他局机器最新。	创办经费为700000余两。每年经费约为400000余两。

资料来源：孙毓棠编：《中国近代工业史资料》，第1辑，上册，第565—566页。

从上表可以看出，19 家工厂多以制造枪弹为主，劳工必须具有一定的工业知识和机械加工技术，被取代难度较大，一些熟练工匠甚至具有一定议价能力。事实上在洋务运动中，技术工人的稀缺导致了提升其工资待遇成为一种行业规则。1864 年苏州洋炮局雇佣外国匠人 4—5 名，中国工人 50—60 名。中国工人多为非技术工人，洋匠每月工薪多的 300 元，少的 100 多元；中国工人多的 30 元，少的 7、8 元不等。[①] 因为洋匠的工资较高，洋务企业都尽力培养和使用中国工匠，到洋务运动后期，中国出现了一个技术工匠群体。中国最早的技术劳工应该来自于西方工业最早登陆的地区。众多档案资料的记载和裴宜理等其他学者的研究表明，最早的技术型劳工多诞生于广东、上海两个近代工业先进地区。例如张之洞 1895 年筹办汉阳枪炮厂时，为了吸引粤沪的工匠，曾给予重饷优待。他在发给下属的电报中指示道："募广东人宁波人，可托两会馆董事，在沪工资素优，如照营制饷章，必嫌少。又不便与各营两歧，可与董事商，另立一名目，或作为犒赏，则虽多无妨矣。"[②] 在开平矿务局，技术工人的工资比欧洲工人还高。广东铁匠每月能赚 35 元、40 元或 50 元，还供给住处。机器操作匠每月平均赚 45 元，筑堤匠与安装匠每月赚 6—15 元，抽水匠每月赚 8—35 元，本地的非技术工人则每月赚 3.5—8 元。[③] 这些技术型工匠的议价能力有助于改善整体工业劳工的待遇，其中包括伤残亡故抚恤，事实表明晚清企业中的很多工人利益都是因为技术工人的要求而实现，而后在不同层级劳工中不同程度予以体现的。如 1904 年上海江南制造局主事人刘麒祥将以前惯例每工 8 小时改为每工 9 小时后，工匠相继罢工，最后刘氏不得不答应增加工食，方才复工。[④] 但是当洋务运动由军工转向民用工业时，劳动密集型的采矿业与纺织业迅速成为主流，少量的技术工人淹没在众多的矿工和纺织工人等低技术工人当中。

---

① 孙毓棠编：《中国近代工业史资料》（第一辑），科学出版社 1957 年版，第 1216 页。
② 孙毓棠编：《中国近代工业史资料》（第一辑），科学出版社 1957 年版，第 1218 页。
③ 孙毓棠编：《中国近代工业史资料》（第一辑），科学出版社 1957 年版，第 1218 页。
④ 汪敬虞编：《中国近代工业史资料》（第二辑），科学出版社 1957 年版，第 1289 页。

三　矿工与纺织工人队伍的壮大

由于技术和资本密集型的军事工业对人才、技术、资金的要求较高，所以在晚清时期发展缓慢。1870年后，洋务派涉足民用工业时就以劳动密集型企业为主了，轮船招商局、电报局、煤矿、纺织厂等相继开办。按照民国时期杨铨的分析，近代中国工业门类发展的先后次序，大致可以分为5个时期：

第一期	军用工业时期	由同治元年至光绪七年约二十年
第二期	官督商办时期	由光绪八年至二十年约十三年
第三期	外人兴业时期	由光绪二十一年至二十八年约八年
第四期	政府奖励及利权收回时期	由光绪二十九年至宣统三年约九年
第五期	自动发展时期	由1911年至1921年约十年[①]

其中除了第一期以外，其余四期都是以民用工业为主，产业主要向矿山和纺织两个领域聚集，1894年，在洋务派经营的25个企业中，15个是矿山，6个是纺织企业（见下表），而私营资本经营的大多是纺织企业。洋务派的官僚资本向工矿业聚集，离不开工矿业的稳定利润以及洋务派的政府垄断地位；而纺织业的兴起则与民营资本弱小，只能投资纺织这种成本小、见效快的行业有关，再加之这两个行业都属于低技术行业，人工成本较低，中国庞大的人口基数成为发展这两个行业的有利条件。因此如西方工业化早期一样，矿业工人和纺织工人成为劳工群体中人数最多的两部分，低技术的职位要求造成劳工供过于求，竞争激烈，资本家能够毫无顾忌地压低工人工价和降低工人其他待遇。

---

① 杨铨：《五十年来中国之工业》，《最近之五十年》，申报馆编辑，1923年2月出版。

表1-3　　1872年至1894年洋务派经营的民用企业表

企业名称	开办年代	创办人	资本	经营方式	备注
直隶开平矿务局	1878	李鸿章、唐廷枢	2055944元	官督商办	
山东中兴煤矿	1880	戴华藻（候补知县）	27792元	官督商办	
广西富川贺县煤矿	1880	叶正秋		官督商办	
天津电报总局	1880	李鸿章、盛宣怀	178700两	官督商办	
兰州织呢局	1880	左宗棠（陕甘总督）	约100万两	官办	1884年裁撤
热河平泉铜矿	1881		24万两	官督商办	
直隶临城矿务局	1882	钮秉臣（湖北通判）	139860元	官督商办	
江苏利国驿煤矿	1882	胡思燮（候选知府）	800000元	官督商办	
云南矿务招商铜局	1883	岑毓英（云贵总督）、胡家桢（知府）	400000两	官督商办	1890年由巡抚衔矿务大臣唐炯接办，次年听任本地炉户采炼
贵州青溪铁厂	1886	潘雨（贵州巡抚）、潘露（道员）	400000两	官商合办	迄未正式开厂，至1893年停办
唐山细棉土厂（洋灰公司）	1886	唐廷枢	400000两	官商合办	1893年停办，后出售改为启新洋灰公司
天津铁路公司	1887	李鸿章	1344500两	官商合办	官股只招得108500两
山东淄川铅矿	1887	张曜（山东巡抚）、徐祝三		官办	铅质不佳，不久即停
山东淄川煤矿	1888	张曜、王梅初（副总兵）		官办	1891年张曜死后即停采。
三山银矿	1888	朱其诏（李鸿章出资）		官办	有工人200人，1890年增至1000人
黑龙江漠河金矿	1889	李金镛（吉林道员用候补知府）	200000两	官商合办	有工人1500人
湖北汉阳铁厂	1890	张之洞（湖广总督）	5829629两	官办	

续表

企业名称	开办年代	创办人	资本	经营方式	备注
上海机器织布局	1890	郑观应（太古买办）	699300元	官商合办	后资本不足，由李鸿章加入官股和私股。
上海华新纺织新局	1891	唐松岩（上海道台）	699300元	官商合办	
湖北王三石煤矿	1891	张之洞		官办	
湖北江夏马鞍山矿	1891	张之洞		官办	
武昌湖北织布官局	1892	张之洞	1342700元	官办	有工人2500人
黑龙江观音山金矿	1893	袁大化（道员）		官办	有工人2500人
上海华盛纺织总局	1894	盛宣怀（津海关道）、聂缉（江海关道）	1118900元	官督商办	
上海裕源纱厂	1894	朱鸿度（道台）	1188800元		

资料来源：中华全国总工会编：《中国工会运动史料全书》（综合一卷第一章），中华书局2000年版，第12—14页。

各大型煤矿、铁矿的开采以及纺织业的发展，使工业部门迅速集中于几个中心城市和少数矿山。到1895年止，中国工业企业拥有的工人数量达84571人。如果加上外资工厂就达到98060人，而在10年前不过20000人。详见下表。

表1-4　甲午战争前（1895年前）商办和官办工厂统计表

业别	商办工厂工人数	官办工厂工人数	合计
棉纺织工业	10000	12200	22200
缫丝工业	22894	—	22894
毛纺织工业	—	174	174
化学工业	3170	400	3570
食品工业	32	—	32
机械和五金工业	457	4000	4457
印刷工业	300	—	300
冶炼工业	—	3000	3000
铸钱	—	647	647

续表

业别	商办工厂工人数	官办工厂工人数	合计
军械工业	—	27000	27000
合计	36853	47421	84274

陈真等：《中国近代工业史资料》，生活·读书·新知三联书店1957年版，第1辑，第54页。

表1-5　　　　　　　　1894年产业工人总人数

业别	工人人数
外国资本在中国经营的近代工业	34000
清政府经营的近代军用工业	9100—10810
清政府经营的炼铁与纺织工业	5500—6000
近代矿业	16000—20000
民族资本经营的近代工业	27250
共计	91850—98060

孙毓棠：《中国近代工业史资料》第1辑（下），第1201页。

从上表得知，在1895年9万多名产业工人当中，矿业工人最多，达到2万人。甲午战争之后民营企业增多，其中增速最快的是纺织企业，到1910年从业人数达到15万左右，而当时全国产业工人数是27万，纺织工人占2/3，超过了矿业工人。纺织工人数量的剧增带来的影响是，进一步加剧了工人在城市的集中度，因为纱厂、纺织厂大多集中在中心城市。

表1-6　　　　　　　　1894年工人的分布情况

地域	工人数	占工人总数之%
上海	36220	47.75—46.40
汉口	12850—13350	16.94—17.10
广州	10300	13.58—13.20
天津	3080—4180	4.06—5.35
福州及其附近	2970—3240	3.92—4.15
九江	1000	1.32—1.28
南京	700—1000	0.92—1.28

续表

地域	工人数	占工人总数之%
汕头	600	0.79—0.77
厦门	500	0.66—0.64
其他	7630—76701	0.06—9.83
共计	75850—78060	100

编者注：此表仅包括工厂工人而不包括采矿业工人。
孙毓棠编：《中国近代工业史资料》第1辑，第1202—1203页。

有专家研究发现，除采矿业，中国工人主要集中于上海、广州、汉口等九大城市，其中上海一地的工人数量占工人总数的50%，汉口达到17%，广州达到14%，三个城市共计约80%，其中大部分是纺织工人。

采矿业和纺织业的兴盛带来的影响是明显的。首先造成了工人的集中，80%的纺织工人聚集在上海、广州、武汉三大城市，便于联合抗争、借鉴比较，同时也便于整治，近代中国有"上海平，则天下平"的说法，意思是上海一地的劳工问题解决了，全国的劳工问题也就解决了，近代各个时期的劳工政策无不以在上海实施为先，这为研究劳工问题提供了便利，观察上海一地之情形就能抓住时代最尖锐的问题所在。

其次带来了非技术劳工待遇的低下。纺织业的工人智识浅薄，工资低下。日本学者西川喜一调查了上海某个纱厂工人的智识程度，发现男工当中目不识丁者占60%，女工达85%，男工当中能写自己名字的人只占20%，女工不过3%。[1] 纺织行业工人的低技术性质使得劳动力市场供过于求，工资也是低得让人难以置信。在上海经元善的织布厂中，一个开夜工加班的纺织女工每日工食200文，[2] 一个月大约5.5元，修机烧煤的技工匠每月12—50元不等，而洋匠则达到175元。[3]

---

[1] 西川喜一：《支那劳动者之现状与全国劳动争议》，大正书局1913年11月版，第3—4页。
[2] 这一年年规银1两约合1500文；银元1元约合1080文；200文约合0.185元。
[3] 孙毓棠编：《中国近代工业史资料》（第一辑），科学出版社1957年版，第1206页。

在矿山这一现象同样存在，开滦煤矿工头的一句话充分证明了供过于求的状况，"三条腿的蛤蟆不好找，两条腿的人有的是"①。那些有一技之长的技术工人，具有一定的议价能力，所以待遇较好，但是大部分低技术采矿工人工资相对较低。例如，在大冶铁矿，西方报纸称："机匠每月薪工自十元至八十元，折中而算，每日约合六角。小工每日仅须二百文，合之美金仅一角。"② 在开平煤矿同样如此，英国领事商务报告显示：广东铁匠每月能赚35、40或50元，而本地的非技术工人每月赚3.5元至8元，两者相差5—10倍。③ 有资料显示，19世纪80年代开平技术工人的最高工资至少是非技术工人工资的17倍。④

再次，大量低技术矿工和纺织工人集中在几个工业城市和矿山，资方疏于劳动保护，矿难和工业灾害频发，矿山和纺织厂成了劳工苦难的聚集地。资方在劳资对话中处于支配地位，在利润至上的商业信条下，劳工的利益完全依照市场供求来体现。在航运业、矿山、纱厂等地方，每个低技术岗位，则被数倍乃至数十倍的中国劳动力竞争，其工资和待遇一低再低，没有劳工法律、生老病死的保障。唐廷枢比较中英两国的采煤成本后，认为使用中国劳工采煤的企业的利润比机械化程度高得多的英国还要高：

> 以英国而论，每日每人工食约银八钱，可凿煤五吨。中国每人每日工食银一钱有零，可挖煤千斤。若用内地工人，引以西法，每人工食二钱，可取煤二吨半。是取煤工价已合英国一半；则司事、小工等经费更可概见矣。⑤

---

① 郭士浩编：《旧中国开滦煤矿工人状况》，人民出版社1985年版，第46页。
② 湖北省档案馆编：《汉冶萍公司档案史料选编》（上），中国社会科学出版社1992年版，第12页。
③ 参见刘明逵编著《中国近代工人阶级和工人运动》（第一册），中共中央党校出版社2002年版，第402—403页。
④ [澳]蒂姆·赖特：《中国经济和社会中的煤矿业》，东方出版社1991年版，第33页。
⑤ 孙毓棠编：《中国近代工业史资料》（第一辑），科学出版社1957年版，第1214页。

中国采煤成本低廉是因为劳动力便宜，资方不必承担因公伤残亡故劳工的生存责任，而罹难劳工孤苦无依成为一大社会问题，这种问题在西方工业化国家主要依靠政府制定法律来调解，但是清政府始终在内忧外困之中挣扎，无暇也无力解决：一方面无力约束西方企业在中国的特权地位，在租界和外资工厂，企业主可以毫无顾忌地决定劳工的待遇，清政府无权也无力干涉；另一方面在资本孱弱、百业初肇的背景下，对企业采取强硬措施要求保护劳动者利益，无异于杀鸡取卵，皮毛皆失。同时，保护劳工权益需要法律、经济、社会手段共同作用，而建立在管理农业社会基础上的清朝官僚机构显然难以承担，现代工业需要现代行政制度来管理，这种政治改革对清政府来说是颠覆性的，割肉治疮，非下最大决心不可。迟钝的晚清政府似乎无力自我更新，没有调解和约束工厂的力量。劳工毫无谈判的可能，唯有通过暴力罢工才能获得话语权。然而，最初零星、松散的抗争除了偶尔能争得些许利益之外，大部分的抗争都以更大的报复或抗争者失去工作为结局。这个开端注定了中国工人争取权利之路的漫长和艰难。

第二节　意外、疾病与工业灾害

从五口通商到1911年清朝灭亡，在近70年的工业化历程中，出现了大约10万名工业劳工，他们主要分布在上海、汉口、广州等9个城市，集中在矿山、机器工厂、纺织等几个行业之中，与机器为伴，每月领取工资，机器生产给资本家带来了丰厚的回报，给了雇佣者工作机会，但同时也成为悬在从业者头上的厄运之剑。

起初大部分民众对机器的破坏性还知之不多。1871年8月23日《中国教会新报》刊载道："八月初二日，上海高昌庙制造局内，正在开工制造时，机器皮条落下，有做工者取皮条搭上机器，不料机器绊着衣服连人卷上，如秋千之旋转也。……局众即停机器，将被绕之者送医局医治，行至半途而死。"这是一起普通的工业事故，在西方工业社会也不可避免，但是在洋务运动刚刚开始的中国引起了人们的惊讶,"呜呼哀哉,噫,自古皆有死,而死于机器者鲜,绊于机器而死,其死殊奇"①。人们惊讶的不是人的死亡,惊讶的是机器也能杀人,工业化带来的负面作用开始为人们所认识。

首先,"意外"的规模令人吃惊。沉船事件自古就有,在传统社会大多数的航行都在内河和近海区域进行,人力或风力航行速度慢,载人数量有限,即使失事,离岸近容易逃生。机器驱动的轮船速度是风力人力驱动轮船的几倍,在缺乏管理的内河航道航行时,经常发生碰撞,碰撞之后轻则损毁,重则爆炸或沉没。机器轮船载人数量多以百计,一旦发生失事,因为船只自重大,容易对落水者造成二次伤害,除非有人救援,否则生还的机会很小。1875年,招商局首次发生海事,"福星"轮被英国怡和洋行的"澳顺"轮撞沉,水手38人丧生;1879年,"伊敦"轮失事,淹死小工52名;1883年,"美利"轮失事,淹死大副及舵工等4人;同年"兴盛"轮被英国夹板船撞沉,淹死水手、厨师各1人;1895年,"拱北"轮运送军火时爆炸,死难船员52人;1905年,"协和"轮误触日俄战争时留下的水雷,死难驾驶员、轮机长、水手、伙夫等15人。②上面所列举的仅是一部分,在历次海难中不知有多少海员丧生。这些海难事故使人们感受到机器运输工具虽然便捷快速,但其事故的频率、广度和烈度也远超过去。那些从事航运业的人似乎都在刀尖上跳舞,危险异常。

其次,困扰人们的还有疾病。带来疾病的首要原因是超负荷的劳动。1893年一位在中国织布厂任监工的英国人在信中写道:"(工人们)离开工厂出去散散步的机会都很少,因为厂中作工是从早晨5点直至下午6点钟,每隔一个星期日才休息一天。这些工人很可怜,因为他们瘦到只有皮包着骨头,50人里面也找不出一个体格健康的人。"③ 1888年,在宁波通久源轧花厂一位记者看到:四十台用踏板

---

① 上海社会科学院经济研究所编:《上海造船厂厂史》,江苏人民出版社1983年版,第91页。

② 上海海员工会上海海运管理委员会编:《上海海员工人运动史》,中共党史出版社1991年版,第31页。

③ 孙毓棠编:《中国近代工业史资料》(第一辑),科学出版社1957年版,第1234页。

操纵的手摇轧花机,排成四行,每行10台,一个工人操纵1台。这项工作很吃重,工人时常得把全身力气都放在踏板上。他们每天要工作18个小时。①

至于矿工的艰苦更是一言难尽。徐润曾于1893年11月15日亲自下到承德府矿井中,勘验矿井。他描绘道:"攀其硐口,仅容一身,又须曲背而进,处处危险异常,除小工、把头之外,未有到硐底者。"徐润下去时,不胜体力,停歇四次,"见小工提水取沙,在硐内上上下下,实不容易。每柳斗水40斤,每簸萝砂重45斤,顶戴上行,送出硐口",徐润感叹道:"生涯之至苦者也。"②

矿山开采和纺织工业需要大量的劳动力,人们的活动范围超过了村、乡、县,甚至省的范畴汇聚在一起,众多来自全国各地的劳工在一个陌生的环境里劳动,没有任何卫生免疫措施,很容易产生疾病并互相传染,轻者久病难愈,重者致命,但是初期人们却毫无防范意识。1877年,基隆煤矿的一个报告显示,基隆煤矿招不到足够的挖煤工的一个主要原因是矿工的死亡率高。"中国工人开始工作不久便一个个死掉了。"工程师翟萨认为,"工作因矿工疾病蔓延而很受阻碍,很多矿工系从大陆来此,很容易得病,尤其在炎热的季节里,很难维持足够的矿工人手"。但是矿方似乎对此毫不在意,更关心煤矿的出煤量。在完成抢修任务后,翟萨欣喜地报告:"但是我们仍旧昼夜赶工,总算把井壁修好了。"第二年,工人们因怕染疾,不敢多人一起入井。矿区是台湾最损害健康的地方,过去两年死亡事件多发,人们因畏惧纷纷离开此地。矿方丝毫没有意识到自身应承担起防治疾病的责任,只是对难以完成出煤任务感到很遗憾:"看来很不容易找到足够的挖煤手来保证每日200吨的产量。"③

类似的情况在开平矿务局同样存在。1888年,公司的一份关册记载:"开平煤矿产煤转趋减少,因夏间矿工患病者为数甚多,以至产

---

① 孙毓棠编:《中国近代工业史资料》(第一辑),科学出版社1957年版,第1234页。
② 徐润:《徐愚齐自叙年谱》,江西人民出版社2012年版,第64页。
③ 孙毓棠编:《中国近代工业史资料》(第一辑),科学出版社1957年版,第1237页。

景甚为有限。"① 1908年唐山煤矿井内发生疫病，且一时极为猛烈。据云每日毙于此症者竟有20人之多。② 疾病是可怕的，但更可怕的是矿难。

1893年5月19日开平矿务局发生了有史以来最大一次事故，坑道上的土石崩塌了，把矿井的东部堵住了，事故发生时正是换班的时间，谁也不知道里面有多少人。当时说有10个或12个工人闷在坑道里了，虽然人们努力想法子拯救，但毫无结果。两天以后又有消息说：压在里面的有50个工人，有10个尸体已被挖了出来，可能还有三十几个人被埋在里面，大约都已死掉。此事最让人难以接受的是，矿方很早就知道了这种危险的存在，一直不采取防范措施，因为工程师在四年前就已经告知了这部分（坑道）不安全。③

英国领事商务报告记载了此前15年发生在开平矿务局的重大事故。在1878年到1882年间发生了12起死亡事故，共死亡12人，平均每年3人。1个凿井工人因跌下矿井而死；3个凿井工人因炸药爆炸而死；5个采煤工人因坑道崩塌而死；1个采煤工人因跌入倾斜的坑道而死；1个采煤工人因提笼时碰伤而死；1个采煤工人因坑道中煤气爆炸而死。④

1883年一年之内就有7人死亡。3个工人因煤与石块的崩塌被压而死；4个工人因二月间第五号井爆炸而死，另有18个工人重伤。⑤

而到了1893年，一次事故就死亡了6人。1月13日6个工人正在工作之际，突然提煤机器垮了，被砸死了。⑥根据后来比较精确的数字，从1905年到清朝灭亡，开滦煤矿一共死亡矿工332人，平均每年48人左右。开滦煤矿还是当时国内矿山安全条件最好的。这些数据表明，随着工业产量的增加，事故的广度和烈度都在增长，每年会有很多罹难者陷入需要抚恤的困境当中，但是这在当时被认为是劳工

---

① 孙毓棠编：《中国近代工业史资料》（第一辑），科学出版社1957年版，第1236页。
② 汪敬虞编：《中国近代工业史资料》（第二辑），科学出版社1957年版，第1210页。
③ 孙毓棠编：《中国近代工业史资料》（第一辑），科学出版社1957年版，第1240页。
④ 孙毓棠编：《中国近代工业史资料》（第一辑），科学出版社1957年版，第1240页
⑤ 孙毓棠编：《中国近代工业史资料》（第一辑），科学出版社1957年版，第1240页
⑥ 孙毓棠编：《中国近代工业史资料》（第一辑），科学出版社1957年版，第1240页。

赚取工资应该付出的代价。

表1-7　　1905—1911年开滦煤矿历年死亡人数统计表

年度	死亡人数	年度	死亡人数
1905—1906	43	1908—1909	43
1906—1907	46	1909—1910	77
1907—1908	58	1910—1911	55

资料来源：南开经济研究所经济史研究室编：《旧中国开滦煤矿的工资制度和包工制度》，天津人民出版社1983年版，第318—319页。

在城市的工厂里，由于人们对机器的认识不够，意外事故频发。轻者终生残废，重者顿时毙命。1893年1月13日，武昌织布局雇佣的几个幼童，因工作不慎，几至惨死。一个幼童把手绞进机器，轧落了一个手指；另一个手背上的皮全被碾掉。幸而技师停了机器，否则这两个幼童一定被机器碾死。[1]

更让人触目惊心的是那些工业灾害，所伤者轻则数人，重则数十人，甚至人机俱毁，现将《申报》上记载的两起重大灾害列举以下：

1875年5月19日，金陵机器局工匠正在作工之际，忽而石磨与铁器家伙相碰，钻出一星之火，落在火箭之上，登时箭发，直射火药桶内，但闻霹雳一声，势如山崩地裂，连人带屋冲入云霄，登时烧毁房屋数间，工匠三人亦皆炸为飞灰。[2] 1887年，天津机器局毛瑟枪装药房，有工人四十名、学徒若干在内工作，"是日学徒数子时，误将子上格针触击，登时蠢发，无殊石破天擎。屋中共九人，当火发时，二人由窗逃出，其余七人均在火坑中乱窜。无如双目紧闭，欲出无由。直至外人破灭而入，则已焚毙。至四点钟时，又毙其二。尚有四人入夜亦淹然而逝矣"[3]。

工业灾害、矿难的惨烈造成的罹难者的生存困境成为晚清城市中的一片阴云，在工业化发展进程中越显沉重。尽管现代国家的保障体

---

[1] 孙毓棠编：《中国近代工业史资料》（第一辑），科学出版社1957年版，第1237页。
[2] 《申报》，1875年5月19日。
[3] 《申报》，1877年4月27日。

系不可能在短时间内搭建完毕，但是一些洋务企业的政府性质、主管官员以民为天的传统思维以及雇主自古而来的救济帮困思想，使得这些灾难的亲历者无法坐视不管，他们试图在追逐利润和抚恤劳工两方面实现一定的平衡。

第三节 劳工抚恤初态

传统社会的抚恤制度最早出现在军队之中，儒家思想宣扬的忠君为国理念将人们为国捐躯定义为一种义务、一种责任、一种光荣，国家对其进行抚恤，精神肯定作用胜过实际价值。到了工业社会，按商品交换的原则，最初人们认为工人在工作中所受的伤害是其赚取工资应该付出的代价，资方毫无责任，劳工如果觉得薪酬太低可以选择不工作。但是人们很快发现，资本的稀缺性与劳工的富余很难在市场供需规则下找到公平，资方提供的工资除了简单维系生活之外，不可能承担伤残亡故风险，劳工既是工业活动的参与者，也是工业发展的目的，不能简单与商品等同，于是在政府的参与下，为伤残亡故劳工提供抚恤赔偿逐渐成为一种制度。

但是人命关天，没有人能给出生命确切的价钱，所以人们无法判定，应该补偿多少抚恤金才算合理。1875年2月4日，一黑人持刀刺死木工徐荫生，在英臬司署内由英按察使核断将黑人判拘禁6礼拜，按前已管押70日，加此次堂判则共被禁者须16个礼拜矣，而木工徐姓由臬司恤给洋10元就此了断。[①] 当时上海机器织布局中国工人一个月的工资约为8元，一条人命仅相当于普通劳工一个月的工资。而对于因工伤残亡故究竟应该赔多少钱呢？这个问题一直未被人重视，因为工业劳工的人数太少了，根据孙毓棠的研究，在1870年当时全国工业工人不到1万人，[②] 与当时4亿人口相比只是沧海一粟，被人忽视也很正常。

---

① 《申报》，1875年2月4日。
② 孙毓棠编：《中国近代工业史资料》（第一辑），科学出版社1957年版，第59页。

1870年以后随着洋务企业的相继建成，工业劳工人数激增。自1870年到1895年的25年间，工业劳工人数翻了10倍，达到10万人。①劳工因工伤残亡故事件增多，为应对这种突如其来的灾害，各种方法应运而生，最早是仿行军人抚恤例。光绪元年（1875）船工告成积劳病故，沈葆桢按军营立功后病故例，从优议恤，以昭激励。以此为先河。②

　　1876年，李鸿章、盛宣怀在湖北阳新开采煤矿时，时有事故发生，为了便于交涉，与工头陈于智、田自泉签订甘结，采取包工制。"工头暨所雇民夫均系情甘赴局承充矿工，自充之后，照章办事，……如有矿工疾病、受伤等情，均系工头之事。倘遇煤矿不测，各安天命，应得恤款，照军营病故例，每名给发银五两。"③当时广济一名技术矿工的工资约为每月10元，抚恤金大约是月薪的一半，这就是当时的抚恤水平，显然仍停留在恩赏象征的阶段。1887年6月15日，船政厂15名员工积劳病故，船政大臣裴荫森请求援例（军营）抚恤。④由此可见，按军营抚恤制度中最低的积劳病故例抚恤劳工是当时洋务企业的普遍做法。

　　对于高级别的官员，就会另有变通之法。1908年，创办萍乡煤矿二品顶戴湖北候补道张赞宸，积劳病故，盛宣怀上书朝廷恳恩优恤，"加恩著照军营立功后积劳病故例从优议恤"⑤。立功后的积劳病故可得恤金大约银140两，远超普通劳工的5两。但是这种做法只是针对一些贡献突出者，而且由军政长官上书朝廷申请，手续烦琐，按此例抚恤人数不多。

　　清政府似乎默许了这种做法，但是当超过了军营最低抚恤金的限度时，立刻会遭到制止。当时很多河工在治理灾害时遇难，受恤人都是援照军人抚恤条例进行补偿，有时一些恤案超过了最低军营抚恤

---

① 孙毓棠编：《中国近代工业史资料》（第一辑），科学出版社1957年版，第60页。
② 《申报》1887年6月15日。
③ 陈旭麓、顾廷龙、汪熙主编：《盛宣怀档案资料选编之二　湖北开采煤铁总局》，上海人民出版社1981年版，第115页。
④ 《申报》1887年6月15日。
⑤ 《北洋官报》1908年第1723期，第11页。

金。1908年吏部发现了问题，认为办公文员与疆场将士同等对待不妥。下文道："近年以来离营及差委人员因病身故往往违例奏请，又有以道员、督办、银号或总办铁路或充当商董，迨其病故，经各督抚奏请比照军营积劳病故人员，从优议恤。窃思办理银号、铁路等项人员即有积劳亦只寻常，若尽按照营员赠荫，则是局所办公之吏皆比于沙场敌忾之人，荣荫滥邀未为允协。"①

对于在经济活动中出现的伤残亡故以军营战功授恤，吏部认为标准过高，为此吏部强力纠正：

> 臣等公同商酌，拟请嗣后遇有河工边防出洋既经理路矿轮电银号商务等项及例所未备人员，如止因病身故，虽经各该督抚部臣奏请援照军营等立功后积劳病故议恤奉。旨允准其从优者，臣部亦只按承办军需积劳病故例照大洋大江漂没及殉难议给赠衔，未请从优者照内洋内河及军营病故人员减等赠衔，均勿庸给荫，似此略为限制，既不没该员之微劳亦可杜冒滥之流弊。②

吏部明确规定，对于公共部门的人员借用军营规则抚恤，一般情况下只能按内洋内河及军营病故人员减等抚恤，从优抚恤也只能按大洋大江漂没及殉难抚恤，不能惠及家属子孙，意思是没有遗族年恤金。

由于吏部的干涉，洋务派的一些企业只能比照军人抚恤，或援例抚恤。每年逐渐增多的伤亡事故，又使以前逐一禀报的做法过于烦琐，于是一些企业就循章减等规定抚恤金额，形成企业抚恤规定。福州船政局造船厂在造船过程中经常发生伤亡事件，光绪九年（1884年）福州船政大臣裴荫森称："福州船厂工匠因工作受伤，每日给药费二钱，伤愈停给，如果历久未愈，亦惟给至三个月，以示限制。"③

---

① 《吏部奏河工边防等议恤人员酌定限制片》，《政治官报》1908年第326期，第3—4页。

② 《吏部奏河工边防等议恤人员酌定限制片》，《政治官报》1908年第326期，第3—4页。

③ 孙毓棠编：《中国近代工业史资料》（第一辑），科学出版社1957年版，第1239页。

显然"三个月"是承担责任的底线。

对于管理者和工役仍然需要区别对待。1909年，军械局以前对于该局官员按兵制抚恤，并不减等。"窃照在官人役因公身故例得发给恤赏银两以示矜恤，考诸新旧营制及各局所工厂等均有此项办法，虽为数多寡不同，然所以广仁恩而资，观感其义一也。"

受伤援引兵制给药，但对于伤残亡故是否援例恤养，船政局却很迟疑。"伏查职局修械司装子厂两处工匠之遭此者（因工伤残亡故），尤居多数，职局向无请恤定章，无从援照"，因为以前都是因事特别禀告，"如光绪三十一年，库兵张万有及三十四年枪匠陈元胜，匠目唐明顺等诸案皆系随时特禀并未垂为定制"，最后只能采取硬性标准来施行。"平时职局工匠兵丁等凡有因公身故者均发给原领工食或饷银三个月作为恤赏，期满另行开补。"① 三个月也许就是当时劳工抚恤的"底线"。

服务军队的匠役则另当别论。因为近代军队在平时与战时都需要大量的劳工提供后勤保障，如搬运军需物质、修理军械、抬运伤员等，其中既有非技术性的劳工，如挑夫、苦役等，也有一些技术性的修理维护工人，他们负责轮船的维护与修理，他们与战斗人员一样也是很容易伤残亡故，为了鼓励他们服务军队，李鸿章在建立北洋海军抚恤制度时，规定"匠役、兵勇阵亡者，给恤银一百两，头目一百五十两"②。北洋海军匠役的恤银是100两，相当于1873年福州船政局一个船槽机器匠大约10个月的工资（该工每月工资为银10—12两）。③ 比民用企业3个月的最高抚恤金额高了7个月，这在当时可能是最优厚的劳工抚恤金，但是能够保障受恤人正常生活的时间不到1年。

严格来讲，洋务派的官办企业代表了清政府的形象，在以拯救天下苍生为己任的统治信条之下，救济那些无助罹难者似乎是应有之

---

① 《禀准发给工匠恤赏》，《北洋官报》1910年第2408期，第9页。
② 吴汝纶：《李文忠公全集·奏稿》卷七十八，沈云龙：《近代中国史料丛刊续编第70辑》，文海出版社1983年版，第2270页。
③ 孙毓棠编：《中国近代工业史资料》（第一辑），科学出版社1957年版，第1217页。

义，而洋务派官员大多信奉儒家思想，虽然办企业是一种逐利行为，但其依然保持着地方父母官的道德情怀，所以抚恤伤残的案例在这些企业内屡见不鲜。他们所欠缺的是将这种抚恤视为一种责任，而非恩赏，因为这些抚恤的多寡和效果似乎没有顾及受恤人的需要。

而在当时，更多的企业连象征性的抚恤金都没有。1887年湖北兴山县矿务各厂章程第7条规定："砂丁人洞掘挖，应照各煤厂向例，凭保证书下凭据，设有不幸之事，各安天命，不与本局相干。"①而滦昌自来火公司内职工有负伤者，或罹病者，别无恤金，至不堪其用时，即遣去之。只有技术者或监督者之不幸时，稍有多少之给予。

一些公司为了避免纠纷，采取"有言在先"的办法。吉林省矿务公司规定如有因开山、凿石、挖洞、取煤等事致遭危险或致殒命者，各安天命。由公司查照挖煤旧章，酌给赏恤银十两，棺木一具，移知地方官验明立案，其亲族不得借端讹索。②

企业的冷酷带来的是受恤人的生活无着。据《申报》报道："1886年2月24日，德忌利士轮船触礁失事，优恤舵工两个月辛工。"③两个月的工资就属于优恤，受恤人很快就陷入了困境。1891年2月2日《申报》描述了一位受恤人靠乞讨为生的惨状："辛工孤寒之抚恤，较往日增至数倍，尤觉寒酸，及至用度不敷，寅粮卯吃，东挪西借，无可为谋，则惟向典铺乞灵以济。"④ 1904年，安源煤矿死一名矿工只给16块钱。在山西的矿井中，"井中丢掉1条命，只给7块钱。"⑤ 当时山西矿井工人的工资大约为每月5元，7元恤金只能使遗族维持一个半月的生活。

这种由企业单方面的"硬性规定"，并没有考虑受恤人的生活成本和救治费用，而是象征性补偿。显然这种补偿远不能帮助受恤人及家庭渡过难关，一些反抗也就不可避免地发生了。1890年前后，由于

---

① 刘明逵：《中国工人运动史》（第一卷），第250—251页。
② 《清代吉林档案史料选编》（工业·上）第416—418页。
③ 《申报》1886年2月24日。
④ 《申报》1891年2月2日。
⑤ 薛世孝：《中国煤矿工人运动史》，河南人民出版社1986年版，第15页。

工业的发展，工厂数和工人人数大增，劳资矛盾尖锐。1892年耶松船厂"玛丽"号破船上冻死了几个船工，尸体运回上海后，耶松船厂打算给已死的工人家属一些抚恤费，但他们拒绝接受，这些家属大半是年老的妇女，坚持要求船厂须为每名死难工人付100元，并付三年的工资，每日300文。他们甚至把棺木抬到码头，要求厂方答应要求，后因为警察和工部局的干涉，才被驱散。①

1903年，井隆矿在横西村开凿矿井，流沙塌陷，30名劳工被埋在井下。事故后矿工们联合起来，强烈要求对死难工人进行抚恤并以罢工示威，矿主汉纳根被迫答应"死亡一人赔偿现金五十元，棺材一具，寿衣一套"②。50元的抚恤金是当时工人们斗争取得的成果，人们似乎不知道该要多少赔偿。

对解决此问题带有启发性的是宁波叶氏的抚恤案。1906年，宁波米工为了增加工价，聚众抗议。其中叶昌才手持木棍率领多人，殴伤城守刘都戎及甬东司丁巡检事。后由县饬差拘拿叶昌才等四人到县，谓叶昌才倡首聚众闹事，殴伤官长，饬即正法。后来叶之家属男女老幼齐赴协兴米栈群肆吵扰，各短班又复相率停工。当由各米栈主抚慰叶之家属，一面邀集商绅赴商会会议，劝令各短班开工，齐赴府县将发押三人具结保释。闻各米栈已议捐抚恤银若干，给付叶昌才家属，而各短班亦闻有每人每日捐钱一文，汇养昌才家属。③ 此案例虽不是直接争取恤金案，它的意义在于，各参加罢工人员抚恤叶昌才的家属不再是象征性地给一笔抚恤金，而是以"汇养家属"为目的，这似乎是一种示范，又像是一种要求。

类似这种抗争与示范在当时还是有不少呼应的。一些明智的官员和企业主认识到了问题所在，有的甚至开始尝试要求以保障遗族基本生活为目的的抚恤。据《申报》记载：湖北省城平湖门外机器织布局规模宏壮，粗细工人，不下一千余名，通力合作，无片刻之停。日前正在工作时，有结换纱头之小孩，不知因何忽为机器所伤，旋即毙

---

① 孙毓棠编：《中国近代工业史资料》（第一辑），科学出版社1957年版，第1205页。
② 顾琅：《中国十大矿厂调查记》，商务印书馆1916年版，第19页。
③ 《时报》1906年6月7日。

命。司事禀明总办蔡观察，垂念小孩无辜毙命，又怜亲老家贫，无以养赡，格外体恤，每月给以青钱三千文，以作母子度日之费。①

每月给以青钱3000文，虽然没有声明抚恤期限，但这超越了洋务派官员以恤示赏的思维，体现了一种更高的道义关怀。《申报》称"闻者莫不颂观察之德于不置"②。

蔡氏做法的缺点是，单凭一纸命令，难以承担起长久的抚恤责任。更多的官员是采取恤外加赏的办法一费了责。光绪二十一年（1896年）马鞍山煤矿矿井发生瓦斯爆炸，时值工匠换班之计，大约七八十人遇难，当即起尸身，给棺。有经家属领去者，给恤（青钱）30千。张之洞亲自批复除工款各恤青钱30千外，另外加恤洋9元，"伤毙工匠蒙恩优恤，群情鼓舞，一切安静"③。多加青钱3000外加恤洋9元，相当于上文福建造船厂工匠一个月15元工资，但是足以使"群情鼓舞，一切安静"，而张氏也达到了"施恩优恤"的目的。

值得一提的是，蔡氏和张之洞的做法并不是个案，清政府虽然在宏观法律方面缺少作为，但是在微观层面，一些地方官员还是竭力地为伤残劳工争取抚恤，以尽政府济弱扶贫的道义责任。1894年，山东发生大型矿难，大约死亡450人，本来这起事故由民间自己采矿造成，和官府没有关系，但是罹难者的惨状使地方官员难以作壁上观。《益世报》记载了这一过程：

"山东峄县所属韩庄与张山集相聚20里，其间有煤矿数处，由民间自行挖取运出销售，每日出煤约得数千斤，人工供役约有千数百人，……去年冬月15日，该民正在挖采之际，忽然矿中巨声如雷，矿底洪水沸涌而上，喷射激注高有数丈，矿工逃出者半数，……检点人数约少450人，天崩地陷无可挽回，大为叹息淹毙之家妻子，嚎啕泪盈，胸臆几与众雁哀嚎。最后县府每家给付青钱30千，安葬尸身。"④

---

① 《申报》1895年5月29日。
② 《申报》1895年5月29日。
③ 孙毓棠编：《中国近代工业史资料》（第一辑），科学出版社1957年版，第1241页。
④ 《益闻录》1894年第1344期，第64页。

青钱 30 千，大约 30 元，相当于福建船厂机工一个月工资，但是官府的这种姿态足以示慰。同样在山东，有过巡抚亲自出面与矿山开采公司拟定伤亡劳工抚恤费的案例。

1906 年，山东潍县坊子华德矿务公司所用工人皆就近招募，每日工资不过三四百文，从前因工殒命并无恤款，"自上岁抚帅与公司议定，凡工人因工殒命每名发给恤款京钱一百二十千，日前有工人四名，因受伤先后殒命，当由该公司如数发给，内有一名并无亲属其恤款即由其戚某领去为殡葬之用。"①

《北洋官报》曾记载了官府要求铁路公司拿出专款来作为抚恤准备金和诊疗费的事件。因为各铁路公司实行的是包工制。工人虽由工头节制，而工头唯利是图，照料每多不周，于是由官筹款，并于工价内抽取十分之一，责成铁路公司经理设立诊视所施医给药，以恤工人。②

无论如何这些抗争和努力还是产生了一定影响。1907 年，山东潍县炸药库轰毙煤井工人 100 余名，其中有尸体的 99 人，无尸体的 59 人，向章每名抚恤京钱 150 千，此次从优发给每名 170 余千。③ "向章"意味着这些企业已经有了专门的抚恤制度或约定俗成的抚恤规定，开始承担抚恤伤亡劳工的责任了。

其实，无论是洋务派官办企业，还是来自商办或外资企业的抚恤金都不足以保障受恤人的长期生活，弥补劳工劳动能力残缺或丧失的损失。但是为什么依然有那么多的农民投身到工业化的洪流当中呢？据不完全统计，1870 年到 1895 年再到 1905 年劳工人数由 1 万增加到 10 万再到 20 万，他们聚集在十几个矿山和上海、汉口、广州等几个口岸城市，辛苦劳作，一旦罹难，其家庭如何渡过难关呢？

这一时期的工人大多来自农民，他们在工业化之初都是不愿离开土地的，也就是"亦工亦农"。如香港黄浦船坞公司雇佣的中国工人人数，夏季与冬季差别很大，平均为 2500 人，从 10 月到 3 月旺季则

---

① 《山东官报》1906 年第 134 期，第 3 页。
② 《北洋官报》1903 年第 114 期，第 13—14 页。
③ 孙毓棠编：《中国近代工业史资料》（第一辑），科学出版社 1957 年版，第 1210 页。

多至4500人。① 为什么呢？因为夏季在南方是农忙时节，俗称"双抢"。农民为了回到土地忙农活，甚至不惜放弃工厂的工作机会。这种情况在全国颇为普遍。基隆煤矿1879年的一份报告显示："自年初至7月，煤矿雇佣的工人渐多，煤产量亦增；但气候转热之后，矿工人数大减，直至九月底；嗣后，工人们又放弃了他们暑天打渔的生计而回来，直到现在（1月7日）煤产量又渐增，……每周达到2000人。"② 同一时期开平煤矿到了夏季农忙季节也出现了找矿工难的问题。③ 即使到1890年以后仍然如此，大冶铁矿甚至做出了农忙时节给工人放假的规定。

到1935年很多产业里的农民所占比例仍然很大，在中兴煤矿相对稳定的里工矿工的农民比例是52%，远低于临时工性质的外工75%，④ 这种现象不是个别，当时在湖北的大冶铁矿也出现过这种现象，因为大多数的矿山处在农村包围之中，除了一些设计、机械、电子等方面的工作需要外来的专业人士来承担外，大部分的简单体力劳动，农民都能承担，这些矿区能够吸纳比城市产业工人更多的农民的原因是，农民在矿区劳动可以不离开自己的土地，兼顾农业，在农忙时节，他们就会回去收割、播种，而平时可以在矿区挣得一份额外的工资；而到城市中务工，就要背井离乡，一般是在农业危机发生或者饥饿、战乱时，大批农民才会铤而走险。

即使那些进入城市的农民出身的工人，也并没有割断和农村的联系。相反，他们许多人（例如1935年塘沽久大制盐厂556个工人中有420人）离开家庭后每月还给家里寄钱。夏收季节旷工现象经常发生。从天津一个棉纺织厂的情况来看，1928年1月出勤率为93.76%，到7月下降为8.15%。上海的人力车夫同样发生这样的起伏，在冬天，厂主们能全部租出他们的车子，但到夏天人力车夫们就

---

① 孙毓棠编：《中国近代工业史资料》（第一辑），科学出版社1957年版，第1174页。
② 孙毓棠编：《中国近代工业史资料》（第一辑），科学出版社1957年版，第1190页。
③ 孙毓棠编：《中国近代工业史资料》（第一辑），科学出版社1957年版，第1235页。
④ 中华全国总工会编：《中国工会史料全书》（综合一卷第一章），中华书局2000年版，第98页。

不租车而到郊区农村作收割短工去了。①

其实不管是在矿业中"离土不离乡"的矿工还是在城乡之间往返的工人,之所以不愿意割舍与农村的联系,除了在城市中的职业不稳定外,更多的是由于农村传统的家庭保障仍然是他们在动荡年代的可靠依靠,年老、疾病、残废甚至死亡随时都可能发生,当时的中国工厂根本没有补偿和保障机制,这些意外只能由受害者个人及家庭承担,土地和农村成为他们最后的避难所,谁都难以轻易割舍这个避难所。且不说老、病、残、衰,单就死亡这一项,大部分的工人都要求将自己的遗体运回家乡安葬,由于工人的强烈要求,铁路公司不得不规定免费运送铁路工人棺材,这一事实至少可以看出他们脱离或者愿意脱离农村的程度。②

第四节 西方社会保险思想的传入

在清朝末年,人们对保险的起源了解有限,学者之间的说法不一,有的认为始于亚细亚巴比伦埃及时代,有的认为开始于罗马希腊时代,有的说从航海之冒险借贷衍生而来,有的认为是从犹太人的陆上运送而兴起的。但他们都认为:保险起源于西方,最早出现在海上冒险当中。③

保险是随着经济重心的转移而转移的,人们乐观地认为世界商业之中心已经从地中海沿岸诸都市,渐渐移到东亚大陆,保险业也随之来到东方。在咸丰和道光年间就有不少关于保险的知识传于市间。④

一 认识保险

保险观念产生于西方无可置疑,在我国"保险"一词的出现也是

---

① 中华全国总工会编:《中国工会史料全书》(综合一卷第一章),中华书局2000年版,第99页。
② [法]谢诺:《中国工人运动(1919—1927)》,第48—54页,转自刘明逵:《中国工人阶级历史状况》第1卷第1册,中共中央党校出版社1985年版,第167—173页。
③ 汤一鹗:《一般社会上之保险观》,《法政学交通社杂志》1907年第6期,第1—9页。
④ 汤一鹗:《一般社会上之保险观》,《法政学交通社杂志》1907年第6期,第1—9页。

开埠以后的事，但是因为人类具有相互救济的天性，回顾中国古代传统，其实保险并不是一个新鲜事物，保险的事实，则数千年以前就有了。只是以前以相互保险为主，组织的团体被称为会社，保险者被称为社员。到晚清村落社会间往往有数老人集合一会，名之为寿星会；会员各醵出一定之金额，合而称为棺椁，会员中不幸而死亡者，则以所购之棺椁畀之。这种互助保险依靠彼此间的信用来维持，如果成员之间的信用不能持久，这种保险也就不可靠了。实际上这种信用不可能实现代际传递，所以只是短期有效。但是西方社会的商业保险克服了这个弊端，任凭世变繁杂，人事错综，保险公司的法律身份是其信用的保证。时人称："保险业成立而约束于损害保险，即今事业一旦失败，恃有保险任填补之责，而无所恐惧也，因而生成策进之心，又以生命保险之结果足以收入巨金，无用为子孙顾虑而猛往奋追也，因保险业之盛行而助一般事业之发展观察，各国之社会及其近世史可以知之矣。"①

但是晚清缺乏现代社会信用机制，形成对于保险公司的信任并不容易，报纸上不乏介绍之文：

> 于是仿公司之法，集巨款储之以为保险公司。今凡欲保水火刀兵死亡疾病各险者。按照值百抽取数成之办法，纳其费于公司。由于公司为之担保，设于所保期内，竟遭不测，则即如其数以偿之，偿之而有余，则公司之利也。偿之而或有不足，则公司可将集成之巨款，供其挹注。以俟取盈于后之保险者也。虽然有余在其常，而不足在其偶，是以西人之设此种公司者，为数日益增多，其规则亦日益完备，不特保其本国人之险，且推而至于保他国人之险。②

这种说法也许过于专业，平常人难懂。1872年6月1日《申报》

---

① 汤一鹗：《一般社会上之保险观》，《法政学交通社杂志》1907年第6期，第1—9页。
② 《论中国宜推广保险》，《商务报（北京）》1905年第66期，第19—23页。

以中国的保镖为例通俗地阐述了保险的好处:"保险亦犹中国保镖之法,特中国之保镖不过仅为运银之用耳,若外国之保险更推广而行之。居家者,则防火防盗;行路者,则防盗防风,自保险之法行,则居者获守望相助之益;行者无疏失可虞之忧。"①

到了1905年人们认识到保险不仅防火、防盗、防风,还有人寿保险、债权保险等,《商务报》将保险的功能列表示之(见图1-1)。

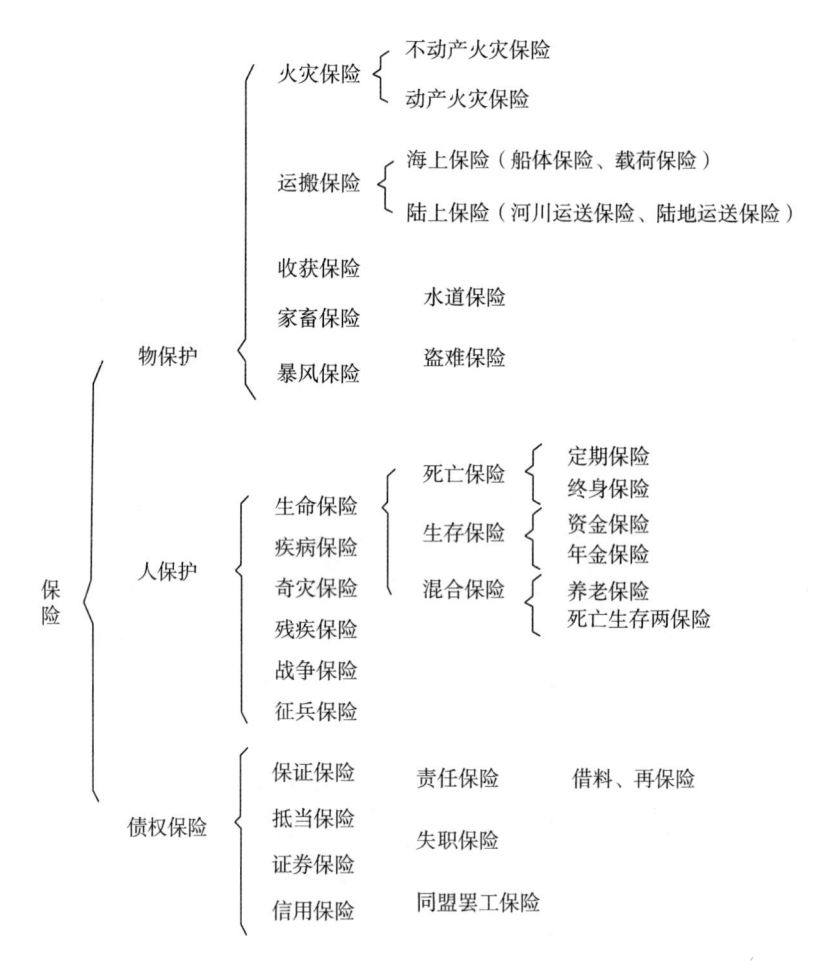

```
                       ┌ 火灾保险 ┌ 不动产火灾保险
                       │         └ 动产火灾保险
                       │
                       │ 运搬保险 ┌ 海上保险(船体保险、载荷保险)
              ┌ 物保护 │         └ 陆上保险(河川运送保险、陆地运送保险)
              │        │ 收获保险
              │        │ 家畜保险   水道保险
              │        └ 暴风保险   盗难保险
              │
              │        ┌ 生命保险 ┌ 死亡保险 ┌ 定期保险
              │        │         │         └ 终身保险
              │        │         │ 生存保险 ┌ 资金保险
   保险 ──────┤ 人保护 │ 疾病保险 │         └ 年金保险
              │        │ 奇灾保险 └ 混合保险 ┌ 养老保险
              │        │ 残疾保险            └ 死亡生存两保险
              │        │ 战争保险
              │        └ 征兵保险
              │
              │        ┌ 保证保险   责任保险    借料、再保险
              └ 债权保险│ 抵当保险
                       │ 证券保险   失职保险
                       └ 信用保险   同盟罢工保险
```

图1-1 保险种类图

资料来源:《论中国宜推广保险》,《商务报(北京)》1905年第66期,第19—23页。

---

① 《论西人电信保险拍卖诸事》,《申报》1972年6月1日。

然而保险的功能不仅仅是赔偿,而是一种有备无患的保障。"有此公司之商埠,各项营业,以及稍有储蓄之家,只出些须之费,即可有恃无恐。"①

如果站在国家层面,保险则是商战的一部分,中国人自办保险公司可以使中国企业在与外国企业的竞争中处于有利位置。人们将自办保险的好处归为拒洋商、谋利、筹资、互保太平四条,1905年《商务报》阐释如下:

> 夫保险为公利公益之所在,亦未始非私利私益之所在。……其费入华商之手,不至于为洋商所独据,从此可稍塞漏厄,二也。设公司者,除出入两抵外,必有赢余,三也;及所收保险费,兼可经营他业,四也;有此四利则中国商界之前途,必能日益发达,如万一股款难集,公司难成,则尚有互相保险之法,其法如某埠有商店百家,则一家出费,而九十九家为之保险。……际此商战剧烈之时代,愿内地之为华商者,急起而共图之,商务庶日有起色乎。②

但是对于中国保险业的发展,时人表达出强烈的不满,他们认为中国是最需要保险业的国家,但是保险业发展缓慢。1907年江苏武进汤一鹗在《法政学交通社杂志》上著文《一般社会上之保险观》道:

> 哀哉吾中国数万纵横面积之内,无在非危险之境也;栖息于数万里面积内之士农工商无一非危险之事业也,哀哉吾中国。危险随天地以始终。有天地即有危险,可徵以吾人之理想与事实而知之焉。同居一地球之上,其出于自然者,风雷水火之暴发;起于人为者,盗难障害之类,仍不能免也,而奚独哀我中国,则应之曰:危险之来,我与各国同也,各国知危险之来而预备之,我

---

① 《论中国宜推广保险》,《商务报(北京)》1905年第66期,第19—23页。
② 《论中国宜推广保险》,《商务报(北京)》1905年第66期,第19—23页。

则任诸自然，其来也听之，不来也则窃窃生幸。心此所以。危险之发生同而所受危险之结果，遂划若鸿沟也，于何见之于各国盛行保险业而我国无有焉见之。①

国人对于西方保险公司垄断中国保险业，而本国保险业踟蹰不前的状况非常焦急，认为中国自与各国通商以来，此项保险之经费，为洋商囊括去的不止几千万之数。民间商家也有行动者，1904年广东省各华商特设立互相保险之法，1905年大清商部又特准刘观察学询，认集巨股，设立水火保险有限公司，希望"以为挽回漏厄之一策"。舆论认为"蒙则以为华商于此事，可以接踵而仿行也，险保股本，少至十余万，多则数十万，已能为之，不必定是巨富。苟归其所保者谨慎，可恃数年得庆平安。则大利可以操券"②。

虽然政府推崇、民间有识之士呼吁，但是我国保险业发展依然缓慢，到1890年始终未能逾越通商口岸的范围，当时媒体认为主要原因是经济基础的薄弱和民众意识的缺乏。因为当时中国主要工商业集中于通商口岸，内地工商业不发达，对于财产保险和人身保险需求不高。"国民程度尚低，财产生活上之诸方面需要尤属不急，因是而迟迟不发达焉固无可疑。"③

而在民众意识方面，许多时人将保险等同于赌博。一方面因为保险在西方的起源确实与赌博有很大关系。15世纪末，在伦敦一个以放债为生的商人——Lombards，兼做赌博式寿险——如单独指定某甲或某乙的生命在一年以内身故与否作为输赢。后来英国很快拥有了至善、铜业等带有赌博意味的保险公司，直至18世纪中叶，英国议会通过禁止赌博保险的议案后，保险公司才渐入科学化轨道，以赔偿保障为宗旨。④

---

① 汤一鹗：《一般社会上之保险观》，《法政学交通社杂志》1907年第6期，第1—9页。
② 《论中国宜推广保险》，《商务报（北京）》1905年第66期，第19—23页。
③ 《论中国宜推广保险》，《商务报（北京）》1905年第66期，第19—23页。
④ 邓□：《二十年来我国的人寿保险事业》，《华安合群保寿公司二十年纪念刊》1932年版，第1页。

保险的特殊由来，再加之保险本身的运行方式，也让人产生错觉。当时有分析道："保险者纳几徵之保险，料时时拂入，一旦事故发生而欲得巨额之保险金额者也，其行为颇类似于赌事，投一元而购得一富签，其利益之结果往往足以获巨万之财产与生命保险，火灾保险纳一元之保险，料一旦危害生则皆收入巨额之金资，尤奚以异耶。"①

大多数国人认为买保险是为了得到赔偿，如果得不到赔偿就是亏本，而要得到赔偿就要发生意外，而意外的发生是概率极低的事件，如同赌博。赌博是为了求有运，而保险为了求背运，一个靠走运谋利，一个靠背运发财。"虽然形式同而性质绝异赌事之目的，以运享而博得其利，保险者反之，以运否而遭遇灾害之场合而填补其损失也。故二者虽皆基于命运之行为，而所生之效果往往呈绝大之差异，则进言之赌事为获无故之利益，保险为回复固有之利益也。"②

国人有此想法不足为怪，因为我国自古都是易货交易，很少有担保交易，人们无法认识到意外风险的保障也是一种收益。单纯从投入收益的金额来看，千分之几的保险率确实形同赌博，因此鄙视保险之气在晚清颇盛，有识之士对此很是焦急，认为此举将拉大中国同西方的差距。"我国夙无研究保险学者，其视保险业等于市侩射利之行为，而相与鄙夷之，以致社会闭塞，对此长此终古，而文明人视为社会上须臾不可缺乏之事业，我国竟数千年以来绝无人以沾溉其利益，则安得不数万里面积之内无往而非危险之境。栖息于数万里面积内之士农工商，无一而非危险之事业也，而东西两大陆社会之程度乃日引而日远矣。"③

汤一鹗是当时少有的保险专家，他认为中国之所以保险业发展迟滞，法律和技术因素的欠缺也是一大原因。1907年他撰文道："我国一般事业之不发展，虽由于法令之不完备与技术之不精专，而无保险业以盾乎，其后不足以引起世人进取之心，实为一最直接之原因，则

---

① 《论中国宜推广保险》，《商务报（北京）》1905年第66期，第19—23页。
② 《论中国宜推广保险》，《商务报（北京）》1905年第66期，第19—23页。
③ 《论中国宜推广保险》，《商务报（北京）》1905年第66期，第19—23页。

保险业与会社之关系为何如也？"①

难得的是，汤氏认为在法制、经济、社会条件匮乏的情况下，保险业的发展必须依靠国家政权的强力和信誉来推行，最好由政府经营。"我国一般社会于保险事实几乎无过而问焉者，国家无完全之法律以维系于上，而保险业不足以取信于民间未始，非其一因也。盖国家于保险营业上有监督之必要，各国多施以特别法令而采用干涉主义者干涉之，极端至不许人民营业而国家自营之。"②

二 认识人寿保险

1886年，《中国教会新报》发表《保险》一文称："外国有保险一事现在上海口岸中国人亦知其益，如房产、货栈、轮舟、帆船、火车以及人的性命皆可保。"它介绍的人寿保险为："如保人系毒害病症等事，并不保其不遇祸害，系保过着祸患之后亏折之价，如若保人之险，先验人之强健衰弱，强健者付洋少而死后多得其银，人之衰弱者付洋多而死后放得洋多。"③

这里介绍的商业人寿保险以人的强健程度来决定保费和保额的多寡，以保险公司盈利为目的，但是反映出了近代人寿保险的基本原则，即多数保少数的原则："比如有一人故，只一百人算每人付保险公司一元聚成疋数已有百元即付死者之家度日，如一千人岂不是其死者之家得一千元乎，况期满算账计一千人中每年不过死十人而已，众出无多，得者甚巨，可以免其愿保者身后家人苦劳。此法非保险生意之比惟各自保固身后而已。"④

国人对人寿保险的认识同样是侧重于它的收益性，其作用被放大，甚至认为它是一个能保证长命百岁的灵丹妙药，可以承载很多政治理想。1898年光绪皇帝因变法失败，被慈禧太后囚禁，当时海内外人士对百日维新持肯定态度，认为百日维新为中国赢得声望，对光绪

---

① 汤一鹗：《一般社会上之保险观》，《法政学交通社杂志》1907年第6期，第1—9页。
② 汤一鹗：《一般社会上之保险观》，《法政学交通社杂志》1907年第6期，第1—9页。
③ 《保险》，《中国教会新报》1869年第26期，第8—9页。
④ 《保险》，《中国教会新报》1869年第26期，第8—9页。

赞赏有加。"皇上圣德英明,哀恫中国,伤我四万万同胞之危苦也,舍身起而救之。变用新法,百诏并下,百日之内,天下悚动,万国拭目,咸谓中国立强,待我同胞即加优礼。"① 对皇帝遭软禁充满同情。"皇上之舍身救民。而今我民之爱戴不忘者也。又以见我同胞之忠君爱国。人人咸同此心,咸怀此愿,不期然而然也。"

但是苦于无法解救,惟有希望皇帝长命百岁,在自然时间上超过慈禧太后,从而摆脱控制,继续行维新之大计。"皇上圣寿延洪,则我中国寿命亦长,四万万人寿命亦安,此如天之福也;皇上圣寿如不可言也,中国寿命亦不可言也,我四万万人寿命亦不可言也。"

1900年,一位署名图南拱北子德的作者在《清议报》上发表《恭祝大清光绪皇帝万寿士民爱戴募,皇帝买保险公司启》文章,呼吁大家集资为皇帝买人寿保险,通过与英法美等列强买四百京元的巨额保险,保证皇帝的安全,即使不幸,保险赔额超过《马关条约》赔款20倍,足以强兵。

> 故与其行祝寿之虚文,不如行保寿之实法。查外国有保人命公司一事。凡富家贵人,皆出巨资以保其寿命。买保人命公司于英德美日法奥意列国,以万万之数极多为度。则以我四万万人共保之,地球之列强共保之。若四万万人各出一元,则有四百兆元,买保险可以四百京元,过于前年偿日本之兵饷二十倍。皇上有此四百京元作保险,则我皇上安稳如南山之寿矣。谨按外国保人险之法,无论寿考凶折,均可索偿保项,给予死者所重托之人。②

同年《清议报》介绍了西方各国的人寿保险金额,这也变相为图南拱北子德的建议提供了根据,从而证明建议的可行性。

---

① 《恭祝大清光绪皇帝万寿士民爱戴募,皇帝买保险公司启》,《清议报》1900年第45期,第2940—2943页。
② 《恭祝大清光绪皇帝万寿士民爱戴募,皇帝买保险公司启》,《清议报》1900年第45期,第2940—2943页。

表 1-8　　　　　　　　　1900 年各国人寿保险金额

国家	保险金额（单位：弗）1 弗 = 中国 2 元	国家	保险金额（单位：弗）1 弗 = 中国 2 元
美国	7759809521	俄国	134532000
英国	3674484760	荷兰	128040000
德国	1709418566	瑞士	86780000
法国	693449000	丹麦	38689000
澳洲	566380000	意大利	37794000
奥国	449854322	巴尔干诸国	10100000
加拿大	245009000	比利时	3769000
挪威瑞典	148115000	合计	1560009232

资料来源：《各国人命保险金额》，《清议报》1900 年第 65 期，第 4145 页。

建议者简单地认为西方列强会为了保单的巨额利润，而超越政治、外交的壁垒保证皇帝的长命百岁，这当然只能算是个笑谈，但却是对保险的商业性一个最直白的解读，认为保险的根本目的是盈利。

中国人对此似乎并不热心，1842 年到 1888 年只有几家外国人寿保险公司在中国设立分部，且规模较小，业务范围仅限于各口岸商埠和旅华的外侨。随着贸易的扩大和华人对保险的需求增长，1988 年到 1900 年这 12 年间，外国人寿保险公司开始承保华人保险。[1]

1898 年，北中国保险公司称：1897 年进款约有十六万九千两，余利十五万两千两，首事酌提花红一分，其余各办事人摊派一分。[2] 洋人投资经营的火险、水险、人险数十家公司，因为信誉较好，所以一时间生意兴隆。到 1905 年中国人终于有了自己经营的人寿保险公司——招商局仁济公司。

以推崇国货为宗旨的北京《商务报》积极参与宣传人寿保险事

---

[1] 邓□：《二十年来我国的人寿保险事业》，《华安合群保寿公司二十年纪念刊》1932 年版，第 1 页。

[2] 《时务报》1898 年第 59 期，第 17 页。

宜。1905年，其《论中国宜推广保险》一文鼓励中国商人参与投资保险公司的创建。"惟保险一事，除轮船招商局仁济公司之外，罕闻有起而踵行者，即以天津上海两埠计之，水险火险人险公司，何止数十家，大都洋商集款为之，信义所孚。扺保者争先踊跃，盖平日所论者少，而一遇事故，可以如愿以偿，不致前功尽弃。"

保险公司的兴旺需要投保人的踊跃参加，对保险救人、物于水火之中的优越性，该报纸也是不遗余力地进行宣传：

> 大抵水火刀兵死亡疾病之事，世所恒有，然小则丧其资本，大则戕其躯命。又其祸每猝发于一旦，为智者之所不及料，勇者之所不及防，西人虑之熟而计之深，于是又保险之一法。徵持意外之水火，可以保险，即意中之刀兵，意中之死亡疾病，亦可以保险。揆其法之所自始，盖原因于统计学，而复参以公益公利之心以成立者也。夫人生不幸遭水火刀兵死亡疾病之惨，以致倾其货财，丧其躯命，则为之亲戚故旧者，必不忍坐视，而相与竭力设法以拯恤之。唯与其已事而方谋补救，何如先事而预为绸缪。与其使少数之亲戚故旧分其忧，何如使多数之仁人君子任其患。彼西人之明于统计之学者，知水火刀兵死亡疾病之事之不恒有之，即偶有之，而亦可以所得偿所失而有余也。①

这里更多是宣传保险的预防性，因为很多人认为保险费的获得概率太低，不值得买，而对它的担保收益认识不足。为此，一些朝廷大员纷纷示范。山东布政使尚其亨在任其间为防意外在永年公司保险银5万两，1905年奉命出洋考察西方宪政，又加保5万，前后共保银10万两，其10月26日接到任命，11月10日付清保费，12月11日出发。②

1908年，朝廷官员包国琛"宦游皖省，奉差芜湖时"，不幸于

---

① 《论中国宜推广保险》，《商务报（北京）》1905年第66期，第19—23页。
② 《出洋大臣保险》，《中华报》1905年第357期，第2—3页。

1910年6月23日辞世，保险银元两千两，七月下旬由镇江分行魏君汇款其子，子包同生登报致谢。①

但是保险的作用不仅限于此，它更是一国经济、政治的晴雨表。如同后来华安合群公司成立宣言所言："吾国洋商保险公司到处林立，上海一埠每年攫取吾国保费不下四五千万，而辽平津汉以及其他沿江沿海之区，则每年保费所出，亦几无地不在四五百万之巨。"②而资本家也逐步认识到太阿倒持局面的危险，纷纷组建以保国人寿险为旨志的保险公司，以便挽回利权，避免被操纵于外国公司之手。

由于官员的示范和媒体的宣传，1900年到1911年中华民国成立时共有25家国人自己开办经营的人寿保险公司成立，其中上海10家，福建6家，北京3家，天津3家，香港、汉口、广东各1家，其中华安合群保寿股份有限公司规模最大。③

三 认识劳工保险

国人对劳工保险价值的最早认识来自雇主以保险承担抚恤责任的西方企业案例。1898年湖南的《湘报》刊登了一则关于比利时保护工人遇险预存之款管理委员会的报道：

> 比利时国保护工人遇险预存专款之管理委员会兹将1896年该善堂办理情形声明，工人遇险到堂经理者，日见其多，当1890年工人之遇险者计3867起，该善堂所给之恤款工2667次，迨至1896年工人之遇险者计竟有8356起之多，而该善堂所给之恤款共6413次。查近来工人遇险之多，其故皆由于嗜饮，虽失事者非皆因沉醉然隔宿所饮烧酒过多，迷乱本性举动往往失常，去年工人遇险者大概不外以下数端，内计汤火伤者238起，被机器碾

---

① 《护卫报》1910年第1卷第2期，第10页。
② 邓□：《二十年来我国的人寿保险事业》，《华安合群寿公司二十年纪念刊》1932年版，第9页。
③ 邓□：《二十年来我国的人寿保险事业》，《华安合群寿公司二十年纪念刊》1932年版，第7—8页。

压者284起，被车马撞踏者805起，跌扑伤毙者1544起，或坍塌被压或从高坠下者1556起，该善堂发给赈款总共221500佛郎，寻常赈恤之款每人需34佛郎52桑姆。[①]

当时的人们并不知道这个"保护工人遇险预存之款管理委员会"等同于保险，而将这个组织称之为"善堂"（古代的一种慈善机构），认为发恤金给受恤人是恩赐，是慈善行为。

西方社会保障思想的起源可追溯到1601年的《伊丽莎白济贫法》，随后各个欧洲国家都以法律形式颁布了济贫法律，但是济贫终究是以救助为主的事后解决方案，很难做到及时、准确、全面。到17世纪80年代，第二次工业革命兴起，电力的广泛使用使工人工作中的伤残死亡概率大增，而罹难者的生存却始终被认为是劳工自己的事，即国家层面的济贫不论是力度还是广度都无法保证全部伤残劳工及亡故者遗族的长期基本生活，且事后救济都是一时之举，而受恤人需要长期保障。一时间以追求生存为目标的工人运动风起云涌，对伤残亡故劳工利益的争取成为那一时期劳资冲突的热点问题。

1881—1890年间，德国陆续推出了《工伤社会保险法案》《疾病社会保险法案》《老年、残障社会保险法案》。1927年，德国又推出了失业社会保险，至此，世界上第一个完整的社会保险体系诞生了。随后各国纷纷效仿，到1923年，北欧、西欧有11个国家建立了社会保险体系。具体如下：

表1-9　　世界上最早建立社会保险体系的国家及其具体情况

国家	颁布第一个险种的年份	完成主要险种的年份	实施各个主要险种的年份			
			工伤	老年	疾病	失业
德国	1883	1927	1884	1889	1883	1927
奥地利	1887	1920	1887	1906	1888	1920
丹麦	1891	1933	1916	1891	1933	—

---

① 《湘报》1898年第91期，第364页。

续表

国家	颁布第一个险种的年份	完成主要险种的年份	实施各个主要险种的年份			
			工伤	老年	疾病	失业
挪威	1894	1938	1894	1936	1909	1938
荷兰	1895	1963	1895	1937	1963	—
意大利	1898	1919	1898	1919	—	1919
英国	1908	1946	1946	1908	1911	1911
法国	1910	1946	1946	1910	1930	—
芬兰	1910	1949	1910	1913	1913	1949
瑞士	1911	1946	1911	1946	—	—
瑞典	1913	1916	1916	1913	—	—
比利时	1924	1944	—	1924	1944	1944

资料来源：刘燕生：《社会保障事典》，北京当代中国出版社1998年版，第53页。

根据颜鹏飞的研究，保险业务在中国的开端可算是1865年上海义和公司保险行的开张，随后轮船招商局、仁和保险公司等都经营过保险业务，但是只限于火险和货物险，至于人寿保险则要延迟到1909年上海华安人寿保险公司的创立。1865年洋务运动的开启到1911年清政府灭亡这46年正是西方劳工保险发展最为迅速时期，西方列强陆续建立了完善的社会保险制度，其间一些理念和思想逐渐传入我国。

商业人寿保险体现的是利益至上原则，多买多得，投入与产出呈正比。那些薪金微薄的劳工阶层根本无力购买，即使购买也不可能购买保额巨大的保险。但是这种保险的基本原理可以用来为劳工抚恤服务。德国首相俾斯麦采取国家、企业、个人共同承担保费，而罹难劳工得全部保额的办法，在1883年强制推行《疾病保险法》，随后《意外伤害保险法》等一系列法律得以通过，成为社会保障史上的里程碑式的事件。

1889年《万国公报》刊载《德国百工保险新法》一文，第一次介绍了这种保险，对于商业人寿保险不能惠及普通劳工的弊端，文章直言不讳。

> 天下事有防患于未然而获益于将来者莫如西国保险一事，西国保火险保水险而外复有所谓保人险，闻之者方且骇异，以为水火无情且不可保而人生如梦幻泡影，朝不保暮，偶一摄生不慎致瘵疾为灾，是则保险公司果然照约赔款，将不啻恒河沙数，岂非自甘赔累乎。

对于商业人寿保险值得借鉴之处和俾斯麦的巧妙应用，以及其个人的坚韧努力，文章犹是肯定：

> 抑知保险之法大深意存焉。譬之公司所保者百人之谱，而所赔者不过数人以百人之铢积寸累，为数人之患难扶持，所谓千金之裘集于一腋也。近德国国家更立一新法专为保护百工起见，其法创自老皇及宰臣俾思麦（俾斯麦），经其国家于议政院陆续议办8载，于兹缘各工之东人应存积款甚巨，而且各类工役各应详立章程头绪纷繁，煞费经营，始观厥成，以验实效。

对于普通劳工付出数厘保费，罹难后其家人可得足额保额维持基本生存，文章认为这是亘古未有的豪举。

> 夫穷苦食力小民亦至不一矣，或因年老或因弱乏或因疾病或因受伤，一经保赔，颇获利益，其保险之价每七日抽该工银约数厘而各工之东人又助数厘，国家酌贴官帑若干亿，有以上各节险事，则即此款赔补以养赡其眷属，在彼百工平日之浪费略加撙节，留为余地。幸而此身无恙，则襄助同人亦属善举，不幸自罹灾厄，则残喘妻孥均得其养，淑生淑世，利人利己又何乐而不为哉。①

事实胜于雄辩，德国日报刊载的一个真实案例也许更有说服力。（德国）某处有一瓦匠跌毙，家有一妻二子，子年在十五岁以下亦应

---

① 《德国百工保险新法》，《万国公报》1889年第9期，第52—53页。

照赔此三口每年补回保险银650码（每码合时价约三毫二钱），生活可以过得很不错。作者认为此举能够实现《尚书》中所憧憬的理想境界，值得最高统治者学习借用。"其恤嫠扶婴确有实惠。尚书曰：周有大赉，善人是富，吾愿王天下者尚其加意及此。"①

但是这篇文章并没有引起当时国人的注意，舆论反应平淡，主要原因有二：一是当时工人人数太少，全国不过几万人，没有形成如同欧洲工业社会的颠覆性力量；二是因为涉及国家、企业、个人分担保险费，需要从全局角度来通盘规划，所以如同文章作者所言："吾愿王天下者尚其加意及此"，认为这是皇上应该考虑的事情。

英国、法国似乎更热衷于小额的商业保险——简易人寿保险——来保障劳工的伤残亡故。1911年，王我臧在《东方杂志》上发表《欧美人寿保险制度》一文，介绍了各国的简易人寿保险。

英国：简易保险实滥觞于英国，1854年就设有布尔登佘尔公司，虽然后继者络绎不绝，但该公司始终是业中巨擘，可称得上模范简易保险公司。到1911年英国经营此种保险的公司达到19家，保险件数约2800万件，保险金额约285000000磅，十分之六成为布尔登佘尔公司所占。

表1-10　　　　　　　英国简易保险统计表

年份	保险件数	保险金额
1890	9412	85920
1900	17865	172649
1910	85412	25809

资料来源：王我臧：《欧美人寿保险制度（附表）》，《东方杂志》1911年第4期，第12—14页。

英国除了这种民办保险外，还有邮政局于1865年创办的官办保险，但是这种保险发展得一直不好，到1911年止，保险件数总共约为25000件，保险金额约1500000磅，最近新保者，每年约400件，

---

① 《德国百工保险新法》，《万国公报》1889年第9期，第52—53页。

在1910年约占总数85412件的0.4%，金额约20000磅，之所以不景气，英国媒体认为："由于不善招徕为之也。"①

美国的简易保险落后英国20年，但其发展迅速，1911年保险金额超过英国而冠于全世界。

表1-11　　　　　　　　美国简易保险统计表

年份	公司数	保险件数（千件）	保险金额（千元）
1880	3	1228	19
1890	9	3875	428
1900	18	11275	1468
1910	14	19660	5337

资料来源：王我臧：《欧美人寿保险制度（附表）》，《东方杂志》1911年第4期，第12—14页。

美国的简易保险公司以麦特洛波里丹及布尔登佘尔二家为最大，此两家所保者，约占全额之八成。

德国有国立劳工保险制度，以法律强制劳动者加入其中，简易保险与劳工保险范围虽同，但是有民办公司极力推崇。1904年，德国经营此业之公司共14家，保险件数约5000000件，保险金额约2180000000马克。其发达状况，尚不及英美。

法国的简易保险以官办保险为主。1868年，法国政府以非营利主义开办此种保险，取费极廉，但是不能收效。据统计，自开办至1907年，合终身养老短期保险计算，约52000000法郎，赔款约460万法郎。民办简易保险公司，1911年只有两三家，其成就一般。纽西兰的简易保险1887年由西狄星公司创始，约占总保险之七成，最近十年间普通人寿保险，仅增五分或六分。简易保险，则增至九成六分，平均计之，每百人中，保此险者得4人半。②

除英美系统之国外，在大陆各国，尚未能十分发达，德国之外，

---

① 王我臧：《欧美人寿保险制度（附表）》，《东方杂志》1911年第4期，第12—14页。
② 王我臧：《欧美人寿保险制度（附表）》，《东方杂志》1911年第4期，第12—14页。

稍有可观者，常推奥地利及瑞士，创办十余年，奥国以亚利安及乌纽爱沙勒公司最为发达，1903年合计已有保险件数30万件。①

1893年奥国平民男女在工厂做工者有一百余万人，每年得工值九千余万，在厂所用机器甚多，难免不测，因为保险之法每日纳钱若干或遇受伤可以调养，其局已销用九十万两，自行此法受伤者不致重累矣。②瑞士虽一小国，此种保险，不独非常发达，其组织和经营方法，亦优于他国。瑞士人寿保险公司，即该国最大最老的保险公司。1903年已有保险件数300余万件，平均计之，每人约占保险金额1法郎。③

中国一些保险公司也纷纷效仿。上海人寿保险公司也有经营小额保险事业者，其保险之额，以银百两为限，内地也有仿办者，信用渐著，营业也日渐广泛。欧风东渐，个人主义之倾向日盛，则社会制度之改良益盛。人寿保险中的小额保险，是为劳工及其他生计不富裕者设计的人寿保险制度。其保险数目事先法定，略行检查身体后，即派人至被保险者之家，收取保险费，操作简单。媒体称："实为智识财力薄弱者养老最良之法。"④

1911年《华安》杂志刊载文章《劳工团体保寿制度摘要》对劳工团体寿险的精神作用予以阐述，认为得到保障的工人对企业会更加忠心。

> 雇主对于工人所要求为"忠心"与"恒心"，故欲以恩惠结之、待之至好如家人，使之乐而不思他适，初苦不得其道，迨见保寿有养生送死、存孤恤寡诸般之功效，乃亟以所雇佣工人为一个团体，为之保险，于是工人不以工厂为传舍，而雇主乃得有真心具熟技以操作之工人。劳工团体保寿，于是乎始，迨于现。在欧美日本工业发达之国，大凡有众多工人之组织或机关大都包邮

---

① 王我臧：《欧美人寿保险制度（附表）》，《东方杂志》1911年第4期，第12—14页。
② 《大奥国：工匠保险》，《万国公报》1893年第52期，第58—59页。
③ 王我臧：《欧美人寿保险制度（附表）》，《东方杂志》1911年第4期，第12—14页。
④ 王我臧：《欧美人寿保险制度（附表）》，《东方杂志》1911年第4期，第12—14页。

团体寿险。①

团体寿险由于一次性入保人数较多，所以保险费更便宜，手续更简单。"劳工团体保寿因一厂或一机关之工人全体或其中一大部分同保，故可得极廉之保费，并可免验体格。"但是它要求团体人数至少250名，保法以一年为一期。其性质系纯粹保险，利益可分以下三项：（一）身故（二）残废（三）疾病。有三项具保者，或两项或一项者，而雇主如与工人订有年期契约者，团体保寿亦可五年或十年为期，可得第四项满期之利益。惟保费当然较无满期利益者为大。公司于承保之前，对于工人团体之年龄、体育状况、清洁情形及四围状况均须考查，以定是否合格可为承保。

团体寿险的效用明显：工人团体保寿之后，第一得益者为雇主，因为保寿单规定，工人一经解雇，则保寿权利亦即被夺，因此可以得到较为有恒及勤谨之工人，且所费亦不过工资百分之二三而已。如此小钱加给工人，未见十分恩惠，以此为费代保一二百元之险，则工人无论疾病或死亡时，均有保障之利益，自然一心为之尽力工作，且工人死后，常有要求抚恤之习惯，有此保寿则也可以免除损失。

劳工团体保寿的保费有雇主全数津贴者，也有津贴若干者，均于每名应得工资之外按比例另加几成，拨付保寿公司。也有工人自出者，则由工人自由认定保若干险。由雇主在其工资内将保费扣交保寿公司。劳工团体之保费较之一切保费为廉，按照工资计算，只占百分之二三，因为免却验体及与雇主接洽收费等事，节省开支甚多。所以雇主即不津贴保费，工人亦有要求为保团体险，充雇工与保寿公司间之承转机关，扣资付费，以使全体可享保费极廉之益者。②

但是此种保险在当时的经济条件下，响应者寥寥。在华安合群保寿股份有限公司成立的6个月时间里，只收到97496元保费③，投保

---

① 《劳工团体保寿制度撮要》，《华安》1911年第11期，第27—30页。
② 《劳工团体保寿制度撮要》，《华安》1911年第11期，第27—30页。
③ 《本公司二十年来收到保费及利息比数图》，《华安合群保寿公司二十年纪念刊》1932年版，第154页。

金额仅为166万元，在1911年只支付了一笔保险赔款。[①] 可见，在当时的经济条件下，普通劳工既缺乏投保的意识，又缺乏投保的能力，而整个社会也缺乏应有的信用基础，国家也没有相应的法律支撑体系，所以劳工保险在此时只是一个概念。

[①] 《本公司有效保额数目表》，《华安合群保寿公司二十年纪念刊》1932年版，第153页。

第二章 抗争：北洋政府时期的劳工抚恤

1911年，随着辛亥革命的一声炮响，千年帝制化为尘埃。中华民国的建立为资本主义发展提供了更为广阔的舞台，阻碍工业化进程的封建制度障得以清除，许多西方制度得以迅速推广，其中包括劳工抚恤和保障赔偿机制。但是因为国内局势很快又陷入混乱之中，中央政权自顾不暇，这种机制的运行和监督基本处于社会自为状态，优劣混杂，良莠不齐。与工业化进程伴生的是工业灾害、矿难频发，罹难工人人数激增，如开滦煤矿在1911年以前每年大约死亡矿工为50人左右，而到1915年达到135人，然后常年维持在150人左右，1921年达到创纪录的640人。① 但是大多数工人的抚恤费只有一个月工资，处于极低水平。在世界劳工狂潮的影响下，中国劳工运动迅猛发展，劳工政党得以诞生并领导了若干重大罢工，国际劳工组织的敦促协调，促成政府从法律上出台《矿业条例》《暂行工厂通则》等一系列法规，以保障全国伤残工人及亡故者遗族的生存权利，本章着力从抚恤、劳工的抗争、国际劳工组织的努力以及抚恤制度的改进四个角度来揭示这段抗争与调和历史。

第一节 矿难、工业灾害与抚恤

随着中华民国的成立，阻碍资本主义发展的制度堡垒得以消失，

---

① 南开经济研究所经济史研究室编：《旧中国开滦煤矿的工资制度和包工制度》，天津人民出版社1983年版，第318—319页。

工业化进入快车道，同时矿难和工业灾害以及职业病等诟病，无论从数量上还是规模上都较晚清有了很大不同。中国当时人数最多的纺织工人和矿山工人，其危险性各不相同。矿山企业矿难频发，矿工最需要的是伤残亡故保障；而纺织工人长期在恶劣条件下工作，遭受慢性病与工业灾害的概率较高，纺织工人需要疾病保障和意外伤害保障。其他行业的情况类似，如湖南的钨矿、云南的旧锡矿等矿山属于一类；而机械加工、化工、军工等制造类企业的情况与纺织企业类似。矿难、工业灾害成为影响劳工生存的主要灾难。如时人所言："机器之为用至广然，一危险物也。工作者稍有不慎，即生灾害，大则伤身，小则残疾，亦无不可，嗟乎！光明世界因科学之进步顿成惨黑之现象，使劳动界受莫大之痛苦。"① 与工业化早期的欧洲一样，煤矿和纺织厂也成为那个时代劳工深重苦难代表性的策源地。

一　矿难与抚恤

1886年开平矿务局成立，作为中国第一家用机械进行开采的煤矿，在很多方面都是"吃螃蟹"者。其实说是机械开采，只是在运煤和爆破等方面采用了动力机械，井下采掘基本是工人用手工工具进行，原因是中国劳动力廉价，在井下用人力开采可以获得超过机械开采的利润（前文已作论述）。

为了追求最大的收益，矿方提供的劳动条件是极为简单的，安全设施也是极为简陋的。有官方报告描述："矿工之苦。产煤之地，以小资本土法开采者，内部工程极为草草。矿工操作，困苦莫加，首戴一灯，手足并进，颈不得伸，臂不得直，佝偻而行，从事深掘。而水患岩崩，时有生命之险，苦亦甚矣。"② 据《新青年》记载，开滦煤矿每月因伤死于矿上的平均4人，多的时候十余人、几十人不等（病死者不计），大半因不通风闷死和中毒死。伤的人数比死亡者多2

---

① 炳辰：《解决劳工问题之釜底抽薪法》，《川滇黔旅苏学生会周刊》1919年第7期，第3—4页。
② 《直隶实业杂志》第3期，1915年3月出版，第7—8页。

倍。① 档案提供的数据更准确地说明了这一点。1905—1906 年间开滦煤矿全年死亡 43 人，两年之后达到 58 人，上涨了 34.8%，随后几年维持在 60 人左右，1913—1914 年间达到 117 人，接近 1905 年的 3 倍，然后基本常年维持在 100 人以上。

表 2-1　　开滦煤矿 1911—1930 年死亡人数统计表

年度	死亡人数	年度	死亡人数
1911—1912	56	1921—1922	202
1912—1913	68	1922—1923	160
1913—1914	117	1923—1924	202
1914—1915	135	1924—1925	188
1915—1916	111	1925—1926	139
1916—1917	94	1926—1927	143
1917—1918	183	1927—1928	179
1918—1919	150	1928—1929	160
1919—1920	172	1929—1930	132
1920—1921	640	合计	3231

资料来源：南开经济研究所经济史研究室编：《旧中国开滦煤矿的工资制度和包工制度》，天津人民出版社 1983 年版，第 318—319 页。

其中 1920 年至 1921 年间开滦煤矿的死亡人数达到创纪录的 640 人，原因是 1920 年 10 月 14 日，开滦煤矿下属的唐山矿发生了一起特大矿难。《晨报》将它称为"中国开矿之最大惨剧"。当时"矿内忽大爆裂，延烧煤炭及坑道中之木料。顿时，烟焰弥漫，矿工遂窒息而死"。爆炸发生时在井下大约有矿工 1000 余人，救出 119 人，到晚上共抬出 427 具尸体，但是俟后矿方正式宣布死亡人数却是 420 人，给出的事故原因也极为普通：矿工在井下取火吸烟引起瓦斯爆炸，证据是："死者身上藏有纸烟，可见一二。"矿方按照以往处理事故的惯例，很快做出善后："预备招认死尸，设斋超度，装殓掩埋，并抚恤家属。"每个家属给 40 元，后改为 60 元，另加"四方盒子"（棺材）

---

① 许元启：《唐山劳动状况》（一），《新青年》第 7 卷 6 号，1920 年 5 月 1 日，第 6 页。

一个。①

责任方似乎对此类死亡保持惯有的冷漠。据目击者称："我看见那许多人，站着的，坐着的，个个都很冷静（悲惨地冷静）。只看见那些可怜的颜面，含泪的眼睛。我们再向外面看看，也不见什么动静，只那武装的警察雄赳赳地、笑嘻嘻地站在门前，和那装死尸的'四块板盒子'陆续搬出矿局门。"②

由于事故重大，矿方提供的伤亡数字和事故原因报告很快遭到了矿工家属和媒体的质疑。人们根据下井人数和幸存人数计算，伤亡应该在600人左右，而至于事故原因，媒体对矿方的解释存在两点质疑：一是井下的"达威式灯"非磁铁不能开启，工人如何能开启点烟致爆？二是每次下井对易燃易爆物品都是检查极严，工人带烟又如何能吸？

这是民国建立以来发生的最严重的一次矿难，因此这种质疑很快惊动了高层。北京政府派出外交部秘书陈斯锐，交通部参事王景春，内务部技正周秉清，农商部技正梁津、黄有书等对此事进行联合调查。经过约一周的问审，最后确定，（一）惨毙工人451名，伤者2名，窒息而救活者120名。比厂方公布的420人多出31人。（二）爆发原因，系由最易引火之旧式安全灯爆炸所致，当时洋监工明知沼气浓烈仍责令工人依旧开凿，最终导致灾难。

显然矿难的主要责任在矿方，其要承担对于遇难矿工家属的抚恤补偿责任。"惨毙工人之偿恤，尤属重要并为该局责任所在。"至于应该赔偿多少抚恤金？根据当时生活水平和媒体、受恤人希望，调查报告估计应该在千元以上。"按照现在舆情之责望暨遗族赡养之所必需，除该局给棺木及洋百元外，应特别偿给巨额，每名以千元为数。"

由于既无成规，又无法律，本应该以"舆情之责望"为右，但是调查判决书最后否决了媒体和受恤人的要求，"鉴于此次事故伤亡人数众多，矿方支付恤金数额巨大"，将问题最终解决寄托于保险，"并

---

① 《晨报》1920年10月20日。
② 《晨报》1920年10月20日。

应酌仿西国通例,出资为工人保险"①。这个判决书虽然澄清了事实,但是却不能强制矿方执行超越成规的赔偿。矿难死亡工人的家属最终得到的赔偿仍然只有60元,相当于6倍全国工人平均月工资,一个人12个月的最低生活费,一个5口之家可以生活6个月。②特派员陈斯锐的解释是:"开滦公司系中英合办,此次对于政府要求赔偿数目如坚不允照办,似应援引英国律例再与交涉,……(英国律例)殒命者照每星期薪水156倍算最多不过300磅英金,最少不过150磅。"③其意思是恤金是由中英双方商量的结果。

李大钊在《每周评论》撰文评论道:"在唐山的地方,骡马的生活费,一日还要五角。万一劳动过度,死了一匹骡马,平均价值在百元上下,故资主的损失,也就是百元之谱。一个工人的工银,一日仅有两角,尚不用供给饮食。若是死了,资主所出的抚恤费,不过三四十元。这样看来,工人的生活,尚不如骡马的生活;工人的生命,尚不如骡马的生命了。"④

死亡造成的影响较大,所以得到的关注较多,而比死亡人数多一倍的疾病伤残,却是无人问津。在唐山,疾病工人是没人注意的。矿务局虽有一个工人医院,但施医和就医的极少。在煤矿创办时,工人因工受伤,送往医院医治,在未好以前,给薪资一半,病愈入局,仍给原薪。但是到中英合办时期这条就废除了。工人有病不做工是没饭吃的,所以一病就要死了。从前说"伤及手足,不得已而割去,愈后酌量派充更夫或看门之缺"⑤,现在也废除了。工人伤了手足,矿局是不抚恤的,简直是要他们活活饿死。在唐山因伤而亡的概率没有精确的报告。据说每月因伤死于矿内者平均四人,多的时候十几人、几十人不等(病死者不计),大半因不通风的闷死和中毒死。伤的人数比

---

① 《晨报》1920年11月6日。
② 五口之家每月最低生活费10元计算,矿工月工资大约10元。
③ 台湾"中央研究院"档案馆馆藏:《请重恤已故开滦矿华工王志永由》,档案号:03-03-020-01-008。
④ 李大钊:《唐山煤厂的工人生活》,《每周评论》第11号,1919年3月9日出版。
⑤ 许元启:《唐山劳动状况》,《新青年》1920年第7卷第6号。

死的多两倍。① 生还率无从调查，而抚恤都是象征性的。1924 年，一个叫杨慎的工人，因跌伤"将大腿摔碎，终身成为瘸腿"，矿方付 30 元之残废赔偿金。当时买一只骡子要 130 元。② 可见因工致残的受恤人基本是被人忽视的群体。

类似的情况在全国矿山都存在。清末民初煤矿开采处于高峰，大矿有工人一二万或几千，小矿也有几百；各矿都无视安全生产，一经发生灾变，动辄死伤数十人或至数百人。1912—1927 年间全国煤矿发生的大型灾害就高达 4 起。

（1）萍乡煤矿 1917 年 8 月 18 日，直井五段四号窑发火，共毙员夫 27 名。又 1920 年 3 月总平巷十一段沼气爆发，死亡 48 人。

（2）唐山煤矿 1920 年 10 月 14 日九道巷沼气爆发，死亡 434 人。

（3）中兴煤矿 1925 年 2 月 1 日旧窑底沼气，忽触灯火爆发，势子极猛，致旧窑积水涌出，死亡 458 人。

（4）井陉煤矿 1925 年 3 月 18 日井下第三段沼气爆发，死亡 16 人。③

以上所述的都是比较大的灾变。其他矿山因灾变而伤亡的人数没有准确数据。重大矿难一次死亡人数触目惊心，每年的死亡数字在当时不被人注意，但是累计的数据却很惊人。单就一个煤矿来说，本溪湖煤铁矿 1911 年至 1924 年水火灾变的统计，伤 26044 人，死 853 人，就可见一斑。④ 下面是一些著名矿山的灾害伤亡数据。

日本控制下的抚顺煤矿在 1907 年到 1918 年间发生坑内外事故 26673 次，共计伤亡中国劳工约 25000 人，其中因工亡故 307 人。当然这只是粗略估计，实际数字更高。汪敬虞搜集的 1913 年的数据显示灾害次数达到 2918 次，死亡人数达到 3148 人，差不多占全体矿工的一半，⑤ 比下表中数字略高。抚顺煤矿因此被人称为"人肉式开采"⑥。

---

① 许元启：《唐山劳动状况》，《新青年》1920 年第 7 卷第 6 号。
② 郭士浩编：《旧中国开滦煤矿工人状况》，人民出版社 1985 年版，第 184 页。
③ 《矿业周报》第 1 集，1929 年 4 月出版，第 10—11 页。
④ 《矿业周报》第 1 集，1929 年 4 月出版，第 10—11 页。
⑤ 汪敬虞：《中国近代工业史资料（1885—1914）》第二辑，科学出版社 1957 年版，第 42 页。
⑥ 辽宁省档案局编：《风物辽宁》，辽宁人民出版社 2014 年版，第 95 页。

表2-2　　　　　　　抚顺煤矿历年工人死伤人数表

年份	坑内外事故次数	死者 采煤夫	死者 其他 中国人	死者 其他 日本人	伤者 采煤夫	伤者 其他 中国人	伤者 其他 日本人	死伤合计 采煤夫	死伤合计 其他 中国人	死伤合计 其他 日本人
1907	125	14			127			141		
1908	103				209			209		
1909	356	21	7		268	147				
1910	570				466	122				
1911	1901	5	4	1	325	617	151	530	621	154
1912	1685	6	3	1	717	795	167	723	708	123
1913	2794	18	14	1	1195	1632	200	1213	1646	201
1914	3338	24	12	1	1294	1954	195	1318	1966	195
1915	3440	14	14	1	1232	2226	230	1266	2240	231
1916	3507	55	17	3	1527	2097	185	1582	2114	138
1917	4130	32	39		1636	2768	223	1668	2807	223
1918	4724	33	17		1457	3082	211	1190	3098	211

表2-3　　　　　　　奉天本溪湖煤铁矿工人死伤人数表

事故	死亡 1918	死亡 1919	死亡 1920	重伤 1918	重伤 1919	重伤 1920	轻伤 1918	轻伤 1919	轻伤 1920
天板坠落	5	22	16	21	61	101	250	512	879
煤气爆炸		214	23	2	10	7	10	14	14
煤车轧砸		2		9	13	26	82	131	215
坑内出水	2			2			1	1	
机械关系				9	1			20	3
炸药爆破					1	1		2	
煤壁塌倒					1		7	1	1
自转车道及卷扬机		1		1		2	2	2	24
其他		2	2	1	4	20	135	75	100
合计	7	241	41	46	90	157	487	758	1236

资料来源：王清彬等编：《第一次中国劳动年鉴》，北平社会调查部1928年版，第一编，第354页。

表2-4　　　　　　保晋煤矿历年死伤人数占总人数比例表

年次	每日平均人数	死者数	死者与总人数百分率	伤者数	伤者数与人数百分率
1918	793	6	0.758%	1	
1919	1262	7	0.566%	8	0.634
1920	2077	16	0.794	14	0.696
1921	1136	28	2.450	29	2.563
1922	1528	24	1.577	67	4.385

资料来源：王清彬等编：《第一次中国劳动年鉴》，北平社会调查部1928年版，第一编，第355页。

表2-5　　　　　　保晋煤矿历年抚恤费支出表

年份＼厂矿名	1918	1919	1920	1921	1922
第一矿厂	90	87	412	765	1033
第二矿厂		2	40	94.1	330.340
第三矿厂	120	29	46	104	200
第四矿厂		108	180		160.177
第五矿厂		63	76		83.280
第六矿厂		45	9	180.00	82.00
合计	210	334	763	1347.10	1890.050

资料来源：王清彬等编：《第一次中国劳动年鉴》，北平社会调查部1928年版，第二编，第32页。

保晋煤矿历年抚恤费的增加，意味着伤亡人数的增长，1923年的抚恤费是1919年的9倍多，说明伤亡人数增加不少。1920—1921年，奉天锦西县大窑沟煤矿工人因工受伤死亡者，计4名和6名，共10名。支出抚恤费，共大洋500元。死亡原因：坠落6人，压毙3人，火烧1人。而据本矿附属医院报告，1919年7月至12月病人数是1301人，第二年达到2600人，翻了一番。（见下表）

表2-6　　　　　　　奉天锦西县大窑沟煤矿医院报告

	新患者			受诊次数	患者总人数
	工伤	外科	内科		
1919年7月至12月	110	63	67	887	1301
1920年	165	94	84	1887	2600

资料来源：王清彬等编：《第一次中国劳动年鉴》，北平社会调查部1928年版，第一编第355页。

从这些数据中可以看出矿山灾害事故的两个趋势：一是矿难次数逐年增多；二是每年因工死亡和受伤人数呈增加趋势。有良知的人对此深表同情，呼吁资本家慷慨解囊。"凡稍有天良之资本家，曷不为若辈水深火热呼诉无门之劳动界设身处地耶！提出的对策是救恤孤寡盲目残疾之工人。"① 而死亡矿工的抚恤金大约为30—50元，山东淄川煤矿在1925年至1927年间，煤矿事故死亡151人，每人的抚恤金都是50元。② 在湖南水口山铅锌矿，该山窿内多系包工，如探平巷之工，系按米突计价，每米突二十一元至二十六元不等，而危险特甚，每年死者约十余人，例恤洋只有30元。③

有的矿山虽然规定了较高的抚恤赔偿金额，但实际并未执行。井陉煤矿对于矿难引发的伤亡的抚恤有规定：因工受伤致成废疾者应依下列规定给予抚恤费：终身失去其全体工作能力者，给予2年以上之工资，终身失去其部分之工作能力者，给予1年以上之工资。因工作死亡者，给予50元以上之葬费并给予其遗族2年以上之工资。④ 在中德合办时期，井陉煤矿工人的日工资约为200—300个制钱，合0.5—0.6元，月工资15—18元左右。依此法计算，一个因矿难而死亡的矿

---

① 炳辰：《解决劳工问题之釜底抽薪法》，《川滇黔旅苏学生会周刊》1919年第7期，第3—4页。
② 中华全国总工会编：《中国工会运动史料全书》（第22卷煤矿卷），中华书局2000年版，第1章，第27页。
③ 转引自刘明逵编《中国工人阶级历史状况》第一卷第二册，中共中央党校出版社1985年版，第219—222页。
④ 顾琅：《中国十大矿厂调查记》，商务印书馆1916年版，第19页。

工应获抚恤金共计230—266元。但是到民国初年，矿上规定"为受伤身毙，则由局给洋四十元"①。抚恤金在当时由资方按照惯例来支付。

因为缺乏监督，还有很多受恤人难以领用抚恤金。据开滦煤矿档案记载，从1914年至1948年的34年时间里，受伤人数达221371人，其中重伤占一半，死亡人数估计在5万人左右（死亡与重伤比例通常约为1：2）。但是旧开滦查工处根据抚恤金发放人数统计，1905年到1948年间死亡者仅为5397人（其中井下为5032人）。②人数差距虽然不是很精确，但是非常明显，为什么两个官方统计的数据会有如此大的差别呢？原因很简单，查工处的统计人数是按照实际支付了抚恤金的人数统计的，而档案记载是按事故死亡报告统计的，两者之间的差距是10倍，这也就是应该抚恤人数与实际抚恤人数的差距。

即使在领取了抚恤金的所谓"受恤人"当中，仍然还有许多"猫腻"。早在1894年，英国人莫里逊就发现云南机器局存在一个奇怪的现象，"领工资的工人名额是100人，但即便在难得的发放工资的日子，到局的工人也从未超过60人"③。原因是许多"领工资"的人并不存在了，但工资照发。

1920年发生的那次唐山瓦斯大爆炸，死亡451人，其中很多是山东逃荒来的单身汉，他们死后的"抚恤金"全部入了包工头腰包。④包工制最早出现在工业化初期的矿山开采中，外来开采者为了获得地方势力的支持，通常将一些劳务外包给当地有势力的乡绅，这些人就是最早的包工头。包工制对于承包方和厂矿方都有利，一旦发生事故，矿方就能将事故责任推卸给包工头，工头则能通过事故攫取更多的利益，而真正受恤人则毫无保障，因为双方都不可能真正代表罹难者利益。那些领取恤金的包工头甚至连安葬费都不愿承担。1950年中央人民政府中南区工矿考察团的一份报告记载了诸多类似案例："工人在井下被悬石打死了，包头连棺材也不愿给一付，1934年，开源公

---

① 顾琅：《中国十大矿厂调查记》，商务印书馆1916年版，第19页。
② 郭士浩编：《旧中国开滦煤矿工人状况》，人民出版社1985年版，第175—176页。
③ 孙毓棠：《中国近代工业史资料》，科学出版社1957年版，第1187页。
④ 郭士浩编：《旧中国开滦煤矿工人状况》，人民出版社1985年版，第183页。

司井下一次死十三人，包头不管，后经全体工友求情，才给每人一付薄棺。一九三七年，工友吴显凤，因烟子病死在路边，两天没人管，后来还是工友们大伙捐钱买了一口棺材，才得安葬。"①

二 城市工人疾病伤残抚恤

在城市，工业事故虽然没有矿难那么频繁，但是疾病和伤残无处不在。1922年一名叫洗尘的作者在《劳工生命的代价》一文中描述道：王长裕有两个儿子，一个十八岁，一个十二岁，都在闸北一家染丝绸的机器厂（日本人开的）里做小工，本月的前几天，忽然他那十二岁的孩子跌死在那染缸里头，那经理人说："咎由自取"，所以只给了十元作棺材费，就算过去了！过了几天，那十八岁的孩子又被机器跌下来压死了！经那检察官验明是压伤致死。讯问完毕，却对王长裕说："你要抚恤可直接向东洋人要去"，后来那个经理人说："这个孩子活的时候，很勤俭做生活，所以请愿抚恤100元钱。"这个孩子一条命的代价总算贵一点。② 工厂的伤亡事故似乎很普通，而对劳工的抚恤则是由主事者好恶而定，多寡不一。

鉴于劳工伤亡的低额代价，资方大多忽视工人的健康。在长沙华实纺纱厂中，工人大半为血气未定之子弟，既输此长时间之劳力（最甚者为夜工。凡做夜工数日，即面目黧黑，形容枯槁），又无善良之营养休息，以是发病者甚多。外国各工厂无不附设医院，且尝检查工人身体，该公司却大不然，工人非重病不许请假，即重病亦常受监工留难，乃全厂只一中医，医术之不精且不置论，试问以一医供此数千人，其何能做？药资概由工人自备，工人常恐逾期开缺，每有扶病上工者，近月来已死数人，抚恤之典更无望矣。③

1922年，热心劳工状况的国际劳动联合会的程婉珍女士受基督教女青年会委托对上海劳工进行调查，认为中国工厂工人除了工资太少和工作时间太长之外，与其他国家比有7点苦状："1. 空气欠流通；

---

① 摘自矿志编纂委员会编《锡矿山锑矿志》，1983年10月，第120—121页
② 洗尘：《劳工生命的代价》，《民国日报·平民》1922年第103期，第3页。
③ 《华实纺纱厂调查记》，长沙《大公报》1921年11月15日。

2. 热度没规定；3. 机器危险。欧洲各国因为定有法律，各厂都在机器四周安置铁网，中国则办机器的人从没想到铁网问题，所以工人常因工作时间太长，在十分困惫中误触机器，断送生命。这种惨事，报纸上常有看见，但读报者或以此为不能避免的事实，甚或责备死者自不小心，真是可叹。4. 无膳室。除极少数工厂外，工人都无一定的膳所，有的在工作处，有的在露天，在纺织厂中因为机器从不停止，工人只能且食且留意纱线，见断纱即弃食去接，可是纱厂中细花常在空中纷飞，工人的食物也就接杂花屑了，这是于工人卫生大有妨碍的，在欧洲各国呢，厂中都设置有吸收尘埃的机器，不叫工人吸入细尘。5. 不准备急救法；6. 无座位；7. 太挤。"负责改良的应有 3 种人：一、厂主经理及股东；二、旁观的局外人；三、政府；责任最重的还是旁观的局外人——青年男女有觉悟者罢！①

交通等运输部门也比较突出。在 1918—1921 年江南造船厂建造四艘美国货轮时，就跌死了 80 多人。在机器间、铜匠间的工人，虽比上述工种的工人要好一些，但在狭小昏暗的车间里，金属屑粉和尘埃混在一起，到处飞扬。机器、马达、敲铁发出的声音，使工人精神不宁，又加没有任何安全措施，工伤事故也是经常不断。机床上最起码的安全防护（如车床皮带、齿轮的罩壳拦板）亦不装置，就是有，坏了也不给修，出了事，痛苦是工人受，损失亦是工人的，有的甚至被开除出厂。② 江南造船厂高达 25% 的因工致残率和 1.8% 的因工亡故率高于当时全国工厂工业灾害的伤残亡故平均水平。

表 2-7　　　　江南造船厂因伤致永久残废与因伤死亡比较表

工人类别	永久残废	死亡	工人类别	永久残废	死亡
男工	20%	1.7%	童工	29%	3%
女工	44%	0%	各类共计	25%	1.8%

资料来源：王清彬等编：《第一次中国劳动年鉴》，北平社会调查部 1928 年版，第一编，第 339 页。

---

① 《程女士调查劳工状况的收获》，《民国日报·妇女评论》1922 年第 48 期，第 1 页。
② 王清彬等编：《第一次中国劳动年鉴》，北平社会调查部 1928 年版，第一编，第 339 页。

1928年，据美国《密勒氏评论报》及农商部统计，中国26家工厂的工业灾害伤亡人数达3284人，占总工人数31033人的10.8%。（见下表）

表2-8　各地工厂灾害伤亡人数及其在工人总数中所占的比例

厂矿名称	统计年份	工人人数	致命	非致命	总计	灾害伤亡工人所占比例%
上海兵工厂	1928	2600	6	82	88	3.4
汉阳兵工厂	1928	5000	1	215	216	4.3
汉口保昌铁厂	1928	1300	35	102	137	10.5
杭州正勤铁厂	1928	12		1	1	8.3
杭州应振昌铁厂	1928	16		2	2	12.5
上海华东机器厂	1928	600	5	11	16	2.7
上海江南造船厂	1928	2120	3	71	74	3.5
沪宁铁路工厂	1928	400	1	18	19	4.8
沪杭甬铁路工厂	1928	240	2	12	14	5.8
杭州闸口铁路工厂	1928	30		5	5	16.7
上海江南造纸厂	1928	520		11	11	2.1
白沙州造纸厂	1928	720	4	79	83	11.5
浦东申新面粉厂	1928	890	9	102	111	12.5
上海复兴面粉厂	1928	620		32	32	5.2
杭州纬成纺织厂	1928	1300		3	3	0.2
汉口升记丝厂	1928	1018	10	89	99	9.7
上海宏通丝厂	1928	450		23	23	5.1
芜湖康利米厂	1928	376	1	21	22	5.9
上海华生电器工厂	1928	260	1	29	30	11.5
芜湖电厂	1928	250	1	13	14	5.6
陈同记建筑公司	1928	22		1	1	4.5
新记建筑公司	1928	37	1	1	2	5.4

续表

厂矿名称	统计年份	工人人数	灾害伤亡人数 致命	灾害伤亡人数 非致命	灾害伤亡人数 总计	灾害伤亡工人所占比例%
昌泰建筑公司	1928	43		3	3	7.0
岳震记建筑公司	1928	25		1	1	4.0
湖南各矿	1915	12184	726	1551	2277	18.7
总计		31033	806	2478	3284	10.6

注：1928年的数据为《密勒氏评论报》1930年2月1日第309—310页公布。1915年数据为《农商公报》1916年第19期第36页公布。转引自中华全国总工会编《中国工会运动史料全书》（综合一卷），第1章，第205页。

从表中数据可以看出调查的行业包括机器工厂、铁路、面粉厂、纺织厂、建筑公司、矿山等10多个部门，工人伤亡率最高的是矿山，高达18.7%，铁厂、铁路工厂、面粉厂伤亡率较高，有7家工厂伤亡率超过10%。

面对劳工的惨状，一些有识之士纷纷呼吁资本家尽天良，为罹难劳工提供抚恤。"机器既为极危险之物，故劳动界之任事于工厂不慎而伤其身或割去其手足或致双目失明者，在所不免，此等劳动者家庭之中孤儿寡妇依靠无人，受饥寒之患，实为世上最可怜、最可痛之人。苟无人救恤，则非饿死即冻死。然推源其受此惨苦之故，实为人为之，非天为之也。虽无操刃伤人之人，然机器属诸资本家，我虽不穀伯仁，伯仁由我而死，故资本家亦负此救恤之责。孤儿寡妇当予以救恤金若干，盲目残疾之人须养其终身，此等事资本家固无可卸之责也。"[①]

不可否认，有的公司对于残废病亡者的抚恤略为优厚。据王清彬记载：久大工人因工受伤致成残废者，公司酌给20元以上100元以下之抚养金。因工死亡者，给予60元以上200元以下之恤金。其抚恤金的上限超过了50元的普遍标准。

该公司的可贵之处在于对待因工病亡或因公致残的受恤人予以了

---

① 炳辰：《解决劳工问题之釜底抽薪法》，《川滇黔旅苏学生会周刊》1919年第7期，第3—4页。

关照，而当时绝大多数企业都无视此类抚恤。久大精盐公司遇因病死亡之工人，亦给恤金。凡在塘沽病故者，每人给恤金 50 元，遇有家境贫苦之工人，临时尚得要求厂中施与棺木一口。凡在途中，或家中，病故者，仅给恤金 20 元。工人家属病故，概无恤金，惟经济困难者，得求厂方施与棺木。①

永利制碱公司工人病假以半月为限，不扣工资。若满一月尚不能医好，由本厂酌量情形，发给一月工资，令其归家调治。因病死者，只给予棺木衣服费，及本月之工资为限。惟人在厂两年以上者，得随时斟酌抚恤之。因工伤亡或病亡之工匠，如带有家族者，其家族归家旅费，得按路程之远近，由工厂酌量给予之。（但家族以本人之父母妻子为限，小儿未满四岁者无之。）②

需要注意的是，天津两大企业抚恤的"慷慨"来自于爱国商人范旭东的筹划，可见即使由一个有公益心的企业主主持，在当时的经济社会条件下，要建立由企业单方面承担的完全保障甚至中长期的保障体系都很困难。

三 商务印书馆的抚恤

矿山和工厂都属于劳动密集型部门，其劳工岗位的竞争性质和受恤人数的庞大，都无法让企业自愿承担受恤人的高标准保障成本，但是知识密集型人才的稀缺性和其带来丰厚的利润，却能驱动企业主动承担受恤人的保障责任，以此招徕更多人才。上海商务印书馆给予职员的抚恤待遇就是例子。

该公司酬恤章程规定，凡职工退职，或非因工作而死亡时，公司方面给予退休金与赙赠金。这在当时是第一个为非因工死亡劳工支付抚恤金的公司。该恤金以赙赠金的方式支付：在职满一年以上而死亡者，赙赠金一次支付。赙赠金照在职时所实得薪水 10% 支付；继续满

---

① 王清彬等编：《第一次中国劳动年鉴》，北平社会调查部 1928 年版，第三编，第 50—53 页。

② 王清彬等编：《第一次中国劳动年鉴》，北平社会调查部 1928 年版，第三编，第 50—53 页。

5年以上，加2.5%，嗣后每满5年，加2.5%，加至20%为止。如所实得薪水在1000元以下者，照12%支付；800元以下，每递减200元，加20%。如果由总公司派往分支馆局者，除赙赠金外，并照用资加两倍支付丧费。特别地区成都、陕西、云南、贵州、新加坡等五处地方者，加四倍支付。在总馆者不给。[①] 而对于直接因职务死于非命者，照在职所实得薪水20%支付赙赠金，但至少不得少于一年薪水之下。这种因工亡故后的一次赔偿恤金按服务年限累计计算，如某人月薪25元，年薪300元，若服务10年后因工亡故，所得赙赠金至少为300元，远高于当时流行的30—50元的恤金。

最为人称道的是该公司实行的因工致残抚恤制度："公司认为不能任事者，至多照在职月薪之半，按月支付，至死亡为止。"[②] 这项措施可以保障伤残受恤人度过残生，实现了完全保障。

对于因工致病或因工致伤者，章程的规定与大多数公司相同："酌给医药费，治疗期内，月薪照支。"但是这项制度对于公司那些低工资的员工不利，因为这些员工大多兼职数项工作，一旦生病，虽然月薪、医药费有着落，但需要额外支付营养、陪伴等费用，全家生活无着。1925年12月该馆对于低工资职工患病，定有同人疾病扶助金章程。后于1926年4月重订附加办法。主要内容包括：

1. 公司每年提出银币10000元，定名疾病扶助金，以为同人薪水工资较小，病假较久者，扶助之用。

2. 公司同人有疾病，经公司指定之医生证明，准其请假者，得照章程领取此项扶助金；但薪工仍应照章扣除。

3. 除因工直接受伤，已在公司酬恤章程规定外，其有他种疾病，愿得此项扶助金者，应具声请书，经公司认为合式者，即可支给。

4. 应给扶助金之等级，如左表：

甲级　每月所得薪工25元以下者，

乙级　每月所得薪工25元以上，50元以下者，

[①] 王清彬等编：《第一次中国劳动年鉴》，北平社会调查部1928年版，第三编，第50—53页。

[②] 王清彬等编：《第一次中国劳动年鉴》，北平社会调查部1928年版，第三编，第30页。

丙级　每月所得薪工50元以上，100元以下者，

其每月所得薪工一百元以上者，但愿按照本章程领取第8、9、10条者，手续费，药费，补助金照章支给。①

5. 应给扶助金之期限及额数如下表：

表2-9　　　　　　　　商务印书馆扶助金发放等级标准

等级	满5日以上在第1个月内	满1个月以上在第2个月内	满2个月以上在第3个月内	满3个月以上在第4个月以内	满4个月以上
甲级	原有薪工80%	原有薪工70%	原有薪工60%	停给	
乙级	原有薪工70%	原有薪工60%	原有薪工50%	停给	
丙级	原有薪工60%	原有薪工50%	原有薪工40%	停给	

资料来源：王清彬等编：《第一次中国劳动年鉴》，北平社会调查部1928年版，第三编，第30页。

在职未满一年者，照上表扶助金额递减二级，未满二年者，递减一级支付，低至少30%为度。前项扶助金经公司指定之医生证明，病已痊愈可复职者，即停止之。② 为了规范疾病扶助金的使用，公司还制定了详细施行规则，确保该项资金用于职工疾病救助。③

---

① 王清彬等编：《第一次中国劳动年鉴》，北平社会调查部1928年版，第三编，第30页。
② 王清彬等编：《第一次中国劳动年鉴》，北平社会调查部1928年版，第三编，第30页。
③ 1. 注：5条规定为：在病假中，欲回内地本级或赴其他地方疗养时，须经公司指定之医生许可，并据签地证明书，连同医生许可证，送交公司，由公司认可者，仍得领取扶助金，但离公司所在地后，至多只给三个月，仍以应给扶助金期内为限。2. 公司指定之医生，以用西法诊治者为限，即不愿服西药的，亦必须经各该指定之医生证明。其疾病较重，不能亲就公司指定之各医生证明者，应即告知公司，由公司派遣医生前往诊治，以便证明。但以居住公司所在地者为限。3. 愿入公司指定之医院治疗者，除按本章程第五条给扶助金外，公司亦补助入院费，但至多每日大洋一元，以应给辅助金期内为限，并须将该医院所对账单，续存公司为凭，如补助期满，经医生证明，谓病尚未愈，必须继续住院者，应通知公司，酌量补助。4. 如所患疾病，经医生证明必须剖割者，本人亦自愿入公司指定之医院受治者，应通知公司，所有手术费由公司如数补助。仍以应给辅助金期内为限。并须将该院所给账单，缴存公司为凭，但照前条逾期仍住院须剖割者，公司仍补助手术费。5. 愿服公司指定之医生之方药者，公司并补助药资，仍以应给扶助金期内为限，并须将药方及药店价单，缴存公司为凭，其属于滋养之食品，非治病处必须者，不给。已入本公司治疗室，或指定之医院者，不给。（附加条）同人因事请假，已离公司所在地而患病者，应即就地西医诊验证明，将证明书寄交公司，得由公司酌量情形，参照迁地疗养例，给予扶助金。但住院费手续费及药资之补助金不给，如就地无西医可觅者，得将中药方寄交公司酌量办理。

该馆劳工的伤、残、病、亡、退休保障基本实现了全覆盖，其赙赠金和扶助金由企业单方面承担，虽然高于同时期其他企业抚恤标准许多，但是还未实现现代意义上的完全保障，为此，该馆还试行企业和职工共同参与的储蓄制度，以提高工人保障水平。其储蓄制度规定，职工分别可每年存20元、50元、100元，分别给予1分5厘、1分2厘、9厘的高利息，[1] 钱存得越少利息越高，有助于低工资员工。在员工离职、死亡、结婚或存储满三年时都可以提取。[2] 还有花红分成等福利，因此一个职员去世后可获得多种来源的保障金，总数不菲。如1923年4月，该馆发行所账务处主任臧彤笙病故，照章程应给赙赠金255元，上一年花红约可得300—400元，但是因为该君常扶病办事，颇著劳绩，最后董事会援照《酬恤章程》第12条于定额外，增加若干，连花红在内恤1000元。[3] 相当于1927年上海一个工人五口之家月基本生活费21.34元的50倍，可以保障4—5年的生活，相当于一个开滦矿工月工资的100倍左右。[4]

商务印书馆的慷慨来源于其创始人夏瑞芳成功的资本运作和以人为本的经营策略。据分析，1901年该馆的原有股本只有3750元，到1913年股本达到150万元，扩张了400倍。1903到1913年10年间的平均年利在41.83%。[5] 夏瑞芳的继任者张元济引进现代股份公司制度保持了企业的兴旺势头。商务印书馆1905年时员工人数达到4000人以上，[6] 而后常年保持在4000人左右，这种规模以及印刷行业的低危险性，使得高水平抚恤的推行成本尚为可控。《新青年》杂志赞叹道："印刷业者，还不及如上各业的宏大，竟能于二十余年以

---

[1] 积存数过200元利率为1分5厘；过500元利率为1分2厘；过1000元为9厘。

[2] 《商务印书馆董事会会议录》（三），第379页。

[3] 《商务印书馆董事会会议录》（三），第378页。注：臧氏最后的恤金数量合计为1150元。

[4] 慈鸿飞：《二三十年代公务员、教师工资及生活状况考》，《近代史研究》1994年第5期。注：开滦矿工20年代的月工资为9—13元，此处取10元进行计算。

[5] 何国梅：《商务印书馆的现代企业制度研究》（1897—1949），硕士学位论文，华中师范大学，2011年。

[6] 秦亢编：《流金岁月——上海名商百年史话1843—1949年》，东华大学出版社2014年版，第171页。

前，规画时间，与二十世纪的新潮，有暗合的基础，造福全业，其眼光的远大，诚加人一等。"① 充足的资金为推行各项福利保障措施提供了坚实基础。

其次，因为当时的商务印书馆集编译、出版、发行、印刷于一体，其人才的密度远较其他行业高，夏瑞芳非常重视对人才的吸引，不惜重金提供各种福利留住他们，其中包括提供高额抚恤金。《新青年》杂志称其眼光远大："该印刷所优美的质点，更有数节，足资据述：（一）对普通工人，有疗病所的设备。（二）抚恤金的定额。（三）储蓄金的优待。（四）补习班的夜学。（五）对于女工有保产金的恩惠。（六）幼稚园的组织。"②

但是在当时此类企业凤毛麟角，其他企业不是不想为之，而是难以为之，只能示范，无法推广。时人感慨道："此与他厂的工人具优异的实惠，都是夏瑞芳君的余荫，足为建设的初基。惜乎无普遍的团力，不足应付新潮，为可慨矣。"③

总的来说，民国初年随着工业化步伐的加快，工业事故频发，劳工因工死亡、伤残的人数快速增加，但是企业与资本家还是本着逃避责任的态度，沿袭旧有的赔偿式抚恤——其金额只是象征性的。社会约定俗成的30—50元的因工死亡抚恤费实际上是1914年3月14日北京政府颁布《矿业条例》所规定的最低抚恤金100日工资，显然难以保障受恤人的基本生存。虽然，各个企业都出台了一系列抚恤制度，有的甚至达到了完全保障的程度，但是漠视受恤人利益的行为仍是主流，企业主的冷漠与劳工的苦难成为当时的热点社会问题，各种解决方案竞相角逐。政治团体要么站在企业主的立场，以国家工业落后、产业不发达为理由，替现有制度辩护；要么站在工人的立场为工人的苦难奔走呼号，带领工人采取罢工方式，争取抚恤待遇的提高。而当权者站在中间立场，调和两者矛盾。再加之国际劳工组织的周旋，劳工抚恤

---

① 李次山编：《上海劳动状况》，《新青年》第7卷第6号。
② 李次山编：《上海劳动状况》，《新青年》第7卷第6号。
③ 李次山编：《上海劳动状况》，《新青年》第7卷第6号。

就在这种抗争和调和中改善。

第二节　劳工抚恤的抗争

即使到1927年，一个因工亡故的矿工，其遗族抚恤金最高为50元，相当于当时上海一个工人两个月的工资，够一个5口之家生活2个月。因工负伤甚至致残者只有30元，根本无法度过残生。工业发展为社会带来了巨额的财富，但是其生产者却孤残难存。与欧洲工业化早期一样，渐成规模的劳工被迫走上了暴力抗争的道路。这期间劳工组织的成立与发展、谈判条件从漫无边际到务实合理、罢工的广度和烈度，都经历了一个由模糊到理性的过程，促进了劳工抚恤制度的发展。

一　自发的抚恤抗争

由于缺乏明确的法律规范和强有力的执行监督，一些不良企业主往往在事故造成恶劣影响后，才被动抚恤，因此造成受恤人的抗争不断。1912年3月17日，江西余千煤矿，因为煤矿总办留学生欧阳沂自矜为矿学专家，改用明火取煤，不慎焚毙38人，惨不忍言。4月28日，各尸属父母妻室男女老幼共约百余人在该矿局大闹，风潮非常激烈，该局欧阳总办瞠目相视，无可奈何，乃告之内河水师右军统领涂君贞祥请派兵士，用武力弹压，经磋商，所有烧毙工人均抚恤洋24元，以作棺木葬殓之费。[①] 24元抚恤金都需要劳工聚众声讨，需要军队来调解，似乎非"闹"不能抚恤。

企业主的这种被动抚恤态度使得人们陷入非暴力无恤的逻辑怪圈。民国第一次涉及抚恤问题的大型罢工发生在湖南水口山矿，该矿一直采用包工制，发生伤亡事故时一般照例抚恤洋30元。但是矿方对因工死亡劳工较为歧视，一直禁用该矿车站运送灵柩。"前年运柩至松柏车站，该站就以俗忌禁柩入门，与窿工冲突，不胜而罢。若以

---

① 《大公报》（天津版）1912年4月28日。

有势力职员之家眷至山,则无时不可开专车迎接。平日轻视窿工之死,即此可见矣!"①

由于该矿事故频发,每年因工死亡者都有数十人,每次运送灵柩都冲突不断,个别的积怨逐步形成一股情绪弥漫在劳工中间。

1917年4月27日,选矿科敲砂、淀砂各厂工人约千数一齐罢工,最初是要求加给工资。大队人马声势汹汹,欲闯入局。警队早已戒备,排队以示。工人以石乱击头门,警兵未轻开枪。后由旁人劝解,当局邀请乡绅,并宣布去年红奖,各工可分得三百九十文,较之去年冬各得铜元六枚者,已加数倍。后工人愤抗如故也。采矿科一坑窿工(俗呼为洋炮夫)数百人,时已跃跃欲动。后27日夜半窿工坠死一人。翌日,工众遂扛尸蜂拥入局,自局长以下,各抱头鼠窜,易服出避,然会计员罗某安坐守藏,人无犯者;即各室器具,亦绝无损失。当局不得已,乃允立加给红利奖一千元,死者加恤50元,合成80元,而窿工乃退。②

80元抚恤金是原来抚恤金的2倍多。因为该山窿内多系包工,如探平巷之工,系按米突计价,每米突21元至26元不等,而危险特甚,每年死者约10余人,例恤洋30元。

窿人得偿所愿退去后,其余选矿科工人又继之而起,胁迫当局加给红奖一千串,以后各敲淀工价一律加倍,亦得正式令布,这些工人亦满意而退。

在此过程中,矿方威严扫地,极其狼狈。当日警卫队长鲍某避匿数处,索之丛殴,头破血流,差幸不至殒命。调查员彭恩延亦受围困,幸得避免,即于深夜微服出山。该工人之所以迁怒于彭委员者,以屡次禀求,不见批示,于是就予以惩戒。时人评论此次罢工,认为:"此次暴动,所争者为红奖,实则其不平之感积郁已久,而此特其导火线耳。"③

湖南水口山矿事件完全由工人自发而起,因工资而起的争端激发

---

① 《时报》1917年7月24日。
② 《时报》1917年7月24日。
③ 《时报》1917年7月24日。

了平日积淀已久的怨气，矿方猝不及防，加之工人的条件也不算高，最后息事宁人答应了所有条件。这也许和民国初年，矿山大都缺乏应对工人罢工经验有关。但是从随后1918年到1920年这三年的罢工记载来看，却鲜有成功案例。矿方一方面加强了武力护矿；另一方面对罢工大多有一套相应策略：人少时，以武力弹压；人多时，采取分化拖延策略，时间一长，劳工禁不起消耗，不得不降低要求，甚至不了了之。

大多数的罢工都在这种策略下夭折。要么因为罢工劳工内部各自为政，被企业主各个击破，或采取拖延与威逼政策而不攻自溃；要么就是缺乏统一指挥和统一要求，在谈判中无的放矢，超出资方底线，甚至导致流血冲突。

因此，如同西方早期工人运动一样，对于罢工的领导和组织尤为重要。最早领导工人罢工的多是行会，行会多属于同盟性质，在早期罢工中作用明显。据现有资料统计，从1862年到1919年4月，在全国手工业工人和都市苦力工人发起的共计246次罢工斗争中，有雇主和工人行会参与活动的共62次，占罢工总数的25.2%。[①] 如1911年上海闸北4家丝厂女工的同盟罢工，提出了共同的要求，发表了共同罢工宣言，具有传统齐行罢市的性质。但是行业罢工的影响还是难以形成与资本家平等对话的格局，因为行会大多是传统产业，人数、损失都不足以撼动政治权贵，而且行会多以维护本行业利益为主，难以代表整个劳工阶层的利益。

辛亥革命前后，传统的齐行罢市发展为各个行业的手工业工人为了同样的原因或共同的经济要求而联合，同时或相继有组织地罢工。如1908年8月，河南开封的木工、泥工、砖瓦各匠，以及油漆、铁匠等各业工人，在行会组织下"因粮价加增，工资不敷糊口，纷纷会议罢工"。他们一般散发传单，揭露当局压迫，陈述罢工理由，提出要求条件，宣布罢工时间和罢工纪律。[②] 根据不完全统计，在这个阶

[①] 刘明奎、唐玉良编：《中国工人运动史》（第一卷），广东人民出版社1988年版，第464页。

[②] 刘明奎、唐玉良编：《中国工人运动史》（第一卷），广东人民出版社1988年版，第404页。

段劳工发动的114次罢工中,大约有25次或多或少地突破了帮口、行会性质,具有不同职业、不同企业的工人联合同盟罢工的性质,约占劳工罢工总数的22%,在25次同盟罢工中,有18次还是发生在上海,占总数的72%;其余发生在营口1次,汉口2次,中东铁路4次。① 这种跨行业的罢工的影响远超过单一行业罢工,可以造成整个城市瘫痪。但是这种罢工的组织难度更大,已经远非行会所能驾驭。于是辛亥革命前后,在上海、武汉、广州、长沙等地出现了许多突破行业划分的工党。它们的主要功能有二:一是在工人的罢工活动中,起着领导、组织、联络的作用;如1911年7月上海法租界法兴印字馆工人要求增加工资的罢工就是由该业工人朱荃麟等倡议建立的"西字联合会"领导的。②

另一方面,它们参与一些罢工的调停,承担了协调劳资、官府利益的中间人角色。如1913年3月中旬,长沙印染工人要求增加工资而发起罢工,官方曾"照会工党调停";同年4月中旬,南昌印染业2000余工人在要求增加工资发起的罢工中,曾请求社会党"转旋"③。有些组织甚至还承担了一定抚恤责任。如1921年7月成立的上海烟草工会,其组织义务有6项,其中之一有:"救恤会员:遇会员中有疾病死亡残废、衰老、生育的,本会得以相当费用救恤之"④。

在1895年至1913年间,知道结果的104次罢工中,取得胜利和接近胜利的有50次,占49.2%,1913年到1919年间,知道罢工斗争结果的共计115次,其中取得胜利和部分胜利的共计66次,占总数的57.4%。⑤

---

① 刘明奎、唐玉良编:《中国工人运动史》(第一卷),广东人民出版社1988年版,第404页。
② 刘明奎、唐玉良编:《中国工人运动史》(第一卷),广东人民出版社1988年版,第392页。
③ 刘明奎、唐玉良编:《中国工人运动史》(第一卷),广东人民出版社1988年版,第392页。
④ 《共产党》第6号,1921年7月7日。
⑤ 刘明奎、唐玉良编:《中国工人运动史》(第一卷),广东人民出版社1988年版,第426页。

表2-10　　1918—1920年罢工次数人数及日数分年比较表

年别	罢工总次数	罢工总人数（万）	平均每次罢工人数	有罢工日数报告之罢工次数	罢工日期总数	平均每次罢工日数
1918年	25	12	6455	15	1224	8.27
1919年	66	26	91520	52	294	5.65
1920年	46	19	46140	22	157	7.14
总计	137	57				7.02

资料来源：王清彬等编：《第一次中国劳动年鉴》，北平社会调查部1928年版，第二编，第139页。

如果再延伸一下视线就会发现，1918年到1920年这3年间罢工次数达137次，超过了前18年知道结果的罢工次数总和，平均每次参加罢工的人数由1918年的6455人陡升至46140人，这一时期的罢工狂潮受到一战前后世界工人运动的影响，同时也来自于国内五四运动前后社会主义思潮的兴起，工人运用罢工作为手段争取利益和话语权在世界范围内是常态，劳资双方在罢工之后进行谈判、协商、让步也是常态。中国劳工阶层在一次次罢工中显示的力量和团结，如果加以更大范围内的团结和有效的领导，可以承载更多的使命，甚至救亡图存，这一点促使更多政党参与劳工运动，劳工运动由单纯的经济斗争逐步升级为政治斗争。

二 中国共产党领导的抚恤抗争

这一时期的工党主要有两种宗旨：大多是以调和劳资矛盾为右。如中华民国工党主张"团结全体公工界"，"与促进全国工业之发达，消改工人生计之困难，并结合大团体与将来各大政党，同享参政权为本旨"，强调工人与资本家联络感情，共谋进步。[①]

也有一些政党旗帜鲜明地指出，以工人的利益为右。1921年7月，中国共产党在上海成立，明确提出始终站在完全独立的立场上，

[①] 刘明奎、唐玉良编：《中国工人运动史》（第一卷），广东人民出版社1988年版，第582页。

只维护无产阶级的利益,不与其他党派建立任何关系。

中国共产党的出现成为劳工运动的分水岭,以前的劳工罢工仅限于地区、行业的联合,现在实现了全国的联合,甚至国际的联合。罢工干部的培养、工人的纪律教育、谈判的策略、媒体的宣传、全国的呼应、国际的声援以及共产党员的身先士卒,这些能力和品质是其他政党难以比拟的。在其领导下劳工一改以前的弱势地位,罢工接连获得成功,各种利益诉求得到回应,特别是1922年6月到1923年2月这段时间,众多罢工此起彼伏,遥相呼应,被称为"第一次工人运动高潮"。

表2-11　　　　　　　　1921—1926年罢工统计

年别	罢工总次数	罢工总人数（万）	平均每次罢工人数	有罢工日数报告之罢工次数	罢工日期总数	平均每次罢工日数
1921年	49	22	108025	21	115	7.38
1922年	91	30	130050	54	452	8.37
1923年	47	17	35835	21	134	6.38
1924年	59	18	61860	26	241	9.27
1925年	183	103	403334	95	505	5.32
1926年	535	313	539585	340	23356.87	
总计	964	503				

资料来源:王清彬等编:《第一次中国劳动年鉴》,北平社会调查部1928年版,第二编,第139页。

表2-12　　　　　　　　罢工次数按照原因分年比较表

罢工原因	1918年	1920年	1921年	1922年	1923年	1924年	1925年	1926年	总计
赏金恤金酒资问题		4	1	2	2	1		8	18

资料来源:王清彬等编:《第一次中国劳动年鉴》,北平社会调查部1928年版,第二编,第142页。

表2-13　　　　　　罢工结果按照原因分类比较表

罢工原因	罢工次数	罢工结果							
		得利		一部分得利		失利		解决条件未详	
		次数	百分率	次数	百分率	次数	百分率	次数	百分率
赏金恤金酒资问题	18	8	44.5			6	33.30	4	22.20
罢工总计	1232	449	36.41	164	13.31	115	19.34	505	40.94

资料来源：王清彬等编：《第一次中国劳动年鉴》，北平社会调查部1928年版，第二编，第144页。

由上表可以看出在中国共产党成立前后，1921年到1926年间，总计发生罢工964次，超过1921年前许多倍，参加人数达503万人，是原来的10倍左右，其中抚恤问题引起的罢工达18次，占1.4%；其中工人获得利益的达8次，占44.5%，6次失利，4次结果未知，统计资料显示的这18次是以赏金恤金酒资为目标的罢工。但是如果查看当时的资料，不难发现几乎工人在每一次罢工所提出的条件当中都有抚恤诉求。这种诉求在抗争中随着形势的变化而变化。最初湖南水口山矿罢工时，工人因工亡故是照例抚恤洋30元，在罢工中工人提出加恤50元，厂方答应，工人认为达到目的，颇为满意。80元的恤金在当时相当于全国工人平均月工资的10倍，1927年，上海一个5口之家的工人家庭能依靠其生活4个月，这在当时已经是很高的抚恤金了。[①] 但是当时西方工业国家和新兴社会主义国家苏联的抚恤水平都实现了完全保障，而80元恤金只能算是一种临时救助，无法保障受恤人的长期生活。因此为受恤人争取终身恤金就成为中国共产党领导工人历次罢工的奋斗目标。

1921年11月，中国共产党成立才刚刚4个月，陇海路全路工人举行同盟罢工。原因是陇海铁路西段机车库工人因主任比人乔治取缔工人甚严，与之素有反感。而在此敏感时刻，一位外籍职员殴打洛阳机车厂工人，激发了工人的愤怒情绪，遂于11月20日午后罢工。共

[①] 根据陈明远《文化人的经济生活》，陕西人民出版社2010年版，第350页。

产党人罗章龙风风火火赶到洛阳，参与了此次罢工的后期指导，他拟定复工条件15条，其中涉及抚恤4条，"（八）工人于公务执行中负伤者，铁路当局与以治疗费，残废者，应请求相当之救济法；（十三）因疾病休假者，给半额工资，死亡时给以六个月分之工资，并无偿输送其尸体回乡；（十四）对于因工致死者，支与三年分之工资，无偿送还其尸体，并使其子弟得袭死者之职。"① 抚恤诉求的核心部分抚恤金包括疾病抚恤6个月工资，因工亡故恤3年工资，所得款数至少可以保证遗族3年的原有生活，比以前只能保障几个月的原有生活（湖南水口山矿罢工只获得了4个月的抚恤）多得多。最为重要的是"其子弟得袭死者之职"，这样罹难者的家庭收入可以得到延续，基本生存得到长期保障。恤金数目较以前来说增加了2倍，但是没有超出资方的承受能力，因此资方25日完全接受了这些条件。其中子弟袭职这一条颇具创造性，对双方都有利，资方不需要额外支付高额抚恤金，得到一个青壮劳动力；而劳工方面可以有家庭成员接替工作，收入可以延续，特别是铁路部门这种"香饽饽"工作。事实表明一直到1930年，陇海铁路还有"子袭父缺"的现象。这种做法其他铁路也有类似模仿。同年京沪铁路有一女工，其丈夫因工亡故，路局念其可怜，准其承替丈夫的工作。在同一时期，正太铁路一些已故工人子弟，生活异常困难，经工会再三申请，路方同意其中一部分到铁路工作。② 这种承袭职位的做法在铁路、银行等垄断部门对受恤人来说是很有吸引力的，因为这些职位当时颇为难得。可惜的是"子弟袭职"的做法在当时没有被广为推行，相反新中国成立后的国营企业工人退休或伤残亡故后，子女袭职却极为普遍。

陇海路罢工的胜利令人欣喜和意外，当时中共中央总书记陈独秀评价道："陇海罢工，捷报先传，东起连云，西达陕西，横亘中州，

---

① 王清彬等编：《第一次中国劳动年鉴》，北平社会调查部1928年版，第二编，第320页。
② 孙自俭：《民国时期铁路工人群体研究——以国有铁路工人为中心（1912—1937）》，博士学位论文，华中师范大学，2012年。

震动畿辅,远及南方,这是我党初显身手的重大事件。"① 陇海铁路罢工的胜利有太多的偶然因素:因为其路段的重要性,当局不想拖延太多时间;因为陇海铁路的盈利水平高,足以满足工人的经济要求;还有当时的北京政府应对这种罢工的准备不足,但是中国共产党的组织无疑是此次罢工取得胜利的决定因素。

然而胜利并未形成连锁效应。特别是因工受伤或死亡终身保障的诉求。1922年下半年是工人罢工的高峰期,从9月至12月发生罢工达41次,提出的条件为97项,其内容大致可分为9类:(1)要求增加或维持工资37项;(2)反对管理规则15项;(3)承认工会11项;(4)给假休息10项;(5)养老抚恤金6项;(6)恢复革工5项;(7)反对工头5项;(8)响应他处5项;(9)减少工作时间3项。② 其中争取终身抚恤仍然是每次罢工的重要目标,但是始终未能实现。

安源路矿工人罢工是其中较为成功的尝试。株萍铁路为萍乡矿运煤铁路,系国有铁路之一,对于工人之待遇,素较他路为优,但是1922年因为债务问题积欠工资数月之久,4500余名工人与20000余名萍乡煤矿工人于1922年5月组织安源路矿工人俱乐部,适逢粤汉大罢工,为了与之呼应,1922年9月13日,路矿两方24000人宣布罢工。18日要求矿方满足工人全部条件,其中关于抚恤的要求是:"(四)以后工人例假,病假,婚假,丧假,两局须照发工资;……(六)工人因工受伤不能工作者,两局须扶养终身,照工人工资多少终身发给。"③

工人们直接提出了如若工人因工受伤矿方要扶养终身的要求,这显然超出了资方的承受底线,它与其他条件一起被搁置,双方谈判陷入僵局。好在此条件的拟定者李立山灵活地妥协变通,最后9月18日达成协议:"5、工人因公殒命,年薪在百五十元以上者须给工资1年,在百五十元以下者给150元,一次发给。6、工人因公受伤不能

---

① 《中国工人运动史话》第一卷,第162页。
② 《中国工人》第2期,1924年11月。
③ 王清彬等编:《第一次中国劳动年鉴》,北平社会调查部1928年版,第二编第323页。

工作者，路矿两局须与以相当之职业，否则照工人工资多少按月发给半饷，但工资在 20 元以上者，每月以 10 元为限。"①

协议最终将全饷变半饷，且工资在 20 元以上者，每月以 10 元为限，对抚恤时间并未明确界定为终身，但也没有说具体时限，意味着可视受恤人情况灵活执行。这一结果虽没有达到最初提出的条件，但是也算圆满，毕竟 150 元的抚恤金已经超出以前 80 元许多，而且因公受伤者，长时间可以领半饷度日。这个结局是安源 2 万多人的罢工和李立三、刘少奇等工人领袖通过高超谈判技巧争取来的。

但是类似的成功在其他罢工中并没有被复制。时间仅过一个月即 1922 年 10 月 13 日京奉铁路唐山工厂 3500 余名工人开始罢工，他们也提出了类似要求："因病缺勤，有医生证明者，照给工资，但长期患病不在此限；"后又追加 6 条，其中"（四）因公负伤或老年不能工作者，应扶养供终身，照支原薪；工人死亡时，服务满 1 年者，给以 2 月分之工资，救恤之；满 2 年者，给以 4 月分之工资"。②

这个条件很难让资方接受，罢工进行了 8 天毫无进展，唐山警察厅厅长姚某及两路总稽查彭某，极力出任调停。工人本来坚持的底线是承认工会及因公负伤终身恩给两项，但是见到非当局所能容，20 日遂亦表示让步。③

后来的罢工组织者们似乎不再轻易提及此类要求，转而要求增加恤金。10 天之后，1922 年 10 月 26 日，京绥路全体车务工人以物价腾贵，生活困难为理由向资方发出通牒，这次工人们没有提及终身扶养的问题，仅仅提出将因病亡故者抚恤金支付时间增至 1 年的要求（以前是 3 个月）："（六）工人因病死亡时，支给 1 年分之工资与其亲属；（七）因执行公务死亡者，支给 2 年分之工资；因过劳及公务罹病而缺勤者，不论时间长短，不扣工资。"

---

① 湖北省档案馆编：《汉冶萍公司档案史料选编》（上），中国社会科学出版社 1994 年版，第 233 页。
② 王清彬等编：《第一次中国劳动年鉴》，北平社会调查部 1928 年版，第二编，第 318 页。
③ 王清彬等编：《第一次中国劳动年鉴》，北平社会调查部 1928 年版，第二编，第 318 页。

铁路方似乎感觉到接二连三的罢工使得谈判条件越来越高，于是态度渐渐强硬，虽然工人提出的条件较前两次低，但是时任京绥铁路局局长余埠声称事情重大，不得独裁，应与交通部磋商。后在要求时间内未能答复，工人遂全体罢工，全路因之不通。交通总长高恩洪接罢工之报，决以武力镇压，当日午后即派游击队及警备队200名，到西直门站严密监视。但是此事遭到地方官员察哈尔都统张锡元的反对，张害怕在本辖区内发生流血事件，特派其参谋长孟士魁从中调停，促使高恩洪开始承认工人之要求。28日工人全体复工。① 同一时期京奉铁路山海关工厂1500人于1922年10月4日进行罢工，也提出提高因病致伤者抚恤金的要求，双方对峙9天，在王尽美的领导下，采取卧轨断路的方法向厂方施压，中共劳动组合书记动员其他路段工人进行配合，《民国日报》不遗余力地进行宣传，最终达成"因病缺勤，如有医生之证明书时，第一月给全数工资，第二三月给半数工资，以后停给"的协定，13日工人遂完全复工。② 其结果也没有突破前面罢工的成果。

但是中国共产党及其领导的工人组织并未放弃对终身恤金的争取。终于声势更为浩大的开滦五矿工人罢工开始。开滦煤矿是中国煤矿工人的集中地，也是中国共产党的活动中心地。李大钊、邓中夏、王尽美、罗章龙等工运精英都曾在这里活动过，1921年的冬天着手发动工人，1922年9月成立开滦工人俱乐部。开滦煤矿下属唐山、林西、赵各庄、马家沟、唐家庄五矿工人因为抚恤太低，痛诉道："开滦矿务局平时对待工人，不说没奴隶的身价，连一匹骡马尚比不上呢。……往往井下发生了危险，洋人只问死伤了多少骡马，人是不介意的。因一匹骡马死了加之二三百元，一'头'工人苦命，不过仅给百文就是了。工人因工受伤，就立刻逐出局外去，不顾你的死活。"③

---

① 王清彬等编：《第一次中国劳动年鉴》，北平社会调查部1928年版，第二编，第305页。
② 王清彬等编：《第一次中国劳动年鉴》，北平社会调查部1928年版，第二编，第316页。
③ 《开滦五矿罢工宣言》，《唐山革命史资料汇编》（第6辑）1984年版，第170页。

第二章　抗争：北洋政府时期的劳工抚恤　　99

京绥铁路、京奉铁路唐山工厂、山海关工厂的罢工相继获得成功，工人们很受鼓舞，纷纷联名请愿，要求当局改善矿工生活。当事人罗章龙说："矿工们看到铁路工人斗争的胜利，如京汉路长辛店罢工的条件得到承认，山海关、秦皇岛和其他地区罢工也或多或少胜利，在这种情况下，矿工就更迫切要求罢工，来改善其生活条件。"①

1922年10月，当时林西矿电气台工人吴某因走电焚伤，经洋人验明，养伤两个月之久，但是开滦煤矿不但恤金分文未给，且停止薪金。工人们愤怒地喊道："此等办法，全球工厂实属罕闻。"② 于是林西开滦工人率先向参议院请愿，提出了加薪，改善抚恤等10项要求，其中关于抚恤的要求是："（五）凡工人在局有过二十五年者，因年老不能工作时，须照原薪发给养老金，养其终身；若无大过，不得借端取消。（六）工人因公受伤应给回工资，受伤至重，终身不能工作时，应给回原薪养其终身；倘因公致命者，须一次发给五年恤金，按原薪给算。"③ 这些不仅继续了以前的因公受伤抚恤终身的要求，而且提出了养老终身，且因公殒命的抚恤金提高至5年工资的要求，这比以前所有罢工提出的要求都高。

但是罢工组织者很快感觉此项条件绝难实现，1922年10月16日，工人俱乐部8名代表向矿方递交了要求改善工人生活的6项条件，涉及抚恤内容有两条："（5）工人在局有过二十五年者，应给养老费，并须照原薪支给，倘无大过，不得借端革除。（6）工人因公受伤，应给回工资，偶遇因公致命者，应酌给恤金。该恤金须照月薪计，最少补至五年，应作一次补足。"④ 将抚恤终身的要求省去了。没想到的是，如此低的要求，居然不仅遭到矿方的拒绝，还被扣押了8名代表。

1922年10月23日，开滦唐山五矿30000多名工人举行联盟大罢

---

① 中共唐山市委党史办公室编：《唐山革命史资料汇编》（第4辑）1984年版，第55页。
② 《林西开滦矿工之请愿》，《唐山潮声》1922年第1期，第1页。
③ 《林西开滦矿工之请愿》，《唐山潮声》1922年第1期，第1页。
④ 中共唐山市委党史办公室编：《唐山革命史资料汇编》（第4辑）1984年版，第69—70页。

工，在陇海铁路大罢工中初显身手的中共党员罗章龙化名文虎参加了全过程的指挥。

矿师杜克茄（A. Dosgties）见工人人多势大，以赴天津总公司相商为名出外搬救兵，返时带来保安队二百余名，天津警察厅厅长杨以德先后派了3000名军警到达煤矿。10月25日，又有英国分遣队200人来到林西煤矿，各种镇压力量达1万多人。10月26日保安队当场打死工人1名，重伤7名，轻伤57名，这就是著名的"十·二六"惨案。① 武力镇压得到了当时直隶督军曹锟的支持，他29日电令董政国旅进驻煤矿，还准备一个师预备，责令："以便从速解决，免致风潮扩大。"②

由于得到当局的武力支持，资方拒绝与工人谈判。11月3日矿师杜克茄在辛园设席请本地绅商及军警各界、交通银行行长、中国银行行长、商会会长、殷本决、杨以德、警察厅厅长姚章彤讨论解决罢工方案，气焰极为嚣张："我们股东会已开过会了，议决三十元以下加一成！其余不准其要求。"杜克茄为这种做法提供的理由是："因为若此次允许，则每年当必有罢工之事发生，势必至矿局停办而后已。与其将来因损失而停办不如现下即时停办还较省事。"③

除商会会长、交通银行行长及殷本决之外，均鼓掌赞成。杨以德发言表示赞同："矿师所言非常之对。因为今年允许他们六条，明年他们就要提出十二条来了。要是老允许他们，那还得了。罢工的事情，全是由工会发生出来的，若是将工会的办事人枪毙十个二十个，则罢工的事，立刻可以断绝。"④

工人认为矿局压迫太甚，乃上国会请愿书，提出弹劾杨以德，11月9日开滦五矿代表及其他代表11人到北京向政府和议会请愿，并求见黎元洪总统和王正廷总理，但都被借故推辞。当请愿团请求内务

---

① 中共唐山市委党史研究室：《中国共产党唐山历史 第一卷（1921—1949）》，中共党史出版社2014年版，第54页。
② 《曹锟之昏电：允许外人请求压迫工人》，《唐山潮声》1922年第1期，第2页。
③ 《唐山开滦五矿罢工始末记》，《晨报》1922年12月31日。
④ 《唐山开滦五矿罢工始末记》，《晨报》1922年12月31日。

部孙总长"迅恳将杨以德即予褫职,并治明杀人抢劫之罪"。但是得到的答复是:"将杨罢免,然此非现政府能办到。"参众两院也以"不日讨论"搪塞。①

由于诸多原因,11月16日工人们不得不忍痛复工,最后达成的抚恤条件是:"(三)工人在罢工期内受伤不能工作者,由矿局担任医药费,并酌给津贴。"②这个结果和罢工前几乎一样。

在开滦五矿罢工中工人们尝试实现因公伤亡终身保障的愿望,迫于形势,主动放弃了,因为工人通过罢工获得与资方谈判的机会越来越小,资方发现用武力来解决似乎更有效率。虽然在1922年末,全国范围内又爆发了两起含此目的的罢工,但是都没有得偿所愿。1922年12月5日,湖南水口山矿工人再次罢工,工人俱乐部宣言:"九、工人因公丧命者,矿局须发给抚恤费,每年工资在150以下者,给150元,在150以上者,给一年工资,作一次发给。十、工人因公受伤不能工作者,矿局须与以相当之职业,否则照工资多少,按月发给工资。工人婚丧病假,须照发工资。在工作地病亡者,须发给工资半年,作一次发给。"③主要要求有两点:一是提高抚恤金;二是因公受伤须安排相当之职业,否则按月发工资。

经过20天的对峙,矿方在12月25日基本答应了第一点,将一次恤金由最低80元提高到150元。具体为:"九、工人因公丧命者,由矿局发给抚恤费,每年工资在150元以下者,给150元,在150元以上者,给一年工资,作一次发给,由亲属具领。十、工人因公受伤成废疾不能工作者,矿局与以相当之职务,否则每月给伙食大洋6元。"④第十点将因公伤残受恤人的要求略为降低,将按月

---

① 薛世孝:《中国煤矿革命史(1921—1949)》(上),煤炭工业出版社2014年版,第102页。
② 唐山总工会办公室工运史研究组编:《唐山工运史资料汇辑 第一辑》,第205页。
③ 中国劳动组合书记部:《湖南水口山工人俱乐部纪实》,1923年11月;转录自《中国工会历史文献》第1期,第26—28页。
④ 《湖南水口山工人俱乐部纪实》,1923年11月。注:其他还包括:"十一、工人婚丧病假,照发工资,婚丧假本省以一月为限,外省以二月为限,病假以四月为限,在工作地病亡者,发给工资五月,作一次发给。十二、工人每年请假一月,照发工资;三年未请假者,一次可请三个月,工资亦照发,每年已请婚丧病假者,不得发给工资。"

发工资改为发伙食费 6 元，显然资方无意承担受恤人的长期保障责任。

湖南水口山矿工人的努力算是有所成效，正太铁路工人的要求则被完全拒绝。1922 年 12 月 14 日，正太铁路工人罢工，提出抚恤要求："（八）工人因公受伤，除应由路局供给医药费外，其因伤不能做工者，仍发薪，治愈而成残废者，照最后工资给予抚恤至死后三年为止；因公死亡除由路局给予三百元之丧葬费外，并照最后工资遗恤金于其家属至三十年。"① 这个要求超出以前罢工的抚恤诉求，不光因公伤残要求终身抚恤，还要求因公亡故者遗族受恤 30 年。要求提出后，1 万多名工人在共产党员高登和孙云鹏等的领导下，与京汉、陇海等铁路工会组织紧密配合，双方僵持 10 多天，铁路方损失达 30 多万元，始终没有答应要求。北京政府派国会议员王秉彰到石家庄进行调停，王氏极端负责，奔走工界各方面，以旧友亲故的感情，分别陈说利害，奔走一昼夜之久，大多数工人已愿让步，"并允许将提出的一切条件，听调人酌量变更"②。26 日双方达成协议，铁路方虽然在加薪等诸多方面答应了工人的要求，但是在抚恤要求上特别是伤残终身抚恤和亡故遗族受恤 30 年这两条上没有丝毫让步，其结果是："（八）因公受伤，所有工人因公受伤者，在医治期内概不扣薪。因公受伤，立时毙命者，路局给予一年薪资。"③

表 2-14　　　　1922 年主要罢工的抚恤要求和最后协议

罢工名称	罢工时间	抚恤要求	达成协议
陇海铁路工人罢工	1921.11.20	公务执行中负伤者，铁路当局与以治疗费，残废者，应请求相当之救济法；因疾病休假者，给半额工资，死亡时给以 6 个月工资，并无偿输送其尸体回乡；因公致死者，支与 3 年工资，并使其子弟得袭死者之职。	得以实现

---

① 《晨报》1922 年 12 月 16 日。
② 《晨报》1922 年 12 月 27 日第三版。
③ 中国革命博物馆编：《北方地区工人运动资料选编（1921—1923）》1981 年版，第 252 页。

第二章　抗争：北洋政府时期的劳工抚恤　　103

续表

罢工名称	罢工时间	抚恤要求	达成协议
安源路矿工人罢工	1922.9.13	工人例假，病假，婚假，丧假，两局须照发工资；工人因公受伤不能工作者，两局须扶养终身，照工人工资多少终身发给。	工人因公殒命，年薪在150元以上者须给工资1年，在150元以下者给150元，一次发给。工人因公受伤不能工作者，路矿两局须与以相当之职业，否则按月发给半饷，但工资在20元以上者，每月以10元为限。
京奉铁路唐山工厂	1922.10.13	因公负伤或老年不能工作者，应扶养供终身，照支原薪；工人死亡时，服务满1年者，给以2月分之工资，救恤之；满2年者，给以4月分之工资。	得以实现
京绥铁路	1922.10.26	（六）工人因病死亡时，支给1年分之工资与其亲属；（七）因执行公务死亡者，支给2年分之工资；因过劳及公务罹病而缺勤者，不论时间长短，不扣工资。	得以实现
开滦五矿工人大罢工	1922.11.5	凡工人在局有过25年者，因年老不能工作时，须照原薪发给养老金，养其终身；工人因公受伤应给回工资，受伤至重，终身不能工作时，应给回原薪养其终身；因公致命者，须一次发给5年恤金，按原薪给算。	（三）工人在罢工期内受伤不能工作者，由矿局担任医药费，并酌给津贴。
湖南水口山矿第二次罢工	1922.12.5	因公丧命者，矿局须发给抚恤费，每年工资在150元以下者，给150元，在150以上者，给一年工资，作一次发给。因公受伤不能工作者，矿局须与以相当之职业，否则照工资多少，按月发给工资。婚丧病假，须照发工资。在工作地病亡者，须发给工资半年，作一次发给。	因公丧命者，由矿局发给抚恤费，每年工资在150元以下者，给150元，在150元以上者，给一年工资，作一次发给，由亲属具领；因公受伤成废疾不能工作者，矿局与以相当之职务，否则每月给伙食大洋6元；工人婚丧病假，照发工资，婚丧假本省以1月为限，外省以2月为限，病假以4月为限，在工作地病亡者，发给工资5月，作一次发给。

续表

罢工名称	罢工时间	抚恤要求	达成协议
正太铁路工人大罢工	1922.12.14	因公受伤，除应由路局供给医药费外，其因伤不能做工者，仍发薪，治愈而成残废者，照最后工资给予抚恤至死后3年为止，除由路局给予300元之丧葬费外，并照最后工资遗恤金于其家属至30年。在路局服务满25年，或15年，而年逾55岁者，应照最后工资给予养老金，至死后3年为止。	因公受伤，所有工人因公受伤者，在医治期内概不扣薪。因公受伤，立时毙命者，路局给予1年薪资。

资料来源：根据上文内容整理。

  1923年的二七大罢工是一个转折点，虽然工人并未提出抚恤要求，但经济诉求已经转为政治抗争，北洋政府认为这是对政权权威的挑战，吴佩孚断然进行了武力镇压。据当时的调查，在汉口江岸死难工人37人，重伤27人，轻伤及在事变中失踪的不计其数，被捕100余人。在长辛店死难工人4人，重伤20余人，被捕30余人。在信阳死难工人2人，重伤数人，受轻伤及被捕的亦不在少数。[1]郑州方面虽无工人死亡，但因此次罢工失业者前后共300余人，所有前工会职员无一能在郑州居住，大半亡命天涯。保定分会的执行委员长何立泉、白月耀被捕，处以站笼极刑，500余工会会员逃亡殆尽。彰德工会"办事人，亦先后入狱，否则逃亡在外"[2]。这仅仅是一部分统计，其他各城市各站各厂死难的、受伤的、被捕的没有统计的不在少数。包惠僧回忆道："京汉南北各路在十二小时内全路斗争中牺牲四十余人，入狱百人，负伤者五百余人，失业兼流亡估计将达一千户，家属牵连被祸者不计其数。"[3]

  此次罢工被武力镇压的意义深远，昭示工人们长久以来以罢工来达到与资方谈判、协商解决诉求的大门关闭了。根据杨铨的统计，1922年9月到12月这一段罢工高潮期内，工人罢工胜利的比例达到

---

[1] 包惠僧：《包惠僧回忆录》，人民出版社1983年版，第120页。
[2] 罗章龙：《京汉铁路工人流血记》，河南人民出版社1981年版，第43—55页。
[3] 罗章龙：《京汉铁路工人流血记》，河南人民出版社1981年版，第216页。

56.5%；部分胜利达到 18.4%，失败的比例只有 25.1%，说明工人的罢工在某一方面还是推进了自身福利的改善。但是二七罢工之后，这个比例大为降低。

表 2-15　　　　最近罢工统计（1922 年 9 月至 12 月）

业别	次数	人数	工人损失日	罢工结果以人数计		
				胜	一部分胜	负
铁道	4	19000	132000	19000		
矿工	4	60500	230000	27500	3000	30000
车夫与苦力	5	12300	60000	12300		
纱厂	2	5000	100000	500	4500	
机器工人	6	7800	70000	2300		5500
烟草	4	3000	438000	14000	15000	1000
印刷	2	2000	25000	1000	1000	
成衣	2	600	3500	500	100	
旧式手工业	10	7480	146400	4380	3100	
其他	2	1100	9000	1000	100	
总计	41	145780	3274900	82480	26800	36500
百分比				56.5	18.4	25.1

资料来源：杨铨：《中国最近罢工问题之分析与补救》，《努力周报》第 53 期，第 2—3 页。

杨铨在研究西方工人运动后发出感慨："今年之京汉铁路罢工死 30 余人，伤 10 余人，捕禁者数十人，枭首 1 人，枪毙 1 人，则愈演愈酷矣。虽美国最激烈之大罢工，如 1892 年之贺姆斯太特钢铁厂工人罢工，与 1894 年婆尔门车厂工人罢工，双方武装剧战，全城变乱，财产损失至数十百兆金元之巨，死伤人数，尚未有若斯之多。至枭首工会首领，枪毙工会律师之事，则更为全球所未闻矣。中国事事落人后。而独于作恶则颇能出人头地，吾国之军阀，亦可以自豪矣。"[①]暴

[①] 杨铨：《中国最近罢工问题之分析与补救》（续），《努力周报》第 54 期，第 2—3 页。

力虽然能够暂时压制一时的怒火，但是换来的是更猛烈的反抗，政府也在这一次次屠杀中丧失了合法性，劳工抚恤的缓进之路也戛然而止，接踵而来的是城市中掀起的革命浪潮再次带来新的希冀，通过罢工谈判未能解决的抚恤问题，革命能否解决呢？

三 大革命中劳工抚恤权益的争取

大革命开始前，劳工权益的争夺战场由矿山和铁路转向城市，但是城市情况较矿山铁路复杂许多。首先城市工厂多，工厂规模小（较矿山铁路），不同行业的工厂盈利水平不同，抚恤要求不同，很难形成统一的意见；其次工厂产权多元，既有外资工厂又有华资工厂，一些租界内工厂享有治外法权，不受中国法律制约，因此，城市中的罢工多以企业为单位进行，单个企业的罢工难以引起上层统治阶级的关注，而不像铁路一但罢工，举国震动；而且提出的主要是经济诉求，力量微小，经常无功而返。1926年3月19日杭州机织工人突然罢工，提出条件："工人病时，公司每日须负担生活费5角；工人死亡，公司须给抚恤费"，22日上午一部分工人结队示威。警察遂出告示缉拿主要人物。至23日各厂工人因素无积蓄，赡畜之资，全赖十指所入，多不得已而罢工。见短时难奏效，多数工人即自动进厂，风潮遂告平静。①

因为工人处于弱势地位，一些工厂甚至连抚恤制度都没有。如1925年8月查日人在青岛四方境内开设内外棉、大康、隆兴三纱厂，平日虐待工人实属黯无天日。工人在厂工作者，每日做工十二小时以上，工资每日一角，尚需坐扣宿舍房金。青岛生活程度，每日每人至低饭费尚需二角，工资如此低微，其何以为生。工人稍有过失，动辄罚薪，疾病生育亦不给假，十天不到厂即行开除，因公受伤及残废者亦不抚恤。②

1924年国共合作，国民革命兴起，在"联俄、联共、扶助农工"

---

① 王清彬等编：《第一次中国劳动年鉴》，北平社会调查部1928年版，第二编，第297页。

② 《向导》第124期，1925年8月15日。

政策的指引下，共产党、国民党投入大量人力物力组织工人罢工，城市成为劳工争取权利的主战场。

国民革命的主题是打倒军阀，解决劳资矛盾不是重点，而且国民党本身也是一个资产阶级政党，实现劳资调和是其应有之义，共产党与国民党合作为团结更多力量实现主要目标，提出的各种抚恤条件既要满足劳工对抚恤的要求，又考虑了企业的承受能力，因此这一时期的策略主要倾向提高抚恤金和争取更多抚恤种类。

1925年，广东线铁路全线职员及工人2000人罢工，提出："（八）职员及工人患病时，公司出资治疗，并照常给资；公务中死亡者，支给恤金500元；病故者，给一个月之工资。"4月17日开始罢工，大部分条件获得公司承认。① 500元的因公亡故恤金比以前的150元高了2倍，可以供上海一个5口之家生活20个月，是一个不小进步；而且因病亡故者以前是没有恤金的，但是在危险性相对较小的铁路部门，因病亡故的比例是最大的，所以此项措施较为实用。

值得注意的是，争取疾病抚恤是那一时期大多数罢工的目标，以前只是厂方承担因公致病者医药费，现在要求不扣工资。1925年4月初，青岛一部分日本纱厂工人召集大会提出5条要求，其中第4条主张"工人受伤，医药费由厂方担任，因伤不能工作期间，仍给全分工资"，厂方全接受。②

1926年11月初，武汉印刷工人举行罢工，提出："（三）疾病伤亡，因公疾病及受伤，假期中不扣工资，并给医药费，死亡及残废，均须由工厂抚恤，其数目由工会与工厂协定。"双方达成协议："因公受伤，假期中不扣工资，并给医药费。如致死亡，须由工厂抚恤，但以两个月为限。"③ 可见因公致病工资照给得到了资方的许可。

对于这种一次性的抚恤金和短期责任厂方能够接受，但是终身保

---

① 王清彬等编：《第一次中国劳动年鉴》，北平社会调查部1928年版，第二编，第315页。
② 王清彬等编：《第一次中国劳动年鉴》，北平社会调查部1928年版，第二编，第299页。
③ 王清彬等编：《第一次中国劳动年鉴》，北平社会调查部1928年版，第二编，第293页。

障资方仍然难以妥协。1926年10月，国民革命军攻克武汉，国民政府迁都武汉，当时颇为激进的汪精卫政权对劳工的要求予以支持，于当年冬天颁布了《湖北临时工厂条例》，规定因公致伤或残废的恤金终身享用，并且在企业倒闭时，由工厂负责。"凡工人在工作时间受伤者，工场主须照给工资，并给予医药费，受伤成残废者，工场主须给终身工资；但工厂消灭时，由政府负责。"①

但是这项规定遭到了一些外资工厂的抵制。1926年11月3日，汉口英美烟厂工人罢工，提出的抚恤条件为："（七）凡因病请假者，工资须照常发给。（八）因疾病死亡者，须给抚恤费六个月，数目照原工资发给。"并且特别提出"因公毙命或残废者，厂中应永远发给养老金，数目照原工资发给"。但是，此项条件未能获得英方答复，双方对峙28天，至12月31日，始由国民政府外交部长宋子文与英厂总办及罢工委员正副会长、英美新老三烟厂代表、女工代表、烟工会交涉解决条件，几经周折，最后工人方面暂时收回因公毙命或残废终身抚恤的条件，英方答应了其他条件，双方才得以和解。②

无独有偶，1926年12月5日，海员工会汉口分会对英、日轮船公司提出增加工资和抚恤待遇的要求，同样要求资方为因公致残者提供终身恤金："六、工人病假，工资照给，工人因公受伤，公司给医药费，工资照给，因公受伤残废者，公司须照给工资以至终身；七、工人因公毙命者，公司须抚恤工资三年，工人因病身死者，公司须给抚恤一百元"③，其结果与前者如出一辙。由资方单方面提供终身抚恤似乎超出了当时的经济条件。

在上海，人们要求抚恤的条件仍然是以因公致病工资照给为主要目标，一些工人提出要按商务印书馆的办法抚恤，可见先进企业的办法在工厂云集的上海具有蝴蝶效应。

1927年1月12日，上海先施、永安、新新、丽华四大公司职员

---

① 天津《大公报》1926年12月27日。
② 王清彬等编：《第一次中国劳动年鉴》，北平社会调查部1928年版，第二编，第292页。
③ 《申报》1926年12月5日。

罢工，参加罢工的职员约为400人，占全体职工的80%，提出7项条件："（三）改良待遇第4条，工人如有疾病，一切医药费，由公司负担。（五）职工死亡应给恤金与其家族；退俸金应按商务印书馆最近办法办理。"13日先施工厂等又有100余人参加罢工，罢工人数约达700人左右。经多方调停，先施公司率先议定解决方案：（四）职工患病（花柳病除外）由公司指定医生调治，所有医药费由公司支给，以1个月为限；（六）职工在服务之中死亡者，给其家族恤金200元。

先施公司工人罢工问题得到解决，永安公司工人要求援照先施条例，但是要求"凡职工以怠工或疾病或其他原因被公司撤职者，须按年俸十分之一致送退俸金。"新新、丽华公司工人相继罢工，提出的条件与先施、永安相似。①

表2-16　　　　　　1926年上海有关抚恤的罢工

厂名	地址	人数	时间	起因	经过	结果
新怡和纱厂	上海	4600	1.18—20	一殴毙工人之管门人，为捕房所拘但为厂方保出	纱厂工会向厂方提出抚恤惩凶并禁止侮辱工人	厂给恤金二百元并撤退管门人
日华纱厂	上海	4000余人	7.24—8.28	因厂方给触电身死工人抚恤太少并要求加资及改良待遇	警察弹压工人，开会请警厅援助，市董绅商及警署长调停后，厂方宣布劝导工人	工人依厂方条件复工
兰格木厂	上海	50	12.8—9	要求抚恤一因公受伤致死之工人，发工资三年恤金二百元给予棺木		厂中给一百五十元，职员捐二十四元，工人捐三十七元

---

① 王清彬等编：《第一次中国劳动年鉴》，北平社会调查部1928年版，第二编，第338—339页。

续表

厂名	地址	人数	时间	起因	经过	结果
邮差	天津	300余	5.20	平时待遇不良,一邮差被电车轧死,局中不给恤金,工友在车道致祭反记过	提出要求	局长完全允许,但要求革除稽查须向交通部请示
车夫	汉口		6.15—18	因巡捕打死车夫一名,要求惩凶,抚恤洋三百元并保以后不再生此类事项	警厅调停	该巡捕去职并抚恤洋一百五十元
招商局海员	上海	300余	11.12—17	要求局中抚恤永江,被难家属及不再以该局输运兵	捕房干涉	局中撤换水手火夫

资料来源:王清彬等编:《第一次中国劳动年鉴》,北平社会调查部1928年版,第二编,第166—288页。)

在当时还有一种救济式的抚恤,也是人们争取的内容。即当一些突发的灾难来临时,受恤人对责任人的抚恤要求,有时也需要抗争才能得到。鉴于受恤人和责任人多无雇佣关系,而是意外冲突,所以多以对簿公堂的方式来解决。

《向导》记载了一件恤金司法案件:1926年5月17日,汉口特别区巡捕打死了车夫彭汉卿。经过各军政法警机关当场验证,特别区政府答应按律定罪,抚恤死者。不料官府在执行时认为工人无知可欺,想敷衍了事,于是对打死的车夫不闻不问,肇事巡捕照旧做事。此事引起全体车夫公愤,于6月14日宣布同盟罢工。这样一来地方官才紧张。以前英巡捕打死了车夫,赔偿300元抚恤,凶手治罪,工人质问道:"中国巡捕打死车夫,就是应该的?将来何以对付外国人的压迫?"[①] 官厅狡辩道:外国人打死车夫,你们应该反抗;中国的巡捕打死车夫,你们却不要破了中国官厅的面子。于是经人调解,接受了工人的条件:(一)行凶巡捕撤职惩办;(二)抚恤死者家属160

---

① 《向导》第166期,1926年8月6日。

元；（三）保障以后不再有此类事件发生。这一起恤案，才轻轻了结。①

在一些重大政治事件中，多由组织者或社会捐赠来抚恤。如沙田惨案中，英军打死6名工人，广州国民政府同英方交涉，最后英方对沙田惨案死者每人优恤一千元。②

1925年2月7日至10日，在郑州召开的第二次全国铁路总工会代表大会上通过了对二七大罢工死难者抚恤的具体安排，包括全国各路"自'二七'以来被死伤的工友"，并设立了专门的救济委员会，"救济委员会是永久的机关，专门筹款并分配款项，抚恤死亡失业及被难工友家属"③。"一次发放死亡者每人60元，入狱者每人30元，失业者每人10元。"④决定长期抚恤烈士家属，对于烈士父母，每月每人9元，至身故止，子女每人每月12元，子至成年有职业为止，女至出嫁为止。⑤中国共产党用自己的行动为争取劳工的终身抚恤作了表率。由于抚恤金额巨大，其间还发生了资金经手人携款潜逃的插曲。

1931年"九一八"事变爆发，北宁路员工损失惨重，北宁路局参照有关制度制定特别抚恤办法4条：一、因事变亡故者，给丧葬费200元，并给长子安排工作，待遇不低于其父，子幼者由路局负担教育费，成年后由路局安排工作。此后裁员，均不能裁汰此类人员；二、受伤者由路局免费治疗，并一律给予救助费10—100元；三、受伤致残者，给予3个月给养费，并发给全薪；轻伤者，给予1个月给养费，伤愈后加一级薪资；四、受伤之临时工一律改为长工。⑥

---

① 《向导》第166期，1926年8月6日。
② 邓中夏：《中国职工运动简史》，第63—67页。
③ 中华全国总工会中国职工运动史研究室：《中国工运史料》，工人出版社1958年11月版，第56页。
④ 全国铁路史编辑研究中心、全国铁路总工会工运理论政策研究室：《二七革命斗争史》，当代中国出版社1993年版，第147页。
⑤ 中国劳工运动史编撰委员会编：《中国劳工运动史》，中国劳工福利出版社1966年版，第341页。
⑥ 孙自俭：《民国时期铁路工人群体研究——以国有铁路工人为中心（1912—1937）》，博士学位论文，华中师范大学，2012年，第138页。

此外在五卅运动中，由于敌人的残杀，13名工人被打死，经过工人的罢工请愿，最后责任方承担顾正红抚恤10000元，10000元在当时相当于上海五口之家30多年的最低生活费，如此高的抚恤是因为顾正红是整个事件的焦点人物，而那些事件中亡故的一般人物，抚恤金则少许多，相关研究表明，租界工部局共计赔偿抚恤金15万，死亡者家属每户2000元，伤者每户500元，这个抚恤在当时也是较高的，但是该款被虞洽卿代领后，被挪为他用，受恤人共领得63500元，其中还被抽走了5厘捐，剩下被虞洽卿、成燮春等舞弊侵吞。[1]可以推测，不是所有受恤人都能领到抚恤金，未领恤金被经手人中饱私囊。另被日人击伤之华人7名共计10000元，按伤势轻重支配，[2]抚恤金额更少。可见，这种突发事件后的抚恤争取，更像是一种赔偿，它的多寡取决于争议双方的力量对比，以及事件的社会影响。

劳工通过请愿、罢工争取抚恤权益的抗争，一方面实现了劳工抚恤水平的增长；另一方面也促进了各项劳工法令的改进和实施。这本来是一条实现抚恤完全保障的缓进之路，实现谈判、协商的应有之义，需要双方的理解与妥协，但是资方的强力镇压使得劳工实现抚恤逐步终身化的进程终止。随着国民革命的兴起，劳工抚恤保障的实现虽然有了政权支持，但是同样未能实现终身抚恤。谈判没有实现的目标，不彻底的革命同样也无法实现。因为劳工抚恤涉及经济、政治、社会问题，它的实现程度一方面代表了社会的发展水平，劳方或资方单方面的愿望都是一厢情愿，政党团体的植入式乌托邦宏图更无异于一种拔苗助长。

第三节　抚恤法规的演进

如同西方18世纪初所面临的工业社会危机一样，劳工阶层遭受

---

[1] 洪煜：《〈福尔摩斯〉报"五卅惨案"家属抚恤金问题报道札记》，《史林》2011年第4期。

[2] 王清彬等编：《第一次中国劳动年鉴》，北平社会调查部1928年版，第二编，第286页。

的暴力和资产阶级的冷酷成为社会动荡的两大根源。面对着日益突出的工业灾害和劳工们日益高涨的罢工浪潮,一些企业开始寻求调解之路,承担一部分抚恤责任,制定抚恤制度。一方面制约工人的过度要求;另一方面体现企业关怀,缓和劳资矛盾。最初很多企业将其视为慈善行为。如萍乡煤矿的账目中将对因公伤残劳工支付抚恤金定为"善举"。1911年6月萍乡煤矿抚恤善举等支出372元,7月支出858元,平均每月615元。①

一 《矿业条例》

不同企业的工业伤害不同,所以抚恤制度的侧重点也不尽相同,有的侧重于疾病抚恤,有的侧重于因公受伤抚恤。而在此基础上的全国性抚恤法律条文却姗姗来迟,而且模棱两可,施行灵活度大,更像是一个指导意见,而非强制性法律措施。

北京政府对于矿山工业事故的管理最早开始于1914年3月14日颁布的《矿业条例》,该条例规定矿山必须要有抚恤条例:"矿业权者应订立抚恤规则,自矿业开办之日始,限两个月内,呈请矿务监督署长核准。"并且对抚恤金规定了最低标准:"一诊察费及疗养费;二疗养时不能工作,须按其日数给以工价1/3以上之恤金;三葬费须在10元以上;四遗族抚恤费,按照死者100日以上之工价给予之;五废疾抚恤,按照废疾者100日以上之工价给予之。但对于包工之工人,第二款之恤金及第四五款之抚恤费,须按照30日前所得之工价,平均计算每日应得之工价。"

但是其惩罚措施的力度非常轻微。"矿业呈请人,或矿业权者,如有违犯上列各条情事,应科以25元以下之罚金。"②

这个抚恤标准很明确,伤残亡故劳工的最高抚恤金就是100天的工资。按照王清彬的记载,中国矿山矿工的日工资大约都在0.50元左右,100天就是50元,如果加上葬费10元就是60元。于是很多矿

---

① 李建德辑:《中国矿业调查记》,北京共和印刷公司1914年版,第55页。
② 黄著勋:《中国矿产》,第4编,第38—41页。

山采取这个标准进行赔偿。在开滦煤矿，因公亡故一名矿工需赔付40元，最高时达到60元，最低时30元。山东淄川煤矿一直到1926年还保持着因公亡故者赔抚恤金50元的办法。这些抚恤金只能为伤残亡故受恤人处理简单的丧事和救助，只能够救急一时。1923年，上海一个5口人的工人家庭的生活费大约是每月23.31元，50元只能支撑这个家庭基本生活2个月，但是采煤劳工毫无议价的能力。在开滦煤矿，流传着这样的流言："死一头骡子要二三百元，死一个人50元，发生事故雇主最关心死了多少头骡子。"

表2-17　山东淄川煤矿历年死伤人数表（1928年10月调查）

年	月	死亡人数	受伤人数	抚恤金	年	月	死亡人数	受伤人数	抚恤金数
1925	10		5		1926	10		10	
1925	11		8		1926	11	1	13	50
1925	12	1	7	50	1926	12	1	20	50
1926	1	1	12	50	1927	1	1	22	50
1926	2		10		1927	2	1	10	50
1926	3		15		1927	3	1	15	50
1926	4		17		1927	4	1	23	50
1926	5	1	14	50	1927	5	1	20	50
1926	6	2	13	100	1927	6		18	50
1926	7	1	20	50	1927	7		16	
1926	8		21		1927	8	151		18000
1926	9	1	18	50	合计		166	332	

资料来源：王清彬等编：《第一次中国劳动年鉴》，北平社会调查部1928年版，第一编，第356页。

支付因公亡故恤金远比支付因公伤残恤金简单，在当时的矿山中存在着两种支付恤金的方法。

第一种是无论工龄长短、工资高低，因公亡故抚恤按一费制处理；因公伤残则按伤残等级来发放抚恤金。例如抚顺煤矿实行《常役夫、临时夫及采煤苦工抚恤办法》，对于因公亡故者无论工资一等、二等、三等还是四等，葬费一律在15日工资以内。

表 2-18　　　　　抚顺煤矿常役夫等因公亡故赔偿表

	一等	二等	三等	四等
每日收入	180日分以内	180日分以内	135日分以内	90日分以内
葬费	日金15元以内	日金15元以内	日金15元以内	日金15元以内

（资料来源：王清彬等编：《第一次中国劳动年鉴》，北平社会调查部1928年版，第三编第35—36页。）

而对于因公伤残者，则根据伤残情况来抚恤。首先根据伤情划分伤残等级，具体为：二等失去两肢效用，或受与之相当之伤痍者；三等失去一肢效用，或受与之相当之伤痍者；四等毁伤得就业务之身体，而不能复旧者。对于第四等伤，常役夫如果在煤矿医院治疗者，治疗中给予补助费每日工价1/2，并给予疗养费。其依工作多寡而得工价者，其每日工价，取其最近工价平均率定之。而采煤苦工如果情况相同，则每日给予补助费金三角，门诊者日金二角。公伤患者不需入院而在宿舍疗养者，其疗养中不收食费。其不受医院之诊疗者，不在此限。而临时夫在煤矿医院治疗者，只给予疗养费。如果受重伤至死，只给规定抚恤费半额以内。[①] 这种办法操作简单，但是无视劳工贡献和业绩，似乎对老职工不公平。

表 2-19　　　　抚顺煤矿历年公伤赔偿费支出表　　　（单位：日元）

年份	佣员	临时夫常役夫	采煤夫	合计
1917年	9342727	9333230	4742927	23418884
1918年	10530824	10790730	5598283	26919837
1919年	14571534	9334607	6780999	30687140

另一种方法是按照《矿业条例》的要求以工资为基数计算抚恤金。工资包含有级别、工龄、技术等要素，于是就产生同难不同恤，同伤不同恤现象，工资高者，恤金就高；反之，恤金低者，恤金也低。1920年3月11日奉天本溪湖煤铁公司遭火灾，死219人。其恤

---

① 王清彬等编：《第一次中国劳动年鉴》，北平社会调查部1928年版，第三编，第33页。

费之支出情况，见下表。

表2-20　　　　　抚顺煤矿各职别抚恤标准一览表

职别	人数	最近平均日给额	日数	一人平均抚恤费	抚恤费合计
助手	1	1.50	300	450	450
掘进组长	1	1.50	300	450	450
掘进小把头	5	1.00	300	300	1500
挖煤小把头	1	1.00	300	300	300
掘进夫	73	0.646	300	194	14162
采煤夫	102	0.784	300	235	23970
常役夫	30	0.784	300	235	7050
生死不明工人	6	—	—	—	—
合计	219	—	—	—	47883
备注					

资料来源：王清彬等编：《第一次中国劳动年鉴》，北平社会调查部1928年版，第三编，第35—36页。

该公司的抚恤办法是给予因公亡故者300天的日工资，由于不同的工种工资不同，所以同样因公亡故一个掘进组长能够得到450元的抚恤金，而一个掘进夫只能得到194元的抚恤金，两者相差一倍多。这种抚恤金和工资挂钩，根据职位高低，以工资为基数计算抚恤金的方法在因公亡故的案例中使用较为普遍。它从某种意义上显示出此时的抚恤制度仍然带有论功行赏的意味，职位和工资的高低对公司意味着贡献和作用的大小，抚恤金以此来计算，体现了企业主慰劳酬绩的思路，以前无论职位贡献，一费（约50元）制的简单做法逐渐淡出。

以上抚恤办法只是针对非技术劳工而言，全国的矿山管理职员、技术劳工、非技术劳工同等伤情的抚恤差别很大。汉冶萍公司大冶铁矿因公亡故一名工匠，如果工龄在三年内抚恤洋100元，3年至10年间抚恤洋200元，按照年份例推。而包工、散工及临时工不在此列。[①] 该矿一

---

① 湖北省档案馆编：《汉冶萍公司档案史料选编》（下），中国社会科学出版社1994年版，第271页。

个职员（高级管理人员）如果因公亡故，根据职别高低可以领到不等的扶助费和葬费（见下表），而且"其扶助费以故员之子满20岁时停给；伤故时其子已满20岁，给以五个年；无子有父母及妻，给以终身"①，基本实现了终身抚恤。

表2-21　　　　　　汉冶萍公司大冶铁矿抚恤等级表　　　　单位：元

伤等	医药费			扶助费								丧葬费		
				甲等职			乙等职			丙等职					
	甲等	乙等	丙等	一级	二级	三级	一级	二级	三级	一级	二级	三级	甲等	乙等	丙等
一				30	26	24	20	18	16	8	7	4	200	100	50
二	100	50	25	30	26	24	20	18	16	8	7	4			
三	酌给	酌给	酌给	15	13	12	10	10	8	4	3.5	2			
四	酌给	酌给	酌给												

资料来源：湖北省档案馆编：《汉冶萍公司档案史料选编》（上），中国社会科学出版社1994年版，第451页。

如果职员是因病亡故还享受特恤金。"凡职员供职满一年后因病身故者，赙薪水一月，甲等职员由总公司特定。"1916年8月22日，大冶铁矿坐办徐增祚在矿病故，矿方历陈成绩，请从优议恤，称"在冶矿服务21年，辑和地方，发展矿务。始终勤奋，劳瘁不辞。闻身后萧条，子息尚幼，殊堪悯念，议给治丧费1000元外，照原薪1/3给予恤薪3年，以示优异而答前劳"②。

这种现象在当时普遍存在。1925年4月，北京华商电灯公司规定，"凡公司同人在职病故者，照原月薪支给两年，资深者，加给两年，劳绩最著者，再加给两年"。北京自来水公司规定，"工人死亡，恤三个月工资"。两者的差别在于前者能保证受恤人延续以前的生活

---

① 湖北省档案馆编：《汉冶萍公司档案史料选编》（上），中国社会科学出版社1994年版，第451页。
② 湖北省档案馆编：《汉冶萍公司档案史料选编》（下），中国社会科学出版社1994年版，第351页。

2—6年，而后者只能维持3个月的原有生活。① 3个月执行的是《矿业条例》的底线100日工资。说明《矿业条例》规定的因公伤残亡故抚恤100日工资的原则，尽管缺乏足够的强制力来监督其实行，但还是成为那时的一个约定俗成的底线。

但是这个底线在20世纪20年代发生的罢工中多次被突破，随着西方社会保障思想的传入，工人们要求更高抚恤甚至终身抚恤的愿望越来越强烈，其中以矿山和铁路工人最为迫切，1923年京汉铁路工人大罢工达到顶点。如同毛泽东当时所言："每当劳动者拿着劳获不均，工时太久，住屋不适，失职无归，种种怨恨不平问题，联合同类，发起罢工的时候，也不得不小小给他们一点恩惠。正如小孩哭饿，到底十分伤心，大人也不得不笑着给他一个饼子。但终是杯水车薪，无济于事，偷笑英法的工人是小见识，从老虎口里讨碎肉，是不能够的。"②

二 《暂行工厂条例》的出台

虽然最后政府使用武力平息了长达半年的第一次罢工狂潮，但是暴力始终只能暂时压制劳工的愤怒，劳工的鲜血换来的可能是更猛烈的反抗，政府必须提供更为公平的解决方案，保证长治久安，毕竟当时的北洋政府是处于几种政治势力的竞争当中，而且工人是以临时约法作为凭借，赢得社会普遍同情的。时人评论"工人方面以中华民国临时约法，赋予人民集会结社之自由，不应徒作纸上空谈，颇引起一般社会之注意"③。

在这种形势下，参众两院咨请大总统承认工人组织工会之权利。1923年2月22日，在二七大罢工结束后两周，时任大总统黎元洪明令主管部署会同订立劳工条例，3月29日，在仅仅1个月零7天的时间里，农工商部匆匆草拟《暂行工厂通则》28条，甚至未经两院核

---

① 王清彬等编：《第一次中国劳动年鉴》，北平社会调查部1928年版，第三编，第30页。
② 毛泽东：《各国的罢工风潮》，《湘江评论》1919年7月14日。
③ 王清彬等编：《第一次中国劳动年鉴》，北平社会调查部1928年版，第三编，第183页。

准就发布，其急于解决劳工问题的心态由此可见。

《暂行工厂通则》涉及伤残亡故抚恤的内容主要有三点：一、职工解雇或死亡时，厂主应将该职工所得工资全数，即时付给本人，或其遗族，并将所存储金一并发还。二、厂主应根据所办工厂情形，拟定抚恤规则，奖励金及养老金办法，呈请行政官署检准。三、厂主对于伤病之职工，应酌量情形，限制或停止其工作。其因工作致伤病者，应负担其医药费，并不得扣除其伤病期内应得之工资。① 此通则对于保护因公伤残亡故劳工，最大的进步就是确定了伤病期间工资照发的法律地位。

但是该通则的适用范围为："一平时使用工人在 100 人以上者；二凡含有危险性质或有害卫生者"，这实际上使其能够保护的对象范围大打折扣，据不完全统计，1923 年全国使用 100 人以上且含有危险性质的工厂不过 150 家，大约涉及 5 万人，而在 1919 年时工人总数就达到 200 万，制度的覆盖面不及 2.5%。《暂行工厂通则》对于劳工因公亡故者的抚恤金没有明确规定，对因公伤残的赔偿抚恤仅限于不扣工资。此外关于检查、证明、处罚等项，均无规定。时人评论："于是实际之效力，几等于零。"② 究其原因，主要是因为政令不统一，中央政府毫无推行的能力，也就没有了推行的决心，其作用甚至不及前面的《矿业条例》，时人评论道："北京政府之无诚意，对于此次通则之公布完全视为具文，毫无推行之诚意。故各地长官，惟漠然视之。据英国外交部驻华各领事之报告，各地官厅劳资各方，大都不知通则为何物，更无论于条文之遵守。"③ 1925 年 4 月特派员唐进调查了天津、无锡、南通、上海、汉口雇佣 100 人以上的 164 家本国工厂、30 家外国工厂，发现各地工厂拒绝外人参观，"各地工厂，例

---

① 王清彬等编：《第一次中国劳动年鉴》，北平社会调查部 1928 年版，第三编，第 185 页。
② 王清彬等编：《第一次中国劳动年鉴》，北平社会调查部 1928 年版，第三编，第 185 页。
③ 王清彬等编：《第一次中国劳动年鉴》，北平社会调查部 1928 年版，第三编，第 185 页。

皆在门首高悬本厂拒绝参观字样"①。《暂行工厂通则》执行情况颇为悲观,"一言以蔽之,即为通则自通则,工厂自工厂……至于外国工厂,则均先叩我国工厂对于此项通则已实行至如何程度"②。

  因为各个工厂条件良莠不齐,差距很大,很难制定详细的全国通行标准。为了应对矿山和铁路工人的罢工风潮,北洋政府相关部门又分别拟定了关于矿工和铁路工人的抚恤细则,作为《暂行工厂通则》的补充。北京农商部于5月12日又制定了一部《矿山待遇规则》,这部制度较《暂行工厂通则》更为详尽、周全,较1914年的《矿业条例》也是一大进步。首先它继承了《暂行工厂通则》中因公受伤不扣工资的规定。"矿工因工作受伤时,矿业权者应代为医治,负担费用,并不得扣除伤病期内应得之工资;但皮肤轻伤,仍能工作者,不在此限。"它还补充规定了工人因公受伤应得的抚恤和赔偿。"因工作受伤,致成残废者,应依下列之规定,给以抚恤费:一终身失去其全体之工作能力者,须给予2年以上之工资;二终身失去其部分之工作能力者,须给予1年以上之工资。"虽然1—2年的工资对全身残疾或局部残疾的受恤人来说是杯水车薪,但是已经远超过《矿业条例》规定的100日工资了。而对于因公死亡者除给予50元以上之葬费(原来是10元)外,给予其遗族2年以上之工资。更为重要的是,为了保证制度的施行,设立矿务监督一职,规定:"矿务监督得因当事者之请求,为矿工负伤、疾病、死亡,及受伤程度之审查,并裁决之。"③

  交通部门也出台了《国有铁路职工抚恤金规则草案》,供各个铁路公司比照执行,其抚恤标准都超过了《暂行工厂通则》规定的100日工薪。规定如下:因工作受伤殒命者,一次给予原薪3年的抚恤金,然后再按年限给予恤金,服务一年以内者,再给予月薪3个月的抚恤金,服务3年以上的,每一年递加月薪半个月,月薪不足10元,

---

  ① 《唐进论我国工业概况与劳动情形》,载第二历史档案馆编《民国档案史料汇编》(第3辑),江苏古籍文献出版社1994年版,第186页。
  ② 《唐进论我国工业概况与劳动情形》,载第二历史档案馆编《民国档案史料汇编》(第3辑),江苏古籍文献出版社1994年版,第187页。
  ③ 王清彬等编:《第一次中国劳动年鉴》,北平社会调查部1928年版,第三编,第209页。

按 10 元计算。①《中国劳动年鉴》收录了 1927 年以前全国 21 家企业的因公致伤、因公致残、因公亡故的抚恤标准。以因公亡故抚恤为例，14 个公司的抚恤规程规定的抚恤金超过了《暂行工厂通则》的标准，其中东省铁路甚至还有终身保障的遗族恤金（寡妇恤金 3/8 年薪至改嫁或亡故、子女 1/4 年薪至 18 岁、父母 1/6 年薪至亡故），保晋煤矿、直隶柳江煤矿和淄川煤矿还在延续以前的 50 元标准（即 100 日工薪），但是纺织厂的情况最为糟糕，一家日资工厂无抚恤金，上海公大纱厂等 4 家工厂的抚恤金额低于《暂行工厂通则》标准，可见交通部门和矿山的劳工抚恤状况有所改善。

表 2-22　　　　全国主要工厂矿山铁路抚恤标准一览表

企业	抚恤种类		
	因公致伤	因公致残	因公亡故
塘沽久大精盐公司		20 元以上 100 元以下	60 元以上 200 元以下
永利制轮公司	至医好之日，不扣工资	工龄满 1、2、4、6、8、11 年以上分别给 6、10、18、24、30、36 月工资	60 元葬费加前项抚恤金，无保育之人，再给 3 个月工资
日商纺织工厂	医药费，工资 5/10 至 7/10		葬埋费，无抚恤
上海公大纱厂	出款治疗		葬埋费，10—15 元抚恤费
上海纺织厂	治疗，给一半工资	9 个月工资	8—9 个月工资
上海东洋纺织厂	治疗，工资 7/10 至 8/10		50 元埋葬费
上海商务印书馆	医药费，月薪照支	至多照在职时月薪一半，按月支付，至死亡止	工资 20% 支给赙赠金，不得少于 1 年工资
北京自来水公司			3 个月工资

---

① 王清彬等编：《第一次中国劳动年鉴》，北平社会调查部 1928 年版，第三编，第 48 页。

续表

企业	抚恤种类		
	因公致伤	因公致残	因公亡故
北京电灯公司			照原月薪给4年,资深者加2年,劳绩最著者再加2年
直隶开滦矿务局	治疗不收费,3月之内,得全数工资	洋100元,物色相当之职位,或为子弟另谋特别职务	洋100元
山西保晋煤矿	医药等费公司代付,且帮贴米面	酌量给予恤金	大洋45元,因伤而亡,按其情节,或2/3恤金
奉天抚顺煤矿	佣人给治疗并全额工资,常役夫1/2工资;临时夫日金3角	佣人二等伤365日工资;三等伤270日;四等180日。常役夫180日工资(日金15元以内),临时夫减半	佣人365日工资并养老金;常役夫180日工资(日金15元以内),临时夫减半
直隶柳江煤矿		视其伤之原因及轻重,按日酌给津贴,给相当之工作	葬费和抚恤费共小洋50元
奉天大窑沟煤矿公司	疗养中的1/3工钱,30日后应减,6个月未治愈者,给恤30日工价	废疾者100日工价,其他按程度10日以上工价	葬费小洋10元以上,100日以上工资
山东淄川煤矿		按其残疾部分,酌给扶助金	50元恤金
津浦铁路	工龄满1年恤洋20元;半年以下10元。非自雇之人6成给恤,令雇主补足	工龄满1年恤洋30元;半年20元;3月者10元。非自雇之人6成给恤,令雇主补足	工龄满1年恤洋50元;半年40元;3个月30元。非自雇之人6成给恤,令雇主补足,另加30元葬费

续表

企业	抚恤种类		
	因公致伤	因公致残	因公亡故
京绥铁路	因病去世，工龄未满1、2、3、6、10年分别给1、2、3、4、5个月月薪，10年以上给6个月		工龄满10、6、3年及以下分别给12、10、7、6个月工资，加恤最多不超6个月工资，小工比照执行
京汉铁路			工龄满10、5、3及以下者分别给12、8、6、5个月工资
四洮铁路	治疗复原，不给恤金	尚能服务，给恤金，不能原职服务者，给他项服务	葬费员司40—80元；工匠30—40元
东省铁路	免费医治，暂时受伤者，日工给年恤280日津贴，年薪工给360日，至能力恢复止	终身丧失能力者，年薪2%—3%给恤；部分丧失者，抑受伤程度为准；不能自理者，年薪100%给恤	葬费年薪1/12；所遗寡妇年薪3/8，到亡故或改嫁止；子女1/4，到18岁止；弟妹1/6，到18岁止；父母1/6，到亡故止，全家恤金不得超年薪2/3
电话局工匠	酌给医药费，逾10元以上，须呈请核给	酌量其服务年龄、残疾程度，呈请核给5—10个月一次恤金	立时毙命者给6—12月工资，积劳病故者，工龄满3、5、10年分别给恤1、2、4个月工资，嗣后每满5年，递加1个月，葬费30元

资料来源：王清彬等编：《第一次中国劳动年鉴》，北平社会调查部1928年版，第二编，第300—393页。

但是这只是抚恤规程所规定的标准，由于缺乏严格监督，实际运行中仍然有很大出处。1928年，国民政府工商部搜集了以前饮食、衣着、建筑、交通、运输、机械等20多个行业的467份劳资合约发现，因公致病有津贴及抚恤的至多81份，因公致伤有抚恤的至多261份，因公残废有抚恤的138份,因公亡故有抚恤的166份,[1] 有抚恤的合约低于50%。

表2-23　　1928年各地劳资合约关于津贴及抚恤之规定

灾害程度	规定抚恤之合约数			
	支给医药费	支给工资	支给抚恤金	支给丧葬费
因工致病	43	36	2	—
因工致伤	129	123	9	—
因工残废	7	33	98	—
因工死亡	—	—	158	8

资料来源:邢必信等编:《第二次中国劳动年鉴》,北平社会调查所1932年版,第三编,第181—182页。

在那些有抚恤制度的企业当中,抚恤金的多寡极不一致,如因公残废者之抚恤金,规定最少为100元,最多为1500元;因公亡故之抚恤金,规定最少为100元,最多为2000元。从下表可以看出,253份支付伤残亡故抚恤金的合约中,250元以下的有19份,占7.5%;251—550元的有119份,占到47%,比例最高;而最高的1500—2000元的合约只有4份,只占1.5%。比例最高的251—550元相当于1928年一个上海工人10—20个月的平均工资;而最高的1500—2000元虽然相当于1928年一个上海工人60—80个月的平均工资,但只有1.5%的人能够获得。(见下表)

抚恤法规的执行如此混乱,很大程度上是因为政府的孱弱助长了资方逃避抚恤的行为。1918年到1926年间上海以争取抚恤为目标的罢工一共有18起,而得到解决的只有4起,仅占20%[2],可见其调解纠纷的能力。

---

[1] 邢必信等编:《第二次中国劳动年鉴》,北平社会调查所1932年版,第三编,第181—182页。

[2] 王清彬等编:《第一次中国劳动年鉴》,北平社会调查部1928年版,第二编,第144页。

表2-24　　　　　　1928年253份抚恤合约支付统计表

抚恤金（元）	支给抚恤金的合约数		抚恤金	支给抚恤金的合约数	
	因公残废	因公死亡		因公残废	因公死亡
51—150	3	4	751—850	4	4
151—250	7	5	851—950	—	—
251—350	10	11	951—1050	1	12
351—450	8	12	1500	1	2
451—550	36	42	2000	—	1
551—650	—	4	无定数	28	57
651—750	—	1	总计	98	155

资料来源：邢必信等编：《第二次中国劳动年鉴》，北平社会调查所1932年版，第三编，第181—182页。

三　武汉国民政府的抚恤法规

北洋政府的动荡政局无法提供社会保障制度运行所必需的法律环境和监督力量。1924年，中国新兴的政治力量崛起，国民党一大提出"联俄、联共、扶助农工"三大政策，掀起了国民革命的高潮，工人运动也再次掀起新高潮。与1922年工人自发为主进行的罢工不同，这次工潮在国民党和共产党两大政党的领导下，有政权和军事力量作为支持，为制度革新和强力实施提供了保证。1926年冬，国民政府迁都武汉，此时工人借助革命风潮，向资本家提出更高抚恤要求。国民政府采取保护工商、扶助农工的政策，省市党部、官厅、总工会、总商会，组织仲裁委员会居间调解，但劳资矛盾依然尖锐，主要症结在于解决问题的法律标准欠缺。于是1926年12月21日在汪精卫的主持下湖北政务委员会制定临时工厂条例23条，并着手实施。规定"凡在湖北境内使用职工在20人以上，或其事业有危险性质，具有关于卫生之工场，皆适用本条例。"[1] 其中关于抚恤的内容包括："十一、凡工人在工作时间受伤者，工场主须照给工资，并给予医药费，受伤成残废者，工场主须给终身工资；但工厂消灭时，由政府负责。

---

[1] 王清彬等编：《第一次中国劳动年鉴》，北平社会调查部1928年版，第三编，第186页。

死亡者，除给予丧葬费外，并按照年龄之老少，须给予五年至十年之抚恤金。工人生疾病时，经医生之诊断后，须给予半薪及医药费；但染花柳病者，不在此限。因病死亡者，应按其在工厂工作年限，给予抚恤金，其数目由工厂主及工会协定之。"①

《湖北临时工厂条例》除了将以前适用对象由雇佣100人的工厂，降低为20人外，对劳工的倾向之处有三点：一是因公受伤，厂方提供医疗，保证工资；二是因公致残，厂方终身给恤；三是因公亡故丧葬费外给予5—10年抚恤金。这些都较以前的抚恤条例为高，最为难得的是，还规定对因公残废者的终身抚恤，"工厂消灭时，由政府负责"。这个条款中提出的政府责任是以前条例中没有的，汹涌的工人运动高潮和武汉国民政府的示范作用不容忽视，1926年，国民政府控制区内一些行业纷纷修改本行业的抚恤规则，虽没有达到《湖北临时工厂条例》的高度，但是有了很大程度的进步。

1927年3月7日，全国邮务工人第一次代表大会在汉口举行开幕式，湖北、湖南、江西、广东、广西、浙江、东川、西川、上海、福建等处代表54人参会，16日闭会，开会共历八日。通过重要抚恤议决案如下："1. 员役如遇兵灾，水火，天灾，匪险等事，猝受损失，应准其按损失数目，由邮局公款抵押偿之，但以调查明确为限。2. 在职病故之抚恤，除原例治丧费外，服务一年者给薪两月；年数多者，按年加半数。3. 因公致命者，除照第二条抚恤外，再发治丧抚恤金1500元；残废者，发给全薪，至终身止；妻室因公致命，发抚恤金一半。4. 病经医生证明者，发给半薪，至终身止。"② 因公致残发全薪至终身；因公致病发半薪至终身这个标准达到了西方社会的完全保障的程度。

1927年4月广东农工厅在《湖北临时工厂条例》基础上拟定了《工厂法草案》，该法案更加完整细致，确立的主要原则是因公致病不扣工资2个月；因公亡故者遗族抚恤至成年；因公致残重伤终身抚

---

① 天津《大公报》1926年12月27日。
② 王清彬等编：《第一次中国劳动年鉴》，北平社会调查部1928年版，第二编，第392—393页。

恤。具体内容如下：

一、政府为保护劳动者之生活及安全特制定工厂法。
二、凡在国民政府治下之中外工厂，均须遵照本法办理。
…… ……
二十一、工人伤病时，除花柳肺痨神经等病或争斗殴伤外，工厂须负责医治至痊愈为止，并不得扣除工资；但以两月为限。
二十二、工人因工作致重伤成残废者，厂主应给以终身养老金。
二十三、工人死亡，当给其遗族以等于其本人六个月之工资为抚恤费。若服工在六年以上者，得酌量增加。如在传染病院，则抚恤一年之工资。若因工作死亡者，则当给养其妻及幼子至成年。
二十四、女工在产前产后，应各停止其工作四星期，除工资照给外，并应给以一月工费之扶助金。
二十五、厂主应援照所办工厂情形，拟订抚恤规则奖励金及养老金办法，呈请农工厅核准办理。①

《湖北临时工厂条例》《工厂法草案》以及邮工抚恤倾向劳工，关注弱势群体的初衷无可置疑，但是如果超过了企业的经济承受能力，就无疑是杀鸡取卵，事实上，该条例与当时武汉国民政府颁布的其他过激法律一样造成了资本外逃、工厂关闭的萧条景象，最终导致武汉国民政府陷入困境。

国民革命军到达上海之后，国民政府出现分裂，新成立的南京国民政府一改武汉国民政府倾向劳工的激进做法转而寻求劳资调和，蒋介石在新政府成立第一天即1927年4月26日，发布《上海劳资调节条例》，规定工人最低工资，并且最低工资随物价调整，对于因公伤亡的劳工，只是要求雇主规定抚恤金，至于多少、如何支付并无具体

---

① 《银行周报》第496期，杂纂，第8—10页，1927年4月26日出版。

规定，终身抚恤的概念淡出了国民政府的劳工政策。其解决伤残亡故劳工生存保障的办法是："实行劳动保险和工人保障法，其条例由政府制定之。"①

有意思的是，北洋政府的张作霖也在1927年10月27日公布了《北京农工部工厂条例》，这个条例对《暂行工厂通则》作了较大改进。如适用工厂由原来的"雇佣100人，且有危险性质或有害卫生者"改为"平时使用工人15人以上者"或"工人不及15人，而含有危险性质，或有害卫生者"，且设在中华民国内的外国工厂也适用该条例。对于伤残亡故劳工"厂主对于工人应为灾害保险。在工人保险条例未规定以前，厂主得查照抚恤条例办理"②。其用意与南京国民政府如出一辙。

四 社会团体的抚恤办法

政府迫于政治需要纷纷出台劳工法规，但是没有稳定的政治、法律、经济环境，这些法规大多流于形式。劳工抚恤处于放任自流状态，一些企业的自为措施反而落到实处。

一些公司寻求用储蓄的方法来为受恤人提供保障。奉天本溪湖煤铁公司出年利8厘以内之利息，鼓励会员每月缴会费，以月俸1%为标准，于年终计算，生病或伤残亡故可取出。③

奉天本溪湖煤铁公司是出于自愿的原则，而直隶开滦矿务局则采取强制办法。1923年规定凡工作三年以上者，得将工资5%—10%存于公司，给予年息6厘，此外该局按储款人工资，另存5%作为慰劳金，年息6厘。凡工人服务身故，或因故离职时，可以提取。据不完全统计在1926年以前共有中国银行、英美烟草公司等7家企业实行过强制储蓄。（见下表）

---

① 王清彬等编：《第一次中国劳动年鉴》，北平社会调查部1928年版，第三编，第191页。

② 王清彬等编：《第一次中国劳动年鉴》，北平社会调查部1928年版，第三编，第200页。

③ 王清彬等编：《第一次中国劳动年鉴》，北平社会调查部1928年版，第三编，第67页。

表 2-25　　　　　　　各个单位的强制储蓄统计

行业	单位名称		条例日期	职工供款（月工资%）	单位补助	储金收益（年）	支取条件（除死亡外）
金融	中国银行		1919	30元以上，3%—10%	0	12	离职
	盐业银行		1919	10%	0	10	家遭大故、离职
制造	上海	英美烟草公司	1922	0	5%	6	五年后，离职
		康元制罐厂	1926	5%	5%	市场收益	离职与工作年限有关
		永利化学公司	无	5%	1.7%	市场利率	离职与工作年限有关
				5%—10%	0	9.6—12	丧病、离职
矿山	直隶开滦矿务局		1923	5%—10%	5%	6	离职
海关	海关		1920	6%	0	市场利率	离职

资料来源：转引自《人大复印资料·社会保障制度》2013年第11期。

从表中可以看出，职工存入工资的3%—10%，收益最高是5%或年收益12元，不到一个月工资。这种方法可以鼓励劳工平日注重节俭，但是除了一些收入较高员工可以受其恩惠外，广大劳工无法从中获益，因为劳工工资本来就低，基本生活都不能维持，根本没有余钱来进行此项储蓄；再则储蓄的收益很难为低收入劳工提供伤残亡故保障，最高的12元收益对于罹难者来说最多可以支持其家庭一个月的生活。因此从上表可以看出推行此项制度的企业都是金融、海关和一些盈利水平较高的行业，推动者主要是企业主。国民政府要员王世杰1927年在一次演讲中，详细分析了正在一些企业运行的职工储蓄制度，并谈到了其无法推广的原因："因为工人本身有两层很大的关系。一是储蓄能力薄弱——工人本来所得工资很少，尚不能维持他的生活，故他的储蓄能力等于零；二无坚决的意志——大半工人所受的教育都很有限，所以他们的智识也很薄弱，因此只知眼前的生活，而绝不为将来计算。"①

储蓄的低收益很难为受恤人提供充分保障，于是建立劳工保险制度的呼声开始出现。1911年，开滦矿务局22000员工内有7000人在矿面，15000人在矿内，一旦遇险，罹难人数众多。煤矿当局承认：工作人员因公受伤或残废工人丧失经济能力必须有相当赔偿，否则难以维持本人及家庭生活。厂方承认那些抚恤赔偿只能给工人提供最低限度之保障，只不过救急办法，不可以作为工界永久安乐之标准，永久安乐须从保险入手。于是在1920年"十·一四"特大矿难之后，矿方开始尝试筹办劳工保险，但是很快发现举办此类福利难度太大。"国内对于此类的福利非常欠缺，除少数新式工业略有成绩外，其大部分旧工业内多半未尝举办。"②

因为保险涉及三方利益，必须在稳定的法律环境下由政府强制雇主和劳工施行，才能见到成效。媒体呼吁由一个强有力的政府开创这个艰难的工程。"我国急须仿办者，为养老、保母（赡养遗族）、失业三门，然仍须行强迫制度，因为工人进款不多，得过且过，只知贪一时之安逸，忽将来预备，所以国家须定法律强迫其出一部分钱付保险费，同时强迫雇主亦出保险费，政府如有经济能力，亦须出一部分保险费，以示公允。强迫保险在我国社会一时恐不易办，但为工业界谋永久安乐起见，不能不惟力是视，有志者或竟成也。"③

一些企业、社会团体在积极呼吁的同时，尝试发挥传统互保的保险精神抚恤伤残亡故劳工。如温州各种行会规定：凡系同业务须到所报名，给予证书，方得工作，会费一项，各业普通均规定于入会时缴纳会费1元，常年会费之征取，有规定按会员之月入，每元征取若干者，有规定会员收入在若干元以上，方始抽取若干成者。主要方法有两种：一为药业伙友会之办法（会员每月收入，每元取费5分，由店东扣存送会）；一为水木石公会之办法（会员包工其收入在10元以上者，抽费1角，每百元抽1元，充会费），其他各业，大半均在作头

---

① 王世杰：《劳工保护法中的社会保险》，《国际公报》1927年第5卷，第13页。
② 《福利设施与劳工问题（续）》，《中外经济周刊》1926年第186期，第1—11页。
③ 《福利设施与劳工问题（续）》，《中外经济周刊》1926年第186期，第1—11页。

方面抽取，于雇工工资上抽取者较少。会员权利，大概凡发生纠葛及困难情形者，可请会中排解或救济之。惟药业伙友会，有会友失业者，可由会中介绍，会友患病，无处栖身者，可于会中寄宿，会员失业，回里无川资者，可由会中借助，该会同人负担会费最重，其所享权利亦较他行会为优。至各会之作用，不外团结团体，整顿行规，发展营业，救济困乏诸项而已。①

行会实行的公共基金制度因为操作简单，由成员互助，不需要企业提供额外资金，因此一些企业主乐于组织推广。在上海公大纱厂，工人每月抽出1/50工资以为基金，对于死亡者之家族，给予10—15元之扶助金。②

东北的奉天本溪湖煤铁公司则委托第三方——共济会作中介，共济会会员按实际之月收额，提1.5%，作为会费。双目失明及四肢以上之作用终身不自由者，职员给予日金100元以内，工人给予小洋120元以内；失一肢作用，不能自由办事，终身残缺者，职员给予日金10元以内，工人给予小洋70元以内。病情较前稍轻，然亦毁损身体，不能复旧，而终身残缺者，职员给予日金40元以内，工人给予小洋50元以内。遇有死亡者，由会中照本人月收额（指月俸额及日给者之日给额30日分而言）之三倍支出吊慰金，给予本人之遗族，但以小洋150元为最高限度。至包工工人，不在此例，但由公司给予葬费10元而已。③ 单就因公亡故抚恤而言，吊慰金加上厂方的恤金，超过了《工厂暂行通则》规定的100日工薪抚恤金。

颇为难得的是，共济会对因公伤病者也有关照。工人因公伤病，由共济会验证，禀明，付给诊治费；最为重要的是，共济会的会员非因公务，得有病伤，继续休业，并受医师之治疗者，无论在自宅养病，或入院治疗，俱由停薪翌日起算，给以诊治费。其在自宅治疗者，由共济会禀明，一日付日给额1/3之诊治费。其入院治疗者，一

---

① 《温州劳工近况》，《中外经济周刊》1927年第210期，第17—24页。
② 王清彬等编：《第一次中国劳动年鉴》，北平社会调查部1928年版，第三编，第64页。
③ 王清彬等编：《第一次中国劳动年鉴》，北平社会调查部1928年版，第三编，第55—60页。

日付日给额 1/2。但此仅指公司之佣工而言，至包工者，则由工头自理，不受公司之扶助。①

这些互助方式实际上就是保险的雏形，但由于缺乏政府组织、监督和立法，保险基数过小，不可能为受恤人提供需要长期款项支持的终身抚恤，因公亡故的遗族恤金大约只有 3 个月月薪，只可救济一时。1920 年《中国商业月报》发表一篇署名邠生的文章，再次强调对于实现真正意义上的社会保障，国家责任的重要性。"社会保险者乃特定社会阶级之人于一定损害事项发生时，法律上承认其对于国家有请求赔偿公权之方法制度也，此说之是否姑置不论，但就所谓劳动社会或其他阶级之人有请求救济之权利，法律上公然承认之，此与慈善事业之救贫全然异其性质。"②

并且特别提示当局，在当下劳资矛盾尖锐的时候，保险的推行迫在眉睫，它有实现劳资双方平等的特殊作用。"尤以劳工保险制度为占最重要之地位，云者以社会政策上之理由为根本，使劳动者与资本者在社会中处于平等之阶级，同其经济上之地位用保险之方法联合特殊事件，对于经济生活不安等与以保障，其方法则如普通之保险。"③

第四节　国际劳工运动的影响

发生在中国 20 世纪初的劳资冲突早在 19 世纪中期西方国家就颇为剧烈，两次工业革命所带来的贫富差距终于酿成劳资之间的流血对垒，经济诉求转换成政治斗争。一时间各种劳工政党迭出，以期医治工业病的思想泛滥。主要的解决思路有两条：一是主张劳工阶层联合起来推翻资产阶级政权，建立公有制——社会主义国家；一种是主张提高劳工待遇，实现劳资调和，平息争端。这两种主张从不同方面推动着西方各资本主义国家谋求劳工问题的解决之道。

---

① 王清彬等编：《第一次中国劳动年鉴》，北平社会调查部 1928 年版，第三编，第 67 页。
② 邠生：《劳工保险制度》，《中国商业月报》1920 年第 12 期，第 11—12 页。
③ 邠生：《劳工保险制度》，《中国商业月报》1920 年第 12 期，第 11—12 页。

一 一战前后世界工人罢工狂潮

1831年和1834年，法国里昂爆发了两起纺织工人起义，起初只是为了提高工价，后来由于资方反悔，政府又调动警察镇压，转为起义，提出"不能劳动而生，毋宁战斗而死"的口号，1934年第二次起义时，更是提出了废除君主专制，建立共和政体的主张，震惊了整个欧洲。1842年，英国工人为了争取普选权，发动了宪章运动，游行、罢工、请愿活动持续不断，一直坚持到1848年。而1844年在普鲁士的西里西亚发生的纺织工人起义参加人数达到3000人。虽然这些罢工和起义都以失败而告终，但是工人运用罢工争取对话和利益的做法，在全世界流行起来。更有甚者，主张以暴力手段推翻资本主义制度，建立工人阶级政权的共产主义思想开始发酵。

1914年，第一次世界大战爆发，西方国家忙于战争疏于解决国内矛盾，1917年俄国十月革命爆发，工人阶级一举夺得政权，这一消息令全世界工人备受鼓舞，各国工人罢工浪潮更加汹涌，经济诉求上升为政治目标，中国媒体对这些罢工作了详尽的报道。据《东方杂志》记载：美国于1881年至1900年19年间发动罢工不下22800次，涉及公司工厂达117500余所，工人则及610余万名。而工人之为公司工厂所解雇者共50余万人，以工人工资一项之损失而言，达3066811000元，雇主之损失约而计之，亦有1411658000元。时人感叹道："欧洲之大战才终，而资本与劳动之争复起，欧洲各国之罢工运动，几于无日无之，实业界纷扰之状态，仿佛莱茵河畔之战云。"①

表2-26　　　　　　　　　1921年世界罢工之总数

国名	人数	日数累计
德国	1866000	18201000
意大利	1781000	21650000
英国	1186000	19358000

---

① 童致桢：《罢工及其补救之方法》，《东方杂志》1919年第17卷第18号，第19页。

续表

国名	人数	日数累计
美国	958000	11287000
濠州	503000	620000
印度	90000	1780000

资料来源：《世界罢工之总数》，《实业丛报》1921年第5期，第36页。

从上表可知，1921年，全世界的工人罢工次数和人数剧增。1926年，在国际劳工组织成立4周年之际，统计各国询访事件，其中英国最多120次137件，中国只有3件。在1924年到1926年的罢工当中，涉及伤残亡故劳工抚恤的罢工达412次。这些罢工以及谈判解决之道通过海员、媒体传入国内，助长了国内工人运动的发展。中共工人运动领导者无不以此为例，来鼓舞工人斗争。林育英在汉冶萍公司大冶厂矿中发动工人时说道："德国出了个马克思，讲了工人阶级要革命斗争的道理；俄国出了个列宁，带领工人阶级搞了个'十月革命'推翻了沙皇，工农翻身作了主人。"[1] 此类宣传话语在安源、开滦等地的罢工中都可耳闻。

表2-27　　　　　　　涉及抚恤的罢工统计表

	1924	1925	1926
社会保险及劳工残废	42	74	69
工人卫生及安全	82	65	68
家属恤金		5	7

资料来源：《中国与世界：四年来国际劳工局工作之一斑》，译自国际劳工局月刊《星期评论上海民国日报附刊》1927年第26期，第15—16页。

二　十月革命对中国劳工运动的影响

俄国十月革命引发欧洲新一轮罢工狂潮，引起了西方世界的恐慌。很快这场革命传入中国，作用超出想象，短短两年时间倡导以社会主义革命解决劳工问题的思想日益流行。1919年外交委员会李庭芳

---

[1] 武钢大冶铁矿矿志办公室编：《大冶铁矿志》（第一卷）（上册）（内部资料），第306页。

向国际劳工组织提交《劳工保护草案意见书》，认为俄国社会主义浪潮不光席卷欧洲，正在呈东渐之势。"俄国激进派崛起而后各国间之国际劳动党与社会民主党益以社会主义为右，过激思想风靡一世，德奥既被其横流，英美日亦渐受其鼓荡，……可见东渐之速。"[1] 李氏认为社会主义思潮与中国孔孟之道有着天然的文化共性，再加之中国恶劣的社会状况，其发展必然超出预计。"又至堪注意况民国数年以来平民思潮日甚一日，昔孔孟之理想又多与社会主义为近，益以兵燹之余，灾害荐至，社会上之失业者几遍，国中土匪游民不可胜计，使一旦竟受过激派思想之渲染。则骚动之起有非防遏所能为计，此不可不速筹缓和之策，内以纾萧墙之忧，外以顺国际之变者也。"[2]

中国社会失业等社会问题严重，而且中国工业基础薄弱，远不具备解决这些问题的经济实力。"抑吾国刻难未达工业国时代而以开发富源以及建设新事业之需要，内地工商林矿路等事业待兴者，正多兹后产业组织，当必日臻发达。"[3]

李氏的报告书里充满了对社会主义革命的担忧，认为中国与俄国有着农业人口占多数、工业不发达的相似国情，如果像俄国一样实行土地革命，那么农民就会揭竿而起，中国脆弱的工业经济将陷入困境。"吾国以农立国，人口十之八皆务农，与俄国正同，俄有特长曰村落土地共有组织，其弊不堪卒述，农民所汲汲以求者，生活问题耳，使政治问题而有关衣食则易于轻举蜂起，此次过激派所以不旋踵而奏功者，以其所倡之土地无偿德分配之主张足以倾动之。我国农民虽好平和静稳。然使政治震动过度，则虽在陇亩而荷重，揭竿以起者，历史不乏其例。"[4]

---

[1] 李庭芳：《劳工保护草案意见书》，《安徽实业杂志》1919 年续刊第 24 期，第 9—11 页。

[2] 李庭芳：《劳工保护草案意见书》，《安徽实业杂志》1919 年续刊第 24 期，第 9—11 页。

[3] 李庭芳：《劳工保护草案意见书》，《安徽实业杂志》1919 年续刊第 24 期，第 9—11 页。

[4] 李庭芳：《劳工保护草案意见书》，《安徽实业杂志》1919 年续刊第 24 期，第 9—11 页。

李氏的担忧很快变成了现实，1919年五四运动之后，社会主义思潮变成了工人的实际行动，特别是中国共产党成立后，在1922年下半年掀起了第一次工运高潮，共发动41次罢工，140万人（未含1923年罢工人数）参加，给社会带来极大震动。

这股罢工狂潮的初显大约在1920年。1920年以前，中国劳动团体最多的地方是广州与香港，因为海员接触西方思想最为快捷与直接，后来扩散至印刷工、纺织工、人力车夫等，地域扩展至湖南、湖北，1921年在长沙城中有30多个同业工人组成了同业工会，有组织的工人约7万人以上；1922年湖北工潮日甚，达到全国第一。粤汉路工人、汉阳钢铁厂工人、谌家矶扬子厂工人、京汉路江岸工人等，都组织过同盟罢工运动与资方谈判。同时香港海员的罢工潮，又将罢工运动发展到了上海、唐山等地区的洋灰工、路工等。直至1923年的京汉铁路工人大罢工，工人被残杀20余人之多，发生世界上少有的惨剧，工人运动才渐入低潮。① 据陈达统计，从1918年至1925年间，工人罢工次数如下：

表 2-28　　　　　　　　　1918—1925 年罢工统计

时间	次数	人数总计	日数总计	载明	每次平均日数	备注
1918	25	6455	124	15	8.27	
1919	66	50550	294	52	5.65	
1920	46	46140	157	22	7.14	
1921	49	108025	155	21	7.38	
1922	91	130050	452	54	8.37	
1923	47	85835	134	21	6.38	
1924	56	61830	241	26	9.27	
1925	183	403334	505	95	5.32	
8年总计	563	892219	2062	306	6.74	

资料来源：陈达：《近八年来国内罢工的分析》，《清华学报》第3卷第1期，第810页。

---

① 童蒙正：《近两年来的中国劳工罢工运动》，《批评》1923年第10期，第2—4页。

第二章　抗争：北洋政府时期的劳工抚恤　　137

工人罢工的原因多种多样，民国学者杨铨对1922年9月到12月的41场大型罢工的原因作了分析，结果为："去年最后四个月之罢工原因，以次数计70.9%为增加工资，12.2%为反压工头，12.2%为响应他处罢工，4.7%为要求承认工会。41次罢工所要求之条件分列如下：要求条件之总数97项，增加或维持工资37项，反对管理规则15项，承认工会11项，给假休息10项，养老抚恤金6项，恢复革工5项，反对工头5项，响应他处5项，减少工作时间3项。"①

导致罢工的主要原因是争取提高工资，这与1916年到1923年物价上涨，而铜元贬值（工人工资的主要支付货币）有关，工人生活难以为继，而恤金基本都是以工资为基数计算，所以工人争取提高工价的要求实际也包含有提高抚恤待遇的内容。

罢工带来的社会影响巨大。一战中稍有起色的中国经济，经此冲击势头顿减。杨铨在1923年感叹道："美国1881年至1900年之20年中，工人因罢工之损失，合计约合900兆银元，以美之人民富裕，经此打击尚能维持。若如吾国之民穷财尽，堪经此顿挫。"②对日常生活的具体影响主要有二："1.处于消费地位所感受之不便；2.处于居民地位所受之惊扰。"③

但是杨铨却认可工潮的必要性，因为工业化带来的巨额财富与劳工剧增的苦难不成逻辑，至少不是人类进步的标志。"惟因谋工业发达而牺牲工人之幸福，则终不敢苟同。吾人之努力于工业，在求增进社会之物质享用与愉乐，是工业为手段，而社会之幸福为目的。今苟牺牲占社会大多数之劳动者之幸福，要求发达工业，不啻为手段而牺牲目的也。"④

杨铨认为政府支持资方武力镇压劳工的行为更是无能。"雇主之对待罢工者，大多皆用军警与巡警之干涉与压迫，而流血之惨剧遂往往不免。粤汉路罢工死6人，伤9人，被拘禁者30余人；开滦矿罢

---

① 杨铨：《中国最近罢工问题之分析与补救》（续），《努力周报》第54期，第2—3页。
② 杨铨：《中国最近罢工问题之分析与补救》（续），《努力周报》第54期，第2—3页。
③ 杨铨：《中国最近罢工问题之分析与补救》（续），《努力周报》第54期，第2—3页。
④ 杨铨：《中国最近罢工问题之分析与补救》（续），《努力周报》第54期，第2—3页。

工死6人,伤20余人;上海金银业罢工,被拘禁者30余人;今年之京汉铁路罢工死30余人,伤10余人,捕禁者数十人,枭首1人,枪毙1人,则愈演愈酷矣。"①

与西方世界在一战后采取社会保障制度不同的是,专制政权采取的是更猛烈的镇压。"至枭首工会首领,枪毙工会律师之事,则更为全球所未闻矣。中国事事落人后。而独于作恶则颇能出人头地,吾国之军阀,亦可以自豪矣。"②

"吾国之军阀,亦可以自豪矣。"这句话包含了国人对于中国专制政府暴力牧民的震惊和讽刺。之所以出现这种惨剧是因为当权者未能正确理性认识罢工,将其同历史上的造反同论。"近二三十年始有新工业之萌芽,近五六年始有经济思想解放之动机,至去年最接近西方思想之海员始因中西人薪额之不平等,而有破天荒之大罢工。国内工人鉴于海员罢工之胜利,一时风起云涌,皆以罢工为改良工作待遇解决生计困难之捷径。国人少见多怪,骤遇此种现象,其惊慌失措宜也。然苟一念及欧战后之世界,何国能无罢工?其甚者且千百倍于吾国;以吾之工潮比较之,犹余波耳。"③

此问题的解决之道绝非暴力所能力及,惟有顺应潮流,调和矛盾。"今世国际交通日益便利,新思想之传布如风如电,莫之能御。中国既国于地球,胡能独免?善自处者,遇事变之来,亦惟有平心静气,开诚布公,改良环境以适应此新潮流而已。"④

三 国际劳工组织

杨铨所说的世界潮流就是一战前后西方工业国家出现的改善劳工生活,调和劳资冲突,消减社会主义影响的改良运动。遏制财富阶层的贪婪和冷酷,成为平息劳工暴力抗争的关键,苏联十月革命后,这种调和变得迫在眉睫。1919年6月8日,各国在商议停战条款时,主

---

① 杨铨:《中国最近罢工问题之分析与补救》(续),《努力周报》第54期,第2—3页。
② 杨铨:《中国最近罢工问题之分析与补救》(续),《努力周报》第54期,第2—3页。
③ 杨铨:《中国最近罢工问题之分析与补救》(续),《努力周报》第54期,第2—3页。
④ 杨铨:《中国最近罢工问题之分析与补救》,《努力周报》第53期,第2—3页。

办方居然提出在正式开会之前，先讨论如何解决劳工问题。"现在世界议和会的目的，总算是建设世界永久和平，所以必须从除去社会上种种不公平的事入手。此刻最无人道，最不公平的事，就是待遇劳工的种种方法。"

面对工人有组织的对抗和社会上同情的声音，为避免十月革命的重演，巴黎和会将此问题列入重中之重也情有可原。"现在各国劳工都渐渐组织了完备的机关，以备同资本家抵抗。还有许多经济学家、哲学家，时常出来讲几句话，替他们打一个抱不平。欧美各国的政府也知道劳工的待遇不公，所以建立了许多保护劳工的法律。但是劳工问题，不是一国的问题，是世界的问题。所以世界议和大会，在别的事情未议之前，急急想先把这劳工重要问题解决。"①

解决之道，就是设立国际劳工组织。在各国代表的一致要求下，《凡尔赛条约》决定设立国际劳工组织，以解决国际劳工问题，其成立的原则有：1. 各国在工业方面非得有一种国际间的合作不可；2. 这种合作非各国政府、资本和劳工三方面和衷共济不可。其根本原则有9条，其中1. 劳工不能作为商品之一种；3. 凡被雇者的工资须足够维持各该国及当时所谓合理的生活程度。1919年中国首批加入成为其会员国，在劳工立法、保障劳工利益，包括建立职工抚恤制度方面，接受国际劳工组织的指导和监督。

第一次劳工会议于1919年10月在华盛顿召开；从1920年起每年在瑞士日内瓦召开。第3次会议通过了农工灾害赔偿条约，第6次国际劳工组织会议提出工人遇险赔偿中外工人同等待遇问题。在第7次国际劳工组织会议上，通过了工人灾害赔偿公约、工人因工得病赔偿公约。

国际劳工局的经费是由国际联盟拨付的，每年约合银元300多万元，约占国际联盟经费的1/3，中国政府每年给国际联盟捐助60多万元，这300多万经费，中国捐了20来万元，中国尽了这样的义务，

---

① 《国外大事述评：巴黎和会议定的劳工待遇条例》，《每周评论》1919年6月8日。

同时却不能得到任何利益。① 对于大会议决的公约草案，中国一个都没有批准。因为大会所议决的公约草案，都是根据工业稍为进步国家的情形而定的。我国工业处在萌芽之时，不能适用。1919年，第一次劳工会议曾组织了一个"特别国家委员会"，承认中国工业幼稚，关税又未自主，暂时不能完全仿行欧美各国的现在劳工法，所以只希望中国政府能自己立法保护国内几个大工厂的工人。北京政府颁布的工厂条例与上海公共租界的童工委员会的调查倡议可以说就是第一次国际劳工大会讨论中国劳工影响的结果。劳工专家祝世康道：中国参加国际劳工组织一方面可以不受劳动情形的严格统一；同时可以得到他技术上的帮助，来解决国内劳工问题。②

从1919年开始，国际劳工组织多次派专员协调中国境内的国际劳资纠纷，帮助中国政府改善工人待遇，促进劳资合作。国际劳工总局局长多玛氏曾两次亲临中国，指导帮助中国处理劳工问题。主要工作包括两方面：一是敦促政府履行国际劳工组织通过的国际公约；二是就中国的社会保障问题提出建议。从1919到1944年，国际劳工组织通过公约一共27项，建议书7项，其中涉及工人伤残、亡故抚恤内容的有12项公约，5条建议（见下表）。1923年，北京政府颁布的《暂行工厂条例》，也是在国内京汉铁路工人大罢工和国际劳工组织的压力下出台的。1929年后，国民政府每年都派遣由政府、雇主、劳工三方代表组成的代表团出席国际劳工大会，"与各国携手，共策劳工事业之进行"③。

表2-29　1919—1944年国际劳工组织有关社会保障的主要公约和建议书

年份	届次	公约（编号）	建议书（编号）
1919	1	失业公约（2） 妇女生育保护公约（3）	

---

① 《国际劳工组织》，《东方杂志》第23卷，第1号，第47页。
② 陈宗城：《国际劳工组织与中国》，《东方杂志》第25卷，第19号，第35页。
③ 祝世康：《国际劳工组织与中国参加之概况》，《劳工月刊》1932年第1卷第1期。

续表

年份	届次	公约（编号）	建议书（编号）
1920	2	遇险海员失业赔偿公约（8）	失业保险（船号）（10）
1921	3	农业工人伤害赔偿公约（12）	社会保险（农业）（17） 劳动者补偿（最低标准）（22）
1925	7	工人伤害赔偿公约（17） 工人职业病赔偿公约（18） 外国工人与本国工人伤害赔偿应受同等待遇公约（19）	劳动者补偿（仲裁）（23） 劳动者补偿（职业病）（24） 均等待遇（灾害补偿）（25）
1926	9	遇险海员遣送回国公约（23）	
1927	10	工商业工人及佣仆疾病保险公约（24） 农业工人疾病保险公约（25）	
1928	11	规定最低工资办法公约（26） 工商业工人及佣仆养老保险公约（35） 农业工人残疾保险公约（36）	
1933	17	工商业工人及佣仆死亡保险公约（39） 农业工人死亡保险公约（40） 残疾、养老及遗属保险（43）	
1934	18	工人职业病赔偿修正公约（42） 失业工人津贴和补助公约（44）	失业给付（44）
1935	19	移民残疾、养老及死亡保险权利保障公约（48）	
1936	21	船东对船员疾病伤亡责任公约（55） 船员疾病保险公约（56）	
1938	24	船员社会保障公约（70） 船员退休金公约（71）	
1944	26	所得保障（67） 军队社会保障（68） 医疗（69）	

资料来源：林嘉：《社会保障法的理念、实践与创新》，中国人民大学出版社2002版，第87—88页；王益英主编：《外国劳动法和社会保障法》，中国人民大学出版社2001年版，第15—22页。转引自岳宗福：《理念的嬗变 制度的初创——近代社会保障立法研究》，博士学位论文，浙江大学，2004年，第71页。

1930年7月，国际劳工局根据国际劳工总局局长多玛氏的建议，成立了国际劳工局中国分局，陈宗城任局长，并组织出版《国际劳工消息》（1934年后又创办《国际劳工通讯》）杂志，及时报道国内外最新的劳工信息，成为反映中国劳工问题的一个窗口。国际劳工局中国分局一方面致力解决中国基层社会的劳资纠纷；另一方面敦促政府履行国际劳工组织成员国义务，实施国际通用的劳工公约。1930年到1944年间，国民政府批准实施了14条国际劳工组织公约，其中涉及伤残亡故劳工抚恤有两条，即1934年通过的《外国工人与本国工人关于灾害赔偿应受同等待遇公约》和1935年通过的《船舶起卸工人之灾害防护公约》。具体情况见下表：

表2-30　　　　　国民政府批准的国际公约

1930年2月	最低工资办法公约（1928年，第26号）
1931年4月	航运重大包裹标明重量公约（1929年，第27号）
1934年2月	1921年农业工人集会结社权利公约（1921年，第11号）
1934年2月	1925年外国工人与本国工人关于灾害赔偿应受同等待遇公约（1925年，第19号）
1934年2月	1921年工业工人每周应有一日休息公约（1921年，第14号）
1935年4月	1932年船舶起卸工人之灾害防护公约（修订）（1932年，第32号）
1936年10月	1920年儿童就雇于海上最低年龄公约（1920年，第7号）
1936年10月	1921年幼年就雇于船舶上扒碳伙夫之最低年龄公约（1921年，第15号）
1936年10月	1921年就雇海上之儿童及幼年受强制检查公约（1921年，第16号）
1936年10月	1926年海员雇佣契约条款公约（1926年，第22号）
1936年10月	1935年禁止雇佣妇女于一切矿场地下工作公约（1935年，第45号）
1939年12月	1937年儿童就雇于工业工作之最低年龄公约（修正）（《中国之劳动时间制》，《晨报》1919年2月7日。1937年，第59号）
1947年5月	1946年国际劳工组织第二十八届大会以前历届大会所制定各公约之最后条款修正公约（1946年，第80号）

资料来源：参阅国际劳工局中国分局主编：《国际劳工组织与中国》，1948年版，第54—55页。

第二章　抗争：北洋政府时期的劳工抚恤　　143

国民政府对民众关注的未能批准的 8 条国际公约作了解释说明，其中涉及抚恤的有 5 项，包括农业工人疾病伤害赔偿、工人职业病及伤害补偿以及工商业佣仆伤害赔偿。对于农业工人的伤害赔偿，国民政府认为"我国现时尚无大规模之农场，田园工作，多出业主及其家人分任，即有少数雇用农工者，主雇之间处于一家室之内，感情颇融洽，虽农工间有因工受害，雇主于习惯上及道义上必给以医治或津贴，故农工灾害赔偿问题，在中国目前尚无严重性"[①]。

而对于工人伤害疾病赔偿，国民政府以《工厂法》的实施为由，认为暂时无必要再出台相关法律，将来则以劳工保险解决之。具体情形将在后章论述。

表 2-31　　国民政府对未批准的部分国际劳动保障公约的说明

公约名称	国民政府的说明
失业公约	实业部于 1931 年 12 月颁行《职业介绍所暂行办法》，亦为帮助劳工获得工作办法之一种。
妇女生育保护	关于女工生产前后之雇佣及津贴，1932 年 12 月 30 日公布之《修正工厂法》第 37 条，有"女工分娩前后应停止工作八星期，其入厂工作六个月以上者，假期内工资照给，不足六个月者，减半发给"之规定。
遇险海员失业赔偿公约	查我国领海及内河航业，大半操于外商轮船公司之手，外商恃领事裁判权为护符，从不受我国法律之管辖，故关于海员各公约，非俟取消领事裁判权后不克实行。
农业工人伤害赔偿公约	查我国现时尚无大规模之农场，田园工作，多由业主及其家人分任，即有少数雇用农工者，主雇之间处于一家室之内，感情颇融洽，虽农工间有因工受害，雇主于习惯上及道义上必给以医治或津贴，故农工灾害赔偿问题，在中国目前尚无严重性。
工人伤害赔偿公约	关于工业工人灾害赔偿问题，1932 年 12 月 30 日公布之《修正工厂法》第 45 条有"在劳动保险法施行前，工人因执行职务而致伤病或死亡者，工厂应给其医药补助费，及抚恤费"之规定。

---

①　转引自岳宗福《近代中国社会保障立法研究（1912—1949）》，齐鲁书社 2006 年版，第 149 页。

续表

公约名称	国民政府的说明
工人职业病赔偿公约	关于工业工人因工致病之赔偿问题,1932年12月30日公布之《修正工厂法》第45条第1项规定:"对于伤病暂时不能工作之工人,除担任其医药费外,每日给以平均工资三分之二之津贴,如经过六个月尚未痊愈,其津贴得减至平均工资二分之一,但以一年为限。"
工商业工人及佣仆疾病	查我国强制劳动保险法,现已拟成草案,从事审定,其内容含伤害保险及疾病保险二种。其被保险人,为合于《工厂法》之工厂,及合于《矿业法》之矿场所雇用之工人。此外凡从事含有危险性及有碍卫生工作之受雇人,经主管官署指定者,亦得为被保险人。待该法实施有效后,再推行于店员及佣仆。
农业工人疾病保险公约	强制劳动保险法实施后,再推行于农业工人。

资料来源:转引自岳宗福《理念的嬗变 制度的初创——近代社会保障立法研究》,博士学位论文,浙江大学,2004年。

从以上数据不难看出,从北洋政府到国民政府的每一项劳工法律的颁布,都包含了国内因素和国际因素的作用。十月革命的胜利,使得国际上的劳工运动已经由单纯的经济诉求上升到颠覆政权的政治斗争;如果资产阶级不能平息工人生活困窘、伤亡无着的怨气,那么取而代之的就是革命的风暴。因此,国际上劳工风暴的前车之鉴,国内劳工运动的风声鹤唳,以及中国共产党等劳工政党的推波助澜,都使得中国的当权者不得不重视劳工生存状况,在这种合力的作用下,劳工抚恤作为劳工权益的一部分也在缓慢地改变之中。

第三章　调和：南京国民政府初期劳工抚恤

　　1927年4月，南京国民政府成立，很快取得了全国形式上的统一，随后政府通过金融改革、关税调整、整顿工商业等一系列活动取得了经济领域的控制权，其政治权威、经济形势、社会认同都超过了北洋政府，但是作为一个以"三民主义"为宏旨的政党，必须有更有效的手段来提高劳工生活水平（包括抚恤），面对的问题与北洋政府一样，即在保证工厂利益的前提下，满足劳工对伤残亡故保障的要求。国民政府利用中央威权建立了法制体系来解决劳工抚恤问题。

　　1927—1937年，政府为促进劳资调和，制定了一系列法规，其中涉及劳工抚恤的关键法规有《工厂法》《劳动保险草案》《强制劳工保险草案》和《简易人寿保险法》。这些法规的条文来源既有苏联的文本，又有西方的经验，在选择、取舍和权衡的过程中，各个阶层的声音彼此交织，政治利益、劳工利益、经济利益如影随形，构成了这一时期劳工抚恤制度演变的明礁暗流。本章着意以这几部具有代表性的法规中劳工抚恤内容为切入点，通过比较对残废死亡抚恤的力度及实施效果来考察这一时期劳工抚恤的水平以及政府出台这些法规背后的政治、经济考量。

第一节　《工厂法》抚恤条款出台前后的博弈

　　中国工业化在1928年迎来了继一战后的又一个黄金时期。根据吴承明的研究，1920年现代化生产占工业总产值的10.78%，占工农业总产值的5.03%；1936年则分别升为23.69%和11.35%。① 工厂数与劳工人数同步上升。

据统计，1919年全国产业工人大约有200万，到了1931年，我国1518588名劳动者中有工业工人1038665人，交通工人208558人，矿山工人271365人，② 增长了大约7倍多。由于工业人口基数增大，工业灾害的密度与烈度都超过以前，因公伤残和亡故的劳工受恤人群扩大。1928年沪江大学教授研究了中国的26家工厂的18890名工人一年中发生的1007次伤亡事故，其中80人死亡，927人受伤。③ 而到了1934年，全国45万工人（合于《工厂法》的）遭遇的伤亡事故达2470次，伤亡人数5011人，1935年达2655次，伤亡5629人。④

一 《工厂法》抚恤条款的出台

南京国民政府成立之前，虽然北洋政府制定的《暂行工厂通则》，规定了工厂抚恤因工伤亡的劳工的义务，但是条文模糊，标准低下，缺乏配套的施行监督机制，又属于农工商部颁布的部门法规，缺乏强制力，所以实际受恤劳工人数极少。虽然国民党以扶助农工自居，并且通过"四一二"清党，暂时消除了共产党在城市劳工中的影响，但是劳工争取改善生活条件的抗争仍然持续不断。仅1928年下半年，"江苏省劳资纠纷8起，罢工15起；浙江省劳资纠纷34起，罢工6起；天津劳资纠纷12起，罢工2起；广州劳资纠纷10起，罢工5起；北平劳资纠纷20起，罢工10起。"⑤

---

① 参见吴承明《中国的现代化：市场与社会》，生活·读书·新知三联书店2001年版，第105页。

② 沈云龙主编：《民国二十一年中国劳动年鉴》，《近代中国史料丛刊三编》第60辑，台北文海出版社1990年版，第1篇第1页。关于这一时期劳工人数学术界素有争议，本书以此数据为准。

③ 邢必信等编：《第二次中国劳动年鉴》，北平社会调查所1928年版，第一编，第94页。

④ 国际劳工组织中国分局：《国际劳工通讯》，第8号第123—124页；第11号第1—10页。

⑤ 刘明逵、唐玉良主编：《中国近代工人阶级和工人运动》（第八册），中共中央党校出版社2002年版，第666页。

为了取得劳资双方对新政权的认可,蒋介石在政府成立第一天就发布《上海劳资调节条例》,"规定因工作而死伤的抚恤金"①。出人意料的是,资方对此表示支持。1928年2月13日,各省商联会呈请国民党中央党部云:"每逢工人与商人事件,主持者佽成见办理","专重劳工,舍却商人",建议速定劳工法。②因此时人称"盖劳资问题,本不可免,亦不必求免。……解决之标准法律是也"③。显然资方对于以往工人运动中不断提高的谈判条件心有余悸。

1928年11月在立法院院长胡汉民的主持下,劳工专家朱懋澄和法制委员王葆真等协同一批劳工专家,以苏联劳工法为蓝本拟定草案,经过3个月的起草、修改,最后公之于众,供大家讨论。草案一进入讨论阶段,立刻遭到了资方特别是上海、华北的工厂主群起反对,认为中国政体不同且工业基础薄弱,不能实施苏联式标准过高的《工厂法》。"此英美各先进国犹不能实施之制度,欲在中国实施"④,要求以英美劳工法律为蓝本。

立法院还是很有耐心地搜集这些意见,为此作了多次答疑、修改和19条详细说明,使得一些维护劳工权益的核心条款得以保留。1929年2月国民党中政会正式通过,12月《工厂法》在争议中公布。与北洋政府的《暂行工厂条例》相比《工厂法》的抚恤内容做了较大改进,如下表:

表3-1　　《暂行工厂通则》《工厂法》关于抚恤的条款对比

类别\法规	《暂行工厂通则》	《工厂法》
抚恤范围	平时使用工人在100人以上;凡含有危险性质或有害卫生者。	凡用汽力电力水力发动机器之工厂,平时雇佣工人30人以上者,适用本法。工厂资本5万元以下者,得呈请主管官署核减其给予数目。

---

① 《上海劳资调节条例》,《银行周报》1927年第15期。
② 《各省商联会请订劳工法》,《申报》1928年2月13日。
③ 《工厂法草案决议案》,天津《大公报》1928年11月21日。
④ 《上海纱厂联合会对于工厂法交换意见》,《纺织时报》1928年第560期,第239页。

续表

法规 类别	《暂行工厂通则》	《工厂法》
死亡抚恤	厂主应按照所办工厂情形，拟定抚恤规则，呈请行政官署核准。	对于死亡之工人除给予五十元之丧葬费外，应给予其遗族抚恤费三百元及二年之平均工资。前项平均工资之计算以该工人在工厂最后三个月之平均工资为标准。
致残抚恤	其因工作致伤病者，应负担其医药费，并不得扣除其伤病期内应得之工资。	对于因伤病成为残废之工人永久失其全部或一部之工作能力者，给以残废津贴，其津贴以残废部分之轻重为标准，但至多不得超过三年之平均工资，至少不得低于一年之平均工资。
伤病抚恤	厂主对于伤病之职工，应酌量情形，限制或停止其工作。	对于因伤病暂时不能工作之工人除担任其医药费外，每日给以平均工资三分之二津贴；如经过六个月尚未痊愈，其每日津贴得减至平均工资二分之一，但以一年为限。

资料来源：王清彬等编：《第一次中国劳动年鉴》，北平社会调查部1928年版，第三编，第183页；邢必信等编：《第二次中国劳动年鉴》，北平社会调查部1931年版，第三编，第5页。

我们从上表的条文对比中可以看出《工厂法》抚恤条款的优越性。首先，适用范围扩大。对工厂的要求人数上从100人减到30人，从"凡含有危险性质或有害卫生者"改为"凡用汽力电力水力发动机器之工厂"更为明确。

其次，伤残亡故抚恤的标准更为明确。直接规定必须要补偿的款数，而不是以前"厂主应按照所办工厂情形，拟定抚恤规则，呈请行政官署核准"的模糊字句。抚恤力度较以前大。如伤残抚恤不光给医药费而且还得给津贴。在开滦煤矿一个矿工因公亡故的抚恤金由最初的40元，增加到了200元，现在提高到了400元。

最为工人称道的是，《工厂法》规定工人在雇佣期间因公致病的工厂绝对责任原则。《暂行工厂通则》对工人的因病抚恤没有规定具体抚恤金额，一切以厂方酌情给予。而《工厂法》则无此规定，意味着只要是因公致病，就可以无条件享受这一权利，减少了资方借故推卸抚恤责任的可能性，且规定6个月之内给恤金2/3工薪，6个月以上1年以内给恤金1/2工薪。

但是恰恰是这些条款，资方认为明显带有"袒工抑商"的倾向，强烈反对。如对于第一条反对最强烈的是纺织业工厂，因为使用机械并雇佣30人以上大多是纺织企业，全国合乎《工厂法》条件的工人有40万左右，纱厂雇佣工人达到25.8万人，占总数的5/8，① 因为织绸厂多数为小规模工厂，不受《工厂法》制限，其他织布工厂工人数大都在30人以下。其受法之制限无可逃避者，惟棉纺织厂而已，故谓工厂法专为纱厂而设可也。② 因此纺织企业主纷纷要求提高人数限制，有的建议恢复以前的标准，有的甚至提出要将范围设定为3000人。

另外，资方要求对"工厂"和"雇佣工人"界定明确。上海中华工业总联合会所呈意见认为"用汽力电力水力发动机器"和"雇佣工人在30人以上"是《工厂法》适用对象，但"无发动机而人数在30人以上者及有发动机而人数略低于30人之限度者"，"究竟适用本法与否似应有明白之规定"。而上海社会局认为雇佣工人"除直接生产者外尚有非直接生产者"；"长工外尚有临时工"，这些缺乏界定，而且临时工"雇用时间既短且时有间歇，似不能一律绳以本法"③ 此项法律漏洞很快被一些工厂主利用，在试行期间，许多工厂大量雇佣临时工代替正式职工。

而对于因公致病的抚恤条件，资方同样反对，要求"伤病残废死亡等须经厂医证明确系因执行职务而发生者始能依法具领"。理由是"人情恶劳喜逸……如不加之限制，窃恐工人中或有利用法文情事而冒称有病……"④ 企业主对此条的实施也是抵触有加。陈达1931年对228家合乎《工厂法》施行条件的工厂进行调查，发现有72家工厂

---

① 方显廷：《我国工厂法与纱厂业之关系》，《纺织周刊》1933年第3卷第48期，第1446—1451页。
② 《工厂法实施一个月后之观察》，《纺织周刊》1931年第1卷第22期，第558—559页。
③ 王莹：《各地修改工厂法意见》，《劳工月刊》1932年第1卷第1期。
④ 王莹：《各地修改工厂法意见》（续三），《劳工月刊》1932年第1卷第3期。

对因公致病的工人不付工资，132家付之；36家工厂不付医药费，151工厂付之。①

对于伤残亡故者进行抚恤，虽然大多数工厂能够积极配合，但是还是有些工厂熟视无睹。同样是这228家企业，"而对于残废，工厂一般采取宽大态度，给予若干时间的工资，或赔偿费，至于死亡，工厂格外宽大，无论是否因公致死，只要死者的家庭状况艰难，大致可得赔偿费，65家工厂不付工资，137家付之，18家工厂不付医药费，185家工厂付之"②。

在支付抚恤金的企业当中，完全依法进行抚恤者很少。1930年，学者对河北12家工厂进行的调查表明，对因公残废、死亡者给予抚恤金的工厂达到了10家，但是完全依照《工厂法》之规定进行抚恤的只有一家。同样的情况在青岛、上海也是存在的。③

二 《工厂法》的推行

为了保证《工厂法》的有效实行，国民政府同期颁布《工厂检查法》《劳资争议处理法》《工厂法施行条例》《工会法》与《工厂法》一起配套使用，强势推行，并且宣布1931年2月1日正式实施。

但是工厂法施行尚有一大障碍难以逾越。当时列强在中国设立的工厂，以其雄厚的资本与进步的技术，利用中国廉价的劳动力，本足以打击中国民族资本；如果强迫中国工厂实行《工厂法》，而仍听任列强在华的工厂不受中国法律的约束，亦将斩断民族资本的生机，而为外国资本在中国扩大其市场。④ 其实从北洋政府开始就曾经试图将租界工厂置于中央法律管辖之内，但是租界工部局担心行政权力受损，一直自行立规，维护租界工厂的特殊地位。南京国民政府成立后，强调中国境内只能有一部工厂法，他们一方面积极向国际劳工组

---

① 陈达：《我国工厂法的施行问题》，《纺织周刊》1931年第1卷第17期，第424—427页。

② 陈达：《我国工厂法的施行问题》，《纺织周刊》1931年第1卷第17期，第424—427页。

③ 邢必信等编：《第二次中国劳动年鉴》，北平社会调查所1932年，第三编，第183页。

④ 易世芳：《中国工厂法的研究》，《中国劳动》1942年第2卷第3期，第29页。

织申诉，要求劳工组织派员协调此事；另一方面则对租界施压，要求租界工厂施行同一工厂法。后来在国际劳工组织的压力下，租界当局表面上认可了《工厂法》，但借口需要准备期，采取拖延的战术。

工部局于1931年7月29日明确表态："一致赞成劳工法规之原则，但因国民政府公布之工厂法范围极广，以为必须经过相当时期，然后工业可以遵行法律中所规定之标准，由华籍会员之建议，工部局发表意见。"① 实际上表示不能与中国工厂同步施行《工厂法》。

鉴于国民政府对资方的强行压制和外国工厂的特殊地位难以解决，资方一方面要求修改《工厂法》，另一方面则要求展期施行。为此资方组织了阵容强大的请愿团，赶赴南京举行"《工厂法》缓行请愿活动"，宣称"《工厂法》与经济现状实有不合，一旦施行，极有窒碍，此举关系国计民生至为重大"②。一些专家官员也迎合这种呼声。商务印书馆总经理王云五认为"恤金过巨，不克负担"③。孙本文称："本国工业尚在幼稚时代，资本短少，常受资本主义压迫，已经不易支持挣扎，若再受《工厂法》的限制，必至难于维持。"④ 时任国民政府实业部劳工司司长的李平衡认为《工厂法》起草委员会的专家以西方工业发达国家的劳动立法成例和国际劳动标准为参照，拟定草案"未免偏涉理想，或未能尽合国情，一经实施，困难重重，要求修改者，亦日益众多"⑤。方显廷也有同感："欲求此法之推行迅速，尚须参照国内实在情形，加以修改；拾人成法，徒重理论，即尽择各国工厂法之优点融会一炉，亦未免邃能行通。"⑥

立法院院长胡汉民竭力反对将《工厂法》缓期推行，他撰文《请缓行工厂法之疑点》一文对认为中国工业薄弱不宜推行的观点进行了驳斥，称："工厂法的订立，旨在使工商业企业者放大其眼光，灵敏

---

① 《关于八月一日实施之工厂法实施的问题工部局当局之意见》，《纺织时报》1931年第819期，第6页。
② 《〈工厂法〉展缓六个月》，《纺织时报》1931年2月2日。
③ 《资方对于〈工厂法〉之观察》，《申报》1931年6月15日。
④ 孙本文：《现代中国社会问题》（第四册），商务印书馆1947年版，第122—123页。
⑤ 李平衡：《劳工行政之经过及今后设施》，《劳工月刊》第1卷第1期，1932年4月。
⑥ 方显廷：《中国之棉纺织业》，商务印书馆1934年版，第213页。

其手腕,俾可列于世界企业者之林,须知以资本设备自限,压抑颠连无告的工人,在今后的企业界再不能有存在的余地了。"① 胡氏认为,中国企业落后的原因不是因为劳工待遇高低,而在于管理和技术落后。对此国际劳工组织代表——《工厂法》的起草者之一朱懋澄更是一针见血地指出了资方压榨劳工获取高额利润的真实意图:

> 譬如以为现在的工资太高,就减少,减少到起码打上五折;工作时间,十小时十一小时不够,可以增高,增高到十四五小时或十五六小时;女工童工太少,则再找些去甚至于把全国的妇女都拉到工厂去;童工十二三岁的还太大,就降低到十岁,九岁,八岁,七岁,以至于五岁四岁,……只要是儿童都把他们拉到工厂来,那么,是可以谋工厂的发达,足与外人竞争了吗?兄弟要不客气的说一句,中国工厂就是把工资再降低,把工作时间再延长,女工童工再多雇几千百万,中国工业还是不兴的,还是要倒闭的,还是不能与别国竞争的;工资无论你减到无有,时间延长到无限,只有早促他们的倒闭,中国工业是只有长此的失败下去而以至于无极!②

虽然从长远来看,《工厂法》必不可少,但是资方认为基于现实环境不能急于求成,并引用日本的案例认为,日本工厂法历经了30年才成型,欧洲各国无不循序渐进,日久才成。中国工业基础薄弱,不应该操之过急。

1930年6月,以虞洽卿为总代表的请愿团再次赴京,并且面见了蒋介石,代表团抓住《工厂法》的软肋提出了质问:"外籍工厂一体发生效率?"③ 而国民政府经过多次讨论,国务会议最终"因南北各厂

---

① 胡汉民:《请缓行工厂法之疑点》,《纺织时报》1931年第774期,第1—2页。
② 朱懋澄:《工厂法与工业生产之关系》,《纺织周刊》1931年第1卷第3期,第72—77页。
③ 《工厂法大请愿:虞洽卿等为总代表同车进京,外籍工厂一体发生效率》,《纺织时报》1931年第768期,第5页。

家,迭推代表,要求展期实施",只好"重达其意,许予展缓半年"①,将《工厂法》原定1931年2月1日的施行日期推迟至8月1日。

但是各工厂仍然反应平淡,因为6个月的时间除了延缓一下,无济于事,他们的根本目的在于改变甚至取消《工厂法》。时人评论道:"一个月后,上海少数工厂试行,而多数地方工厂,依然观望,略无恐惧,政府方面既无法雷厉以绳,工人之中混屯未□,更不知为何事,外商工厂且有逍遥法外静观窃笑者也。"②

上海正泰橡胶厂和永和实业公司分别于1931年2月21日和2月27日发生重大锅炉爆炸事故,震惊全国。永和公司现场毙命19人,重伤32人,重伤毙命40多人;正泰橡胶厂死亡84人,重伤21人,轻伤100余人。但是两个公司处理事故的办法迥异。永和实业公司事后立即上报,给予受害者每人棺材费60元,殓衣40元,按照《工厂法》发抚恤金300元,两年平均工资300元;而正泰橡胶厂事发后拒不上报,给予受害人300元恤金善后,希望私了,此时正是《工厂法》施行的观望期,国民政府社会部严令其按《工厂法》办理。③可见,即使是这种发生在媒体聚光灯下的重大工业灾害,仍然不能按《工厂法》处理。

南京国民政府为了保证《工厂法》能够在1931年8月1日正式施行,对资方采取了怀柔和威慑策略。8月2日劳工司司长严庄亲自抵达上海,邀厂方代表徐某等集议,商定5条暂行办法,第一条就是工厂法原定8月1日实行,同时派员分赴各厂依法检查,在修正各点未解决之前,仍由各厂自行管理。④其意在安抚资方暂时不要反对施行。

在施行第9天即1931年8月9日,派员到矿山最集中的河北召集

---

① 《国闻周报》第8卷第31期,第764页。
② 《工厂法实施一个月后之观察》,《纺织周刊》1931年第1卷第22期,第558—559页。
③ 王莹:《从正泰永和两惨案谈到我国的工厂检查》,《劳工月刊》1933年第7卷第2期。
④ 《关于八月一日实施之工厂法_实施的问题_劳工司与厂商协商》,《纺织时报》1931年第819期,第7页。

开滦、井陉、正丰、柳江、六河沟煤矿代表和河北实业厅长何玉芳及各科科长科员与工厂监察员郭绍裔、杨毓山、何春龄等10余人开会，敦促检查各厂推行新《工厂法》的情况，其中只有柳江煤矿尚未施行。①

同时，为了消除《工厂法》实施的最大障碍——租界工厂的实施问题，国民政府特地聘请两位国际劳工组织官员庞恩、安特生来上海协助解决。但是不巧的是，"一·二八"事变爆发，上海企业关闭停转颇多，市面萧条。4月13日，工部局借机称："但鉴于近日事变发生之工业情形，及工厂相率停闭，多数工人因以失业，故决俟时局较佳时，再行召集，但董事会对此事，绝不束之高阁，此则可请纳税人及公众放心者也"②。

"一·二八"事变之后，1933年2月，中央工厂检查处成立，国民政府开始着手准备对租界华人工厂予以检查，可是工部局抓住对租界工厂的检查权，牢牢不放，于1933年4月19日出台《土地章程》规定："（租界）凡从事工业者均须向工部局领取执照，工部局除向之征费外，……实行工厂检查及其他对于工厂之管理"，否定了中央的检查权。对此，国民政府反应激烈，1933年4月21日上海市市长吴铁城发表了一段措辞严厉的抗议："英租界之土地属于中国无疑，不能以华人住于租界内之故，而免其对该国之义务。"吴氏引用历史上英使布鲁士的一句话警告工部局，"吾人如不许中国政府管辖该界之华人，则吾人不得依条约18条该国政府与吾人之保护"③。随后上海市政府向驻沪各国领事提出正式抗议，上海各协会、商团均以文电表示不满，工部局为了缓和反对浪潮，同意谈判，但是双方关于检查权问题始终未能达成一致意见。1932年，"一·二八"事变后华北事变、围剿红军等诸多事件发生，国民政府在租界推行工厂法的愿望一拖再拖，终未如愿。

---

① 《河北各矿场施行新工厂法》，《矿业周报》1931年第158期，第3—4页。
② 《租界施行工厂法问题》，《纺织时报》1932年第880期，第6页。
③ 包华国：《上海租界工厂检查交涉之经过》，《劳工月刊》1933年第3卷第1期，第173页。

租界推行进展不利，中国工厂的施行也不尽如人意，到1932年下半年，国民政府无奈转而着手在公营企业推行《工厂法》，以作表率。"新工厂法自经中央颁布施行以来，虽迭经令催，遵照实施，各地方当局亦极力筹划，终以全国实业不振，工人程度低落，进行棘手，困难殊多，仍未奉行改制，近实业部咨各省，以吾国工业素乏详确记载，致整个工业行政计划，提倡监督及奖掖诸事，无从措手，曾制就表式，调查各地工厂，以凭考核，惟各地公立工厂，多未遵填呈部，此后新工厂法之施行，拟自所有公立工厂入手，则推行较易，可资表率。"①

1932年12月30日同时公布了《修正工厂法》和《修正工厂法条例》。修订版采取了折中劳资利益的原则，将"凡用汽力电力水力发动机器之工厂"中"汽力电力水力"六字删去，只要是雇佣30人以上者都适用本法，以免挂漏，实际上扩大了抚恤的范围。又将"工人"界定为"直接生产或辅助其生产工作之工人，其雇用员役和与生产工作无关者，不在此限"②。这实际上在另一个程度上缩小了范围。很多企业大量采用临时工，逃避《工厂法》的限制。另外，为了保证法规的运行，国民政府先后颁布了《工厂检查法》《劳资争议处理法》《工厂法施行条例》《工会法》与《工厂法》一起配套使用，并于1933年8月成立中央工厂检查处，在1934年进行了全国范围的工厂检查。1931年至1935年，国民政府管辖的铁路、邮政、银行、建设委员会等公营部门分别制定了各自的抚恤条例，其标准略高于《工厂法》标准，使《工厂法》得以成为解决劳资纠纷的重要依据。

三　军人、公务员、劳工抚恤比较

资方反应如此强烈，那么《工厂法》给予了劳工多少利益呢？单就抚恤而言，到底达到了怎样的抚恤水平呢？

---

① 《工厂法由公立厂先行》，《纺织时报》1932年第872期，第2页。
② 谢振民：《中华民国立法史》（下册），中国政法大学出版社2003年版，第1124—1125页。

首先从抚恤条款受益的对象来看,"凡用发动机器之工厂,平时雇佣工人 30 人以上者,适用本法"。那么据中央工厂检查处 1934 年年报,11 省合于《工厂法》第一条规定的工厂之工人约有 52 万人。①而根据前文提到的劳动者人数 1518588 计算,受法律保护人数不到应保护人数的 40%。

其次,从抚恤金的保障能力来看。1929 年公布的《工厂法》及其《工厂法施行条例》规定:"对于因伤病成为残废之工人,永久失去其全部或一部之工作能力者,给以残废津贴,其津贴以残废部分之轻重为标准,但至多不得超过三年之平均工资,至少不得低于一年之平均工资。对于死亡之工人,除给予 50 元之丧葬外,应给予其遗族抚恤费 300 元及 2 年之平均工资。"② 在 1927 年的上海一个非熟练工人抚养 5 口人,最低生活费每月需 21.34 元③,人均 4.5 元。1930 年全国工资标准为工人最高月工资为 50 元,最低为 5 元。④ 那么按照《工厂法》关于抚恤金额的规定,一个因公死亡的劳工最低可以得到 420 元,最高可以得到 1500 元的抚恤金。最低的抚恤金仅够 5 口之家生活 20 个月,最高的可供类似家庭生活 60 个月。而因伤致残者,最多可以拿到 1800 元,可以供五口之家生活 90 个月;最少只有 60 元,仅能生活不到 3 个月,而且不是每个工厂都能做到这一点。"劳工赔偿……大多有厂方决定,而其决定,又多根据于厂方经济情形。"⑤ 这只是满足了抚恤的救急功能。

劳工抚恤的优厚程度,可以与当时的军人抚恤、公务员抚恤进行对比。

---

① 参见南京国民政府实业部中央工厂检查处《民国二十三年全国工厂检查年报》附录,第 40 页。
② 《工厂法》及《工厂法施行条例》,载蔡鸿源编《民国法规集成》,黄山书社 1999 年版,第 55 册,第 396 页。
③ 慈鸿飞:《二三十年代教师、公务员工资及生活状况考》,《近代史研究》1997 年第 4 期。
④ 国民政府主计处统计局:《中华民国统计提要》,商务印书馆 1935 年版,第 277 页。
⑤ 潘公展:《中国创办劳工保险刍议》,载沈雷春编《中国保险年鉴》,中国保险年鉴社 1937 年版,特编 16 页。

表 3-2　　1927—1937 年军人、公务员、劳工因公死亡抚恤比较表

身份		一次性恤金（元）	遗族年恤金（元）	年恤金年限
军人（战时）		80—3000	40—800	20 年
公教人员	文官、司法官	110—4000	66—960	一、其妻亡故或改嫁；二、其子女已成年；三、其孙子既孙女或弟妹已成年；四、残废之夫或残废之成年子女能自谋生或亡故时；五、其父母祖父母亡故。
	警察	220—5600	96—3200	同上
	教师（专任）	不详	216—3600	其受益人亡故或成年，有生活来源为止。
劳工				420—1500

根据以下内容整理计算：《陆军平战时抚恤暂行条例》《公务员恤金条例》《学校养老金及恤金条例》《工厂法》及《工厂法施行条例》，载蔡鸿源编《民国法规集成》，黄山书社 1999 年版，第 48 册，第 467 页；第 37 册，第 184 页；第 5 册，第 135 页；第 55 册，第 396 页。

《暂行文官官等官俸表》，载《中华民国法规大全》第 1 册，商务印书馆 1936 年版，第 349—351 页。

军人的抚恤金按照军阶分为 16 等。一个最低级别因公阵亡士兵的遗族按照《陆军平战时抚恤暂行条例》[①] 每年最少可以得到 40 元年恤金，"年恤金的给予期限为战时阵亡 20 年"。20 年可得到 880 元抚恤金（含一次性恤金），相当于工人 52 个月工资，一个 5 口之家可以生活 40 个月，最高的上将 20 年可以拿到 19000 元的抚恤金，相当于工人 127 年的工资，可以供 5 口之家生活 76 年。值得注意的是，一个军人只有他的遗族年恤金达到 250 元时，供一个五口工人之家生活一年，那样才算是完全意义上的保障。根据《陆军平战时抚恤暂行条例》的规定能达到这个标准的最低军阶必须是少校[②]，级别越高抚恤金额也就越多。

---

① 《陆军平战时抚恤暂行条例》，载蔡鸿源编《民国法规集成》，黄山书社 1999 年版，第 48 册，第 467 页。

② 《陆军平战时抚恤暂行条例》，载蔡鸿源编《民国法规集成》，黄山书社 1999 年版，第 48 册，第 465 页。

公务员按特任、荐任、简任、委任四大类37个等级的薪酬来享受抚恤，国民政府于1929年公布的《文官官等官俸表》规定，最高部长级月薪达到800元，最低级别的委任公务员月薪是每月55元。①公务员因公死亡"得按其最后在职时俸给的十分之一给以遗族（年）恤金"②。这就意味着，一个最低级别的公务员如果因公死亡最少能得到66元的年恤金和110元的一次恤金，年恤金相当于一个工人4个月的工资，可以供1名遗族生活1年。最高的部长级的年恤金可达到每年960元，可供4个五口之家的工人家庭生活1年。

而普通劳工的抚恤呢？1930年全国工资标准中工人最高月工资为50元，最低为5元。③那么按照《工厂法》关于抚恤金额的规定，一个因公死亡的劳工最低可以得到420元，最高可以得到1500元的抚恤金。但是这是所有恤金的总和，没有年恤金。最低的抚恤金仅够5口之家生活20个月，最高的可供类似家庭生活60个月。而效益较好的邮政部门、银行部门和铁路部门，抚恤标准虽然较《工厂法》规定稍高，但受益者都是上层职员。交通公报的统计表对此有直接说明："关于邮务员以上员司之规定，因彼等之薪资甚高，不得视为劳工。"④ 广大底层工人的抚恤金仍然没有超过《工厂法》规定的范围。

与军人、公务员的抚恤相比，劳工抚恤最大的差别是没有保障长期生活的年恤金，只能短期维持生活。在《工厂法》的制定修改过程中，国民政府始终处于矛盾状态，没有满足资方修改抚恤条款的全部要求，但按照资方意见延期实行；提高了劳工的抚恤水平，但又对劳工的受恤条件进行了限定，使60%的劳工游离于法律保护之外，提高了恤金，但只处于救急水平。正如郑州豫丰纱厂的何梦壬所言："如果工人要永久失其全部工作能力的时候，而工厂只给他至多三年的抚

---

① 慈鸿飞：《二三十年代教师、公务员工资及生活状况考》，《近代史研究》1997年第4期。
② 《公务员恤金条例》，载蔡鸿源编《民国法规集成》，黄山书社1999年版，第37册，第184页。
③ 国民政府主计处统计局：《中华民国统计提要》，商务印书馆1935年版，第277页。
④ 邢必信等编：《第二次中国劳动年鉴》，北平社会调查所1932年，第三编，第188页。

恤金，那么三年后他的生活又怎样呢？因此我们以为关于劳工的抚恤事业，是应由政府与工厂合作协助，像各国的劳工保险法一样，这种工人福利的责任，不能单独给予工厂负担。"①

而这恰恰代表了《工厂法》的立法原则："折衷于劳动中心主义与资本中心主义之间，于不妨碍产业之发展或存在之限度以内，予劳动者以相当之保障，即以促进劳资之协调。"② 这种原则一方面透露出政府制定和施行《工厂法》的目的不是彻底解决劳工问题，而在于暂时调和劳资矛盾，缓解共产党领导的工人运动；另一方面说明了国民政府政治上的模糊性。国民政府既希望赢得资方的支持，发展经济；同时又希望提供一定劳工保障，平息劳工的罢工浪潮，赢得这个阶层的认同，于是采取了这种"骑墙"的做法。

第二节　《工厂法》下各类企业的抚恤状况

《工厂法》的试行、修改、展期、施行经历了4年，来自资方反对的声音始终不断，施行时困难重重。首先合于《工厂法》规定的工厂有限。1933年经实业部统计，23个省市的工厂数为363322家。③ 1934年进行执行《工厂法》情况的检查，全国符合《工厂法》第一条规定的工厂共有1599家，仅为0.4%。合于《工厂法》第一条规定的工厂之工人约有52万人。而根据前文的1518588名劳动者之数计算，只占总人数的25%。1931年在工业发展水平最高的上海市，不满30人之工厂为1058家，竟占总数1836家的58%之多。④

表3-3　　各省市合于《工厂法》第一条规定之工厂工人数

省份	工厂数	工人数	省份	工厂数	工人数
南京	25	3554	安徽	42	3656

---

① 何梦壬：《工厂法之评价》，《纺织时报》1931年第769期，第6—7页。
② 谢振民：《中华民国立法史》（下册），中国政法大学出版社2003年版，第1063页。
③ 劳动年鉴编纂委员会：《民国二十二年中国劳动年鉴》，文海出版社1984年版。
④ 田和卿：《我国工厂检查应取的途径》，《劳工月刊》1934年第3卷第1期。

续表

省份	工厂数	工人数	省份	工厂数	工人数
上海	673	160000	山东	37	6526
青岛	231	32236	河北	28	14382
北平	31	2920	汉口	69	17398
天津	92	20100	湖南	39	8940
江苏	206	74638	山西	27	7923
浙江	53	15579	陕西	2	82
江西	2	772	云南	16	4011
河南	24	8830	威海卫	2	63
合计	1599	381590			

根据《民国二十三年工厂检查年报》第四章内容整理。

从表中可以看出，这些工厂大都集中于经济发达地区。国民政府劳工专家对全国工厂进行检查后得出的结论是："绥远，工业尚在萌芽，各工厂范围均不合工厂法之规定；陕西，地处边陲交通梗塞，大规模之机器工厂均未举办，即现有之小工厂，亦系一般手工业，并无大工厂之设立；热河，地处边塞，工业幼稚，尚无各种工厂设立，且文化晚开，尤乏工业上之专门人才；吉林，工业幼稚，实少合法之工厂；甘肃，财政困难；察哈尔，经费支细，且无大规模之工厂；湖南，经费支细；……黑龙江，缺乏工厂人才；南京，遴选困难，招考不及；广东、广西、贵州、西康、辽宁、四川、新疆、宁夏、广州等省市均不详"①，落后地区、小工厂劳工的利益几乎处于政府保护之外。

其次合于《工厂法》规定的工厂，阳奉阴违，被动施行，有的甚至干脆不施行。由于国民政府忙于应对日本侵略和围剿红军两大任务，无暇顾及，所以《工厂法》之施行基本依赖工厂自觉。南京国民政府曾在1933年对青岛、河北、山东、浙江、陕西、湖南、宁夏、四川、江苏、察哈尔等175家工厂进行调查，发现工人疾病救助和伤

---

① 王莹：《从正泰永和两惨案谈到我国的工厂检查》，《劳工月刊》1933年第2卷第7期。

亡抚恤情况如下：工人因公受伤时医疗费由厂负担者 26 家，酌情给予医药费者 4 家，无规定 3 家，工资照给者 17 家，无规定者 16 家。①工人残废者，在有记录的 12 家工厂中，有 7 家工厂根据伤残轻重和在厂工作时间长短给予 4 个月到 25.2 个月的平均工资，如能继续工作，有 5 个厂规定工资照旧。工人死亡时，在有记录的 23 家工厂中，给予 20—50 元不等丧葬费的 12 家，有 5 家规定酌情给予恤金，有 4 家根据在厂工作年数给予 8—36 个月不等的工资或根据在厂年数给予 50—300 元不等工资，或根据《工厂法》45 条一次给予恤金 300 元或 2 年工资。②可见大部分工厂逃避责任。如湖南省符合《工厂法》规定的工厂有 12 家，实施《工厂法》的仅有 1 家。③

一 公营工厂

国民政府控制的公营工厂成为工厂法的当然执行者。因为公营工厂承载着法律义务和国家道义责任，再加之国民政府的再三强调，使得这些工厂成为《工厂法》施行的典范。公营工厂包括垄断部门和企业部门。垄断部门如银行、铁路、邮电等，属国家垄断，经济效益较好，因此劳工抚恤待遇较为规范和丰厚。1928 年到 1937 年间，银行、邮政部门和铁路部门出台了自己的抚恤法规《中国银行行员服务待遇规程》《邮政养老恤金管理章程》《邮政养老恤金支给章程》《国有铁路员工抚恤通则》，标准较《工厂法》规定稍高。

例如邮政职工因公死亡按照级别和服务年限最高可得到 5000 元抚恤金和月薪的 90%，最低可得 400 元抚恤金和一个月的工资。④最低抚恤金额与《工厂法》规定的劳工最低抚恤金相当，最高金额却是

---

① 实业部劳动年鉴编辑委员会编：《民国二十二年中国劳动年鉴》，载沈云龙编《近代中国史料丛刊》第 3 编第 598 册，台湾文海出版社 1984 年版，《劳动设施》第 281 页。
② 实业部劳动年鉴编辑委员会编：《民国二十二年中国劳动年鉴》，载沈云龙编《近代中国史料丛刊》第 3 编第 598 册，台湾文海出版社 1984 年版，《劳动设施》第 282—283 页。
③ 实业部编纂委员会编：《中国经济年鉴》（第 2 册），商务印书馆 1934 年版，第 346 页。
④ 《邮政养老恤金支给章程》，载蔡鸿源编《民国法规集成》，黄山书社 1999 年版，第 60 册，第 138 页。

《工厂法》规定金额的3—4倍。

邮政部门的垄断性致使其恤金一直高于社会平均水平，特别是一些技术型岗位，如发报员、通信师等职员。如此优厚的恤金，以至于很多人对此钻营不懈。上海电报局曾经在1929年发生了一件离奇的恤金顶包案。电报局有一职员沈瑞正，由电局派往青岛服务，到任前一度请病假返里，病愈后嫌电局所入甚微，月不过五六十金，即在青岛美孚洋行谋得一缺，月入在百金外，而以电局之缺，以某种条件让渡于其姨姨之子另一个沈某冒名充任，此沈某家甚寒微，亦自乐就，迨去冬真沈瑞正因事被鲁军阀所忌，逃归家乡，而假沈瑞正，亦因病返回里，不料假沈瑞正竟病重身死，其家赤贫，嗣经旁人劝其以沈瑞正身故事由，向电局请恤典，电局方面接信之后即将应给之棺殓费寄出，谁料接到此棺葬费的真沈瑞正的母亲，不喜而怒，函呈电局，谓己子并未死。而真沈瑞正亦登电局所发行之报纸声明，自己确实未死云云。意欲仍入电局办事，而电局方面，则以已死之假沈瑞正，既曾为电局服务，恤金应照给。① 邮政部门不光恤金优厚，执行也是颇为宽容。

银行职员在职病故，服务2—22年，按服务年限支给4—60个月的工资，并有最高限额。三等各级行员的恤金，最多不得超过5年的工资数；二等各级行员不得超过4年的工资数；一等各级行员不得超过3年的工资数。有特别资劳者，经董事会议决，酌加恤金。② 同样按当时全国最高工资计算，最高可得3000元恤金，最低只有200元。其最高金额虽然是《工厂法》规定的2倍，但最低金额不足规定的1/2。

而且这些部门的高额抚恤金是针对部门上层人士而言，如邮政部门能够享受5000元抚恤金的只能是邮政长，以此类推，各级别管理者享受不同抚恤金。银行的三等行员比二等和一等都高许多。国有铁路职工的抚恤金更像是退休金，不论职位只按服务年限计算，从最少的"服务一年未满者，十二个月平均薪资"，到最多的"服务二十五

---

① 白圭：《纪电报局最近之双包案》，《上海画报》1928年第333期，第1页。
② 中国银行史编辑委员会编：《中国银行史 1912—1949》，金融出版社1995年版，第184—页。

年以上者，二十四个月的平均薪资"共 24 个等级。① 计算相当仔细，按当时全国最高工资计算最少的可拿到 600 元，最多不过 1200 元。可见，这些部门的广大底层工人的抚恤仍然没有超过《工厂法》规定的范围。

而企业部门如建设委员会下辖的矿山、电厂等，由于这些企业在财政、经营上都是独立的，要承受市场竞争的压力，考虑成本，大部分都依《工厂法》的原则制定了抚恤规则。但建设委员会机关及下属模范灌溉管理局、河南中原煤矿公司、山东中兴煤矿公司等抚恤标准各不相同。

表 3－4　　　　　建设委员会部分单位抚恤标准比较表

种类 单位	因公伤亡		治丧	因公致残②		
^	年限	恤金	^	年限	恤金	医药费等
建设委员会职员	≤3 年	最后薪金 5 个月	100 元	酌情给予恤金		
^	≤5 年	最后薪金 8 个月	^	^		
^	≥5 年	以服务年数按月发给恤金的 1/4	^	^		
模范灌溉管理局	<1 年	2 个月月薪	80 元	<1 年	1 个月月薪	医治时期药费由局担负，工资照给。
^	>1 年且<3 年	4 个月月薪	^	>1 年且<3 年	2 个月月薪	^
^	>3 年且<5 年	6 个月月薪	^	>3 年且<5 年	3 个月月薪	^
^	>5 年	以服务年数按月发给恤金的 1/4③	^	>5 年	以服务年数按月发给恤金的 1/8	^

---

① 《国有铁路员工抚恤通则》，载蔡鸿源编《民国法规集成》，黄山书社 1999 年版，第 60 册，第 317 页。

② 注：因公致残是指因公受伤而致永久不能工作者。

③ 参见《建设委员会模范灌溉管理局及所属机关抚恤规则》，载蔡鸿源编《民国法规集成》，黄山书社 1990 年版，第 55 册，第 41 页。注：该规则规定"服务五年以上之工人因公死亡后无家属者给予最后所支工资 8 个月之一次恤金作为殡葬之费"。

续表

种类\单位	因公伤亡 年限	因公伤亡 恤金	治丧	因公致残 年限	因公致残 恤金	医药费等
河南中原煤矿①	>2年且<6年	2年之平均工资	350元②	>3年且<6年	1年之平均工资	担负医药伙食及住院费外，工资照给。
	>6年且<10年	2年半之平均工资		>6年且<10年	2年之平均工资	
	>10年	3年之平均工资		>10年	3年之平均工资	
山东中兴煤矿	<7年	1年工资	50元	<5年	1年工资	担负医药伙食及住院费外，工资照给。
	>7年	2年工资		>5年且<10年	2年工资	
				>10年	3年工资	

资料来源：《建设委员会模范灌溉管理局及所属机关工人抚恤规则》《建设委员会职员抚恤规则》，载蔡鸿源编《民国法规集成》，黄山书社1990年版，第55册，第41、67页；实业部劳动年鉴编纂委员会编：《民国二十一年中国劳动年鉴》，载沈云龙编《近代中国史料丛刊》第60辑，第3编《劳动设施》第183—184页。

分析上表就会发现，从制度上来说，这些企业对因公伤亡者的抚恤金主要根据工作年限和月薪来考核，但是各个部门的规定不尽相同，在年限的规定上，分别有以3年、5年、7年、10年为标准的。一般10年以上就可享受最高级别的抚恤，但11年逾与20年的工龄，恤金是一样的，缺乏像铁路员工抚恤那样细致的等级划分。

以因公亡故为例，如果以时人黄君略统计的矿工最高工资18元/月为标准来计算③，建设委员会职员和模范灌溉局员工最少要工作达8年才能达到《工厂法》所规定的抚恤标准，而达到这一标准河南中原煤矿工人要工作2年以上，山东中兴煤矿工人则要工作7年以上，

---

① 注：河南中原煤矿公司有外工和里工的区别，外工是指临时性的雇工，这里主要探讨的是里工。
② 注：河南中原煤矿公司凡矿场工人因工作遇险立时殒命或治疗中身故者，给一次恤金300元，另给殓丧费50元。其工作在二年以上者，再分别给恤。
③ 黄君略：《中国工钱制度》，《东方杂志》1927年9月25日。

除中原煤矿公司高于《工厂法》的规定外，其余均未达到标准。至于因公致残，《工厂法》第 45 条规定："对于因伤病成为残废之工人永久失其全部或一部之工作能力者，给以残废津贴；其津贴以残废部分之轻重为标准，但至多不得超过三年之平均工资，至少不得低于一年之平均工资。"① 矿工的平均工资为 14 元，一年则为 168 元。四个单位，河南中原煤矿和山东中兴煤矿除在年限规定上稍加苛刻外，基本达到了《工厂法》的要求，而建设委员会和其下属的模范灌溉公司则规定较为模糊，因公致残的职员，只有"酌情抚恤"的模糊话语。可见，即使在建设委员会这样的国家机构中，《工厂法》的施行也是不尽如人意的。

二 私营工厂

私营工厂分为私营企业与矿山（包括外资经营的矿山和企业）。在政府无暇严格监督的情况下，这些工厂拥有自主抚恤劳工的权力。基于矿山居高不下的因公伤亡人数，一些矿主本着降低成本的原则，搁置《工厂法》规定的抚恤标准，仍然执行以前的抚恤标准，实业部调查了 1927—1931 年国内 23 个矿山的伤亡抚恤情况，这些矿山在 1927 年和 1931 年执行的是同一抚恤标准。

表 3-5　　　　国内各大矿近年矿工伤亡及抚恤金额统计表

公司名称	年份					抚恤金	伤亡原因
	1927	1928	1929	1930	1931		
山东淄川鲁大煤矿			亡 4		亡 27	恤金每名 360 元	5 月 7 日坊子镇煤田坑内被水淹没

---

① 《〈工厂法〉及其施行规则》，载蔡鸿源编《民国法规集成》，黄山书社 1999 年版，第 55 册，第 396 页。

续表

公司名称	年份					抚恤金	伤亡原因
	1927	1928	1929	1930	1931		
安徽水东煤矿		亡138 伤18			亡39 伤2	亡者恤金每名50元，伤者调养5元	坑内沼气爆炸
抚顺煤矿	亡207	亡503 伤39					4月9日火山南坑水灾及8月14日老虎台水灾
开滦煤矿	亡162						
保晋矿务局	亡5 伤6						
萍乡煤矿	亡3	亡4					
贾汪煤矿	亡7	亡2				每名40元棺木1具	
中和煤矿	亡1 伤5						
柳江煤矿	亡8				亡10 伤224	每名50元	
本溪煤矿	亡7 伤80						8月23日惨案
鸡鸣山煤矿	亡3	亡3					
华坞岭煤矿	亡151 伤151						8月水灾
博山中兴煤矿		亡20					2月28日水灾
烟台煤矿	亡107 伤70						3月9日，10月1日两次水灾
大新大兴煤矿							
建昌煤矿	亡8	亡9					

第三章 调和：南京国民政府初期劳工抚恤　　167

续表

公司名称	年份					抚恤金	伤亡原因
	1927	1928	1929	1930	1931		
鹤岗煤矿	亡1						
井陉矿务局		伤191				亡者恤金每名200元	
山东宁阳华丰公司			亡4 伤4			亡者恤金每名150元	坑内顶盘塌落及锅炉炸裂等
吉林火石岭裕东煤矿		伤6	亡4			恤金每名300元	
辽宁西安煤矿		亡15 伤31		亡2 伤50		亡者恤金每名100元	坑内煤层自然肇祸后致露天掘始免危险
山东博西煤矿				亡3 伤52		亡者给以720天工价	
河南中原公司					亡33 伤3742		
武昌土地堂煤矿					3年亡17		坑内挖透废巷积水淹毙

资料来源：实业部中国经济年鉴编纂委员会编：《中国经济年鉴》，1934年版，第15章，第346—348页。

这24家私营（含外资）矿山，有3家仍然在执行30—50元的因公亡故抚恤金标准，而达到《工厂法》标准400元的只有一家，且有13家矿山没有给付抚恤金的记载。恤金最高者是山东博西煤矿的720天工价，大约两年的工价400元左右，[①] 最少的安徽水东煤矿、贾汪煤矿、柳江三个矿只有50元。[②] 而河南中原公司和湖北土地堂煤矿等

---

① 注：按黄君略1927年统计（《中国工钱制度》，《东方杂志》第24卷第18期，第44页），一个男性矿工的最高工资是18元/月，最低是9元/月，平均是14元/月。

② 注：贾汪煤矿给予的恤金是40元棺木一具，是1929年《工厂法》颁布之前的规定，所以不做最少的比较。

13家矿山连关于抚恤的记载都没有。

实业部调查后也承认：1933年全国数十百矿场中所能搜得矿工灾害赔偿之规定的只有中兴煤矿、烈山煤矿、富源煤矿公司、博东矿业公司、湖南水口山铅锌矿局、开滦矿务局、保晋煤矿七家，此外各矿厂未必无此项规定，然在全国矿厂中无此种规定办法者，实居多数。①

私营矿山执行的抚恤标准普遍低下，原因是矿山伤亡率较高且矿工技术性较低，如果抚恤赔偿标准过高，高伤亡率导致的高额抚恤金支出是矿主不愿承担的，另外矿工的供过于求使得矿主可以肆意压低矿工待遇（包括抚恤）。但是在城市，劳工抚恤出现了两个极端。一些非技术工人密集的工厂抚恤标准低下，而一些技术工人密集的工厂则标准较好。如果工厂效益较好，对伤残职工的抚恤则较为慷慨，甚至有少数工厂对非因公致伤病亡者也给予救助或抚恤。上海华明火柴厂、第一织造厂、永固造漆公司、东方印书馆、商务印书馆、河北汉沽渤海化学工业公司对于非因公致病的工人，给予一定期间之工资，准予病假，担负药费；包括上海东方印刷所、商务印书馆在内10家工厂对非因公死亡的工人也给予不等丧葬费和恤金。②

到了南京国民政府时期，商务印书馆的表率作用依然明显。其继任者王云五保持了企业良好的盈利水平和对员工的一贯重视，多元化的扶助措施更加丰富。退职时有退职金；因病出缺时有赙赠金；因公受伤有补助金，患病有疾病扶助金；女工分娩时有保产金；还有同人人寿保险、同人团体寿险、教育基金、同人储蓄，以及米贴。夜校、幼儿园、小学、哺乳室等福利设施一应俱全。检查员王莹看后不禁赞叹道："故该公司对于工人之待遇，堪称优异。"③王云五在周游九国之后，有感而发道："本馆对于同人之待遇，虽尚有可改进，然在世

---

① 实业部劳动年鉴编辑委员会编：《民国二十二年中国劳动年鉴》，载沈云龙编《近代中国史料丛刊》第3编第598册，台湾文海出版社1984年版，《劳动设施》第286页。
② 邢必信等编：《第二次中国劳动年鉴》（下册），社会调查所1932年版，第三编第196页。
③ 王莹：《参观上海各厂报告》，《劳工月刊》第1卷第3期，第56页。

界各国中实居上乘。"①

事实证明，优厚的抚恤待遇能够为企业带来高素质的人才，促进企业长远发展。商务印书馆一直在国内保持着出版业的领先地位便是明证。在一些非技术工人密集的工厂，如果实行优厚的抚恤待遇，同样也会带来优秀的人力资源，增加经济效益。湖南第一纺织厂是湖南省唯一一家践行《工厂法》的企业，"凡工人受伤不能工作者，须经主管技士验明伤痕，酌给伤假。在假期以内，依照《工厂法》发给工资，至因公受伤而死者，则以《工厂法》第45条之规定，发给抚恤金。对于死亡之工人除给予50元丧葬费之外，应给予其遗族恤费洋300元，及两年之平均工资。……对于非因执行职务而致疾病之工人，亦订有津贴及抚恤办法，凡工人有病则准其请假治疗，医药等费由厂方供给，但无法给津贴之规定。至因病以致死亡之工人，依该工人平日所得工价为标准，给以3个月工资为抚恤。另给棺木费20元。"② 而且，工人每日工作时间比他厂工人少，而所得工资则比他厂工人多，一月之中又可以多休息两天，厂内对工人福利事业虽不能应有尽有，但较他厂为优，《劳动月刊》评论这一现象道："无怪乎湖南各县妇孺，不远百里而至长沙投考纱厂，该厂近年招收新工，因报名者太多，遂举行简易考试。事实告诉我们，该厂不仅未受丝毫损失，而营业方面仍在继续繁荣，即前年大水之际，该厂尚获利40余万。"③

但是在没有外在动力和压力的驱动下，优厚的抚恤待遇和长期的抚恤责任并不是所有工厂都能承担和愿意承担的。上海大部分的工厂仍然沿袭以前的抚恤标准施行一费终了，这就使得上海的工厂劳工抚恤标准呈现出各种样貌。上海印染公司的一名小工整理机器时触电身亡，厂方给予一次性抚恤金420元，骏昌铁工厂的小工触

---

① 王云五：《商务印书馆与新教育年谱》（全二册），江西教育出版社2008年版，第285页。

② 实业部编纂委员会编：《中国经济年鉴》（第2册），商务印书馆1934年版，第346页。

③ 刘月舫：《湘鄂赣三省纺织工人状况之比较》，《劳工月刊》1933年第2卷第4期，第65页。

电身亡，厂方只给抚恤费 120 元。这些受恤人虽然所得不一，但终有所获，而分文无着者大有人在，钱云记营造厂的工人被石灰烫伤身死，厂方却推卸责任，最后双方不得不对簿公堂。立大面粉厂的工人触电身亡，厂方却认为其并非因公致伤不予抚恤。① 1931 年 9 月王莹还参观了三家工厂即上海科发药房制药厂、上海三友实业社棉织厂、上海永安纺织公司第三厂，其中上海三友实业社棉织厂对死亡工人抚恤 50 元，病害给 15 元；上海永安纺织公司第三厂因病或因公受伤，轻者给半日工资，重者给全日工资；因公死亡者，酌给 100—200 元不等。② 很显然这些企业的抚恤标准都没有达到《工厂法》的要求。

即使到 1937 年，《工厂法》抚恤条款在私营工厂中的施行情况仍然不尽如人意。吴至信的调查详细地反映出这一现实，"惟在今日，工厂法之此种规定，尚未见严格实施，是以除国营所雇之工人另有法律规定者外，一般普通受雇之工人，只有极少部分根据劳资协约或习惯而享受此种赔偿。"③

但是应该看到的是严格说来，私营工厂的抚恤状况已经较 1931 年有了很大改进，考虑到南京国民政府初肇，百废待兴，身处民族危机和内战旋涡，法律权威低下，对于如此收获，时人还是持肯定态度。

吴至信在 1937 年对国民政府《工厂法》的实施状况作了一个总体调查。调查企业包括苏、鄂、豫、晋、冀、鲁等省 5 条铁路、9 座矿山（其中省营 1 家、民营 8 家）、35 家厂矿（其中 5 家国营、7 家省营和 23 家民营），涉及工人 177510 人。调查内容包括抚恤情况在内共 19 项。其中 5 条铁路、3 座民营矿山（山东、河南、湖北各 1 座）、21 家工厂（7 家省营、7 家民营工厂未实行）实行了病死恤

---

① 国际劳工局中国分局编：《近四年来上海的劳资纠纷》，《国际劳工通讯》1938 年第 5 卷第 6 期，第 30—100 页。

② 王莹：《参观上海各厂报告》，《劳工月刊》第 1 卷第 3 期，第 56 页。

③ 吴至信：《中国劳工福利事业之现状》（下），《中华邮工》1937 年第 3 卷第 1 期，第 47—49 页。

金——基本达到80%。残废最高赔偿1500元（上海一卷烟厂），公亡葬费50元，恤金300元及2年之平均工资（青岛市一棉纺织厂和一制针厂）。病死恤金工匠200元、小工100元（上海市一制罐厂）。① 还有1条铁路（第三铁路）、1座矿山（山西一民营煤矿）、4家工厂（上海1印刷厂、1面粉厂、汉口乡间1炼铁厂、北平市内1火柴厂）施行了社会保险。② 第三铁路的社会保险，每月由储蓄补助金中扣收保险费5角，遇有死亡赔偿600元。③

吴至信还仔细调查了190个劳资团体协约中的抚恤条款。其中有抚恤赔偿规定者只有94个，不过一半，这94个协约之订立团体所在地，有70%在广东，19%在上海，其余则分布江苏省内及天津。广东劳资协约之劳方订约人的八成以上均是中华机器总工会，因为该工会颇有力量，故能促进资方负此灾害赔偿之责任。94个协约中有受伤赔偿（不包括残废）之规定者，有87个；其中有9个只规定按《工厂法》办理但无具体条款，规定无条件由雇主负担医药费及工资照给者为65个；有条件（如期限、伤之轻重或工人种类之不同等）负担医药费并照给工资者为7个；只负担医药费者为3个，只给工资，或定额或不定额之津贴者各1个。④

有残废赔偿之规定者，有80个，除按《工厂法》或旧约办理者7个外，赔偿方法有两种，采一次给付制者计52个（约65%），分期给付者21个（约26%）。一次给付赔偿费之各种协约中，未有确定赔偿数额者6个，有确额规定者，100元至800元不等，尤以数定500元者居绝大多数。分期给付赔偿费之各协约中，给付期至身死止者有17个，有一定期限者4个，其数额有按月给工资全数者，也有

---

① 吴至信：《中国惠工事业》，载李文海主编《民国时期社会调查丛刊》（社会保障卷），福建教育出版社2004年版，第121页。
② 吴至信：《中国惠工事业》，载李文海主编《民国时期社会调查丛刊》（社会保障卷），福建教育出版社2004年版，第112—119页。
③ 吴至信：《中国惠工事业》，载李文海主编《民国时期社会调查丛刊》（社会保障卷），福建教育出版社2004年版，第122页。
④ 吴至信：《中国劳工福利事业之现状》（下），《中华邮工》1937年第3卷第1期，第47—49页。

只给半数者，也有规定一实在数目者。规定因公死亡赔偿之协约，计86个，除按《工厂法》或旧约办理者外，采一次给付赔偿费者占75个，其中除有8个未明定额外，赔偿费在500元以下者49个，500元以上者15个，按若干月之工资计算者3个，一次给付一笔赔偿费时又在定期内给付工资之全部或一部分者，计有4个协约，单纯采用分期给付制者无之。①

当然这些都是一些较大规模的企业，既包括公营工厂，又包括私营工厂，这种趋势代表了一个方向，也是一种进步。吴至信总结道："所得印象中其最要者，即今日之我国惠工事业，至少在规模较大或管理比较进步之厂矿中，较之往昔已有相当基础。"②

其可贵之处在于这种进步大多数是企业的自觉行为，随着工业的发展，中国企业家终于在追逐利益和保障劳工之间找到了契合点——保障劳工（特别是技术劳工）抚恤权益，激发他们的工作热情，获得更大的盈利。如吴至信所言："今日之我国惠工事业，至少在规模较大或管理比较进步之厂矿中，较之往昔已有相当基础。虽一般之待遇标准尚远不及欧美，而某数种惠工设施，实有日逾普遍且趋进步之趋势。其成功的关键，以雇主自觉为重要。政府督促或工人要求，虽不能否认其力量，但常只获得表面或暂时之施设，有时反而阻滞其他惠工事业之正常发展，此为吾人至堪寻味者也。"③

第三节 实际运行中的企业抚恤条款

在那些施行《工厂法》较为认真的企业之中，劳工抚恤条款是否一如立法者之初衷，成为那些罹难劳工的庇护所，发挥出其济弱帮困的作用呢？公营企业和私营企业受恤人的所得大为不同。

---

① 吴至信：《中国劳工福利事业之现状》（下），《中华邮工》1937年第3卷第1期，第47—49页。
② 吴至信：《中国惠工事业》，载李文海主编《民国时期社会调查丛刊》（社会保障卷），福建教育出版社2004年版，第117页。
③ 吴至信：《中国惠工事业》，载李文海主编《民国时期社会调查丛刊》（社会保障卷），福建教育出版社2004年版，第117页。

一 不同企业抚恤条款的运行实况

通过考察那些实行了《工厂法》的公营企业，可知当时有两种比较流行的抚恤方法。一类因工作性质、工种、工作环境比较单一，采取的抚恤方法较为简单，即按照服务年限和伤残亡故类型进行抚恤，如平绥铁路制定的抚恤规则。

表 3-6　　　　　　　平绥铁路员司工匠抚恤暂行规则

服务年限＼种类	因公遭险身故	因病亡故	备注
未满一年	6 个月薪津	1 个月薪津	奋勇尽职殒命可由主管呈请特别抚恤，至多 3 个月薪津，服务 15 年以上以 6 个月为限。
1 年以上未及 2 年	6 个月薪津	2 个月薪津	
2 年以上不及 3 年	6 个月薪津	3 个月薪津	
3 年以上不及 6 年	8 个月薪津	4 个月薪津	
6 年以上不及 10 年	10 个月薪津	5 个月薪津	
10 年以上	12 个月薪津	6 个月薪津	

资料来源：周纬编：《工厂管理法》，商务印书馆 1939 年版，第 210—211 页。

表 3-7　　　　　　　　平绥铁路员司工匠抚恤案例

姓名	工种	服务年限	月薪（元）	抚恤原因	抚恤金	备注
张义亭	旗夫	15 年以上	16	因病亡故	128	特恤 2 个月
孙才	工头	6 年以上	12.6	因病亡故	63	
张文彬	站长	1 年以上	55	因病亡故	110	
臧永凯	司机	10 年以上	30	因病亡故	180	
边振峰	工头	6 年以上	12.9	因病亡故	64.5	
张玉山	小工	不到 1 年	10	因公殒命	60	
贾顺祥	小工	3 年	10	因公殒命	60	
詹文维	司事	15 年以上	43	因病亡故	344	特恤 2 个月
李桂廷	炉工	15 年以上	57	因病亡故	456	特恤 2 个月
郑九立	工头	10 年以上	13.17	因公殒命	158.04	
李作之	工役	10 年以上	17	因公殒命	204	

资料来源：根据《平绥铁路管理局公报》1929、1930 年内容整理。

由于铁路行业危险较小，大部分恤案都是因病亡故，对疾病的救济和抚恤是该类企业的重要支出，还包括银行、邮政、航运、公路等服务部门。服务年限和月薪成为抚恤金多寡的决定因素，由上表可以知道，特恤金一般都是服务15年以上的老员工可以得到，其余无论站长、司机、小工都以月薪计算，意味着工人争取提高工资的诉求中，实际包含有抚恤诉求。受恤人工资越高，抚恤金也就越高，从平绥铁路局的恤案不难看出，职位和工种的技术含量，是影响工资和恤金高低的决定因素，一个工作不满一年的站长张文彬的因病亡故恤金，相当于一个工作15年以上的旗工张义亭的恤金，因为他们的工资相差3倍多；一个锅炉工（火车上具技术含量的职位），其因病亡故的恤金比同等条件的工头、小工、司机高很多。在实际运行中，因为因公遭难的抚恤金比因病亡故的抚恤金高一倍，所以当局在审核恤案时，尽量按后者进行抚恤。如铁路局信差石明已服务23年，平日当差最称勤慎，从无贻误，于1929年1月28日赴西直门站缴款送信时，因积雪滑跌震荡内部，即时身故。其家人以因公亡故请恤，本应得到204元抚恤金，但当局核恤以病故抚恤，称："石明系光绪三十二年九月到差于本年一月病故在路，服务已满15年以上，月薪17元照章应给6个月月薪及特别恤金两个月，共计136元。"①

有的受恤人依规抗争，但是由于条文的模糊性，决定权依然掌握在资方手中。康庄车站长夫董成彬月薪8元，因搬货受伤致肺痨病故，如照因病身故之规定应给两个月月薪16元；如照因公遭险身故例应给6个月月薪48元，车站于1929年12月16日按因病亡故请恤，但是董氏之父母声称其子实系因公殒命，丧葬无资，恳请当局再核，也许是车站自觉理亏，经过请示，当局还是按病故抚恤，但是法外开恩："以董某月薪8元不及10元，按10元计算，改给恤金20元，再酌给棺木费10元。"②

严格说来，因为铁路部门在国家经济中的地位相对重要，劳工较

---

① 《平绥铁路管理局公报》第23期，第16页。
② 《平绥铁路管理局公报》1930年第61期，第9页。

为集中，在 1927 年以前是工人罢工的高发区，南京国民政府成立之后，依托其良好的经济效益，劳工福利较为完善和优厚，对《工厂法》的执行也较为彻底。津浦铁路车务总段长马廷燮热衷于铁路员工福利设施研究，他认为铁路劳工的福利待遇包括抚恤金（含公伤恤金、残废恤金、疾病恤金、遗族恤金）、退职休养金、储蓄金、补助金等，单就抚恤金一项，1933 年到 1935 年间中国 12 条铁路支出金额达 977000 余元，每年平均约合 325000 余元，每路每年大者数万元，小者有数千，可见其执行情况较为认真。

表 3-8　　中国 12 条铁路 1933—1935 年抚恤金支出情况表　　（单位：元）

	1933 年	1934 年	1935 年	共计
陇海	10690.92	16337.03	14882.29	41910.24
津浦	33831.40	48683.64	42520.48	125035.52
南浔	2824.78	1694.52	3787.01	8299.31
平绥	22276.06	24651.08	35670.39	82597.53
湘鄂	17978.36	14560.26	10245.92	42784.54
胶济	12032.60	15968.07	20479.77	48480.44
北宁	60874.05	55263.99	49000.88	165138.92
粤汉南段	8296.00	12553.00	8937.00	29786.00
广九	6257.17	7722.89	4561.43	18541.49
正太	2704.40	17730.89	15734.79	36170.08
平汉	86085.05	85178.24	95034.95	266298.24
道清支线	5778.00	4754.79	2882.04	13414.83
京沪沪杭甬	26446.65	36860.27	35470.99	98777.91
共计	296075.44	341958.67	339200.94	977235.05

资料来源：马廷燮：《铁路员工福利事业之探讨》，《铁道半月刊》1936 年第 2 期，第 7—11 页。

铁路、银行、邮政等服务部门由于意外事故较少，工作相对有规律，所以抚恤条款的执行能够以服务年限和工资为标准，较为客观地运行，虽然并没有反映出受恤人不同苦难不同抚恤要求的差别，伤残抚恤也只按能继续工作不能继续工作进行划分，体现出操作简单，相对公平的特点。

但是在一些门类繁多、地域跨度大、危险概率迥异、工作性质多样的企业当中，因公致伤、因公致残、因公亡故的情形各不相同，受恤人贡献有大有小且因遭难程度不同对抚恤金额有了不同要求，这些企业抚恤制度施行的人为因素颇多。以建设委员会为例，服务年限、雇佣之契约性质、工资率、残废的程度与经济状况、受恤者的职别都会影响受恤人恤金所得。服务年限和工资率属于技术因素，执行尺度明晰，争议较少。引起争议较多的是其余三项，它属于执行者灵活处置的部分。

如雇佣之契约性质，首都电厂的机务课工人张志强积劳病故援例给予最后所支工资三个月之一次恤金，而同厂的小工尹仁福只是雇工，其服务已逾7年，贫苦堪怜，工厂拟请发给工资100元遣其还乡休养，但建设委员会委员长张人杰的答复，却是："核与抚恤规定未合，姑念其在厂服务已逾7年……，特准从宽发给国币50元，以示体恤。"① 同样，淮南煤矿局的公役田蕃生积劳病故，因"公役死亡，向无给恤或丧葬费之规定"，而念其"雇佣已过5年，不无劳苦"，特准给予埋葬费30元。② 而首都电厂的总务课员方遥同时期积劳病故，援照抚恤规则能被给予的一次恤金是500元，丧葬费100元。③ 三者遭受同一灾害，恤金差距之所以如此巨大，因为一个是小工，一个是工役，一个是职员，雇佣性质的不同导致了抚恤结果的迥异。

事故发生的地点、原因有时也是决定抚恤金额多寡的因素。淮南煤矿局的孙纪文因推水车轧伤截断脚趾，照章申请恤金50元，但是建设委员会却认为"查该伙夫系在地面工作，此次因推水车，致伤足趾，由于自不小心，其情形殊与其他地下工人受伤不同，且仅

---

① 《关于职工考勤抚恤事项》，《建设委员会公报》，载沈云龙编《近代中国史料丛刊》续编第583册第59期，第28页。
② 参见《关于职工考勤抚恤事项》，《建设委员会公报》，载沈云龙编《近代中国史料丛刊》续编第584册第62期，第26页。
③ 参见《关于职工考勤抚恤事项》，《建设委员会公报》，载沈云龙编《近代中国史料丛刊》续编第584册第62期，第25页。

断脚趾两个，乃极小部分略带残伤，嗣后自能另觅相当工作，所请照章给恤之处，碍难照准"，只批准"给予医药费30元"①。该矿的另一栋矸工人汪家贵在洛河岔道被机车碾毙，该厂代为请恤，建设委员会认为"该工既非因公死亡，自难援照恤典给恤，准除发给棺木外，再给国币20元，作埋葬之用"②。在工作地点执行工作任务才能按因公伤亡抚恤，而这个时间、地点、任务是由管理者主观来判定的。

受恤者的职别是影响恤金多少的最大因素。民国著名的朱世昀恤案就说明了这一点。长兴煤矿局局长朱世昀在匪徒袭击矿区时"身亲督警，奋勇抵御，……虽已弹尽援绝，部属皆劝退避而誓死不从，徒手与匪众肉搏，身被八枪四刀，遂□遇害"。建设委员会上报铨叙部请恤称朱世昀"任职之忠，死事之烈，固足以矫漓俗而风末世，且功在地方，不容淹没。明令褒扬，俾昭激励"。但铨叙部以"查该案既经建设委员会以昭该会原定抚恤规则，从优核给，本部自不必再议"，对请恤一说予以拒绝，而"至于褒扬一节，现无条例可资依据，仍请钧院转呈"。③ 只好在建设委员会议恤，其恤金的多少一直没发现准确数据，但可以从一则催款指令中窥探一二。1932年10月25日长兴煤矿改组移归商办，其妻请将未拨付的恤金10360元一次拨付，张人杰亲自指示就售煤收入项下一次付清。④ 1932年11月15日⑤、12月5日两次特令长兴煤矿公司专员郭文鹤将其恤金余款10825元一次付清。⑥如果说朱世昀是矿长还情有可原，那么同年11月12日淮南煤矿

---

① 参见《关于职工考勤抚恤事项》，《建设委员会公报》，载沈云龙编《近代中国史料丛刊》续编第577册第43期，第24页。
② 参见《关于职工考勤抚恤事项》，《建设委员会公报》，载沈云龙编《近代中国史料丛刊》续编第582册第55期，第13页。
③ 《审查官吏恤金条例案》，《考试院公报》1932年第1—6期合刊，第150页。
④ 参见《关于职工考勤抚恤事项》，《建设委员会公报》，载沈云龙编《近代中国史料丛刊》续编第570册第25期，第46页。
⑤ 参见《关于职工考勤抚恤事项》，《建设委员会公报》，载沈云龙编《近代中国史料丛刊》续编第571册第26期，第38页。
⑥ 参见《关于职工考勤抚恤事项》，《建设委员会公报》，载沈云龙编《近代中国史料丛刊》续编第571册第26期，第42页。

矿工刘学英在井下气闭致死,照章发给棺木及抚恤费 150 元,而第二天戚墅堰电厂的常主任积劳致疾身故却被特准抚恤 8 个月薪水,最后薪金共计洋 1520 元和 100 元治丧费,差距可谓极大。无独有偶,首都电厂的事务员徐美全积劳病故也能得到 10 个月薪水和 100 元治丧费①,较底层劳工丰厚许多。

由于资方掌握恤金发放权,而抚恤规则大多简单、抽象,对于恤金的发放在很大程度上依赖于主事人的主观判断。在上面提到的朱世昀的案例当中,以朱世昀的月薪和服务年限,是不可能得到一万多元的恤金的,更多的是出于厂方"明令褒扬,优于抚恤,以彰忠烈而昭激励"的目的。在建设委员会的公报当中经常看到"念其……特予抚恤""特准""酌情"等字眼。不可否认,在有些恤案中这能体现出制度之外人性化的一方面。如首都电厂的小工杨文兰因公亡故,本来是援例抚恤②,因"母老家贫,情节悲惨",厂方给予一次恤金 200 元和理丧费 80 元。同是首都电厂电匠吴质庆在工作路上为救落水的小工刘中毙命。本来不能算是因公亡故,但念其"身后萧条、遗有妻女"优给一次恤金 200 元和理丧费 80 元。③

但是更多的是像朱世昀那样的级别较高的职员享受了优待。如长兴煤矿的秘书张鉴暄,积劳病故,援例治丧费至多 100 元,但蒋介石亲自电谕以其"服务本会有年,矢勤矢慎,贡献极多",要求长兴煤矿从收回款项下拨给治丧费 1500 元。④ 戚墅堰电厂的公役吴阿锡送递信件,中暑结毒毙命。本来公役死亡,向无给恤规定,而且"电厂工警恤典所载,亦只限于确属因公伤亡之人",惟吴在厂服务已逾数年,平时工作颇为勤苦,其情不无堪矜之处。于是"姑且从宽比照工人抚恤,减等给予 1/4 恤金,一次发给"。嗣后为怕导致其他工人援例执

---

① 参见《关于职工考勤抚恤事项》,《建设委员会公报》,载沈云龙编《近代中国史料丛刊》续编第 575 册第 36 期,第 26 页。

② 注:小工不属于正式职员,一般只给丧葬费 30 元。

③ 参见《关于职工考勤抚恤事项》,《建设委员会公报》,载沈云龙编《近代中国史料丛刊》续编第 577 册第 43 期,第 26—30 页。

④ 参见《关于职工考勤抚恤事项》,《建设委员会公报》,载沈云龙编《近代中国史料丛刊》续编第 581 册第 52 期,第 27 页。

行，特强调"嗣后概不援此为例，以重恤典"①。

再则，有些概念的界定很是模糊，全靠执行者酌情把握，如伤至如何程度始称残废，此是一先决问题。《工厂法》第45条称："永久失其全部或一部之工作能力者，给以残废津贴。"即以永久丧失工作能力为残废。铨叙部公布之公务员恤金条例施行规则第3条对此作了具体的解释，将以下列情形之一定为残废：毁败视能；毁败听能；毁败语能；毁败一肢以上机能；毁败其他重要机能。而吴至信在被调查之各路厂矿中，亦未发现对于残废有精确之定义，大多视为伤愈后能再胜任原来工作与否为准。至于确守工厂法上之定义者，殊不多见。②

公营工厂承载着政府的信誉与责任，其示范作用迫使其认真对待，私营企业的抚恤则颇为随意。湖北土地堂煤矿没有明确的抚恤条例，其抚恤金的多寡以管理者酌情处理为主，有时地缘也成为抚恤厚薄的依据。该矿一次事故记载显示：因意外溺毙工人17人，内有一人为湖南人，余为大冶人，其后给恤，除湖南人抚恤100元，并给棺木衣服洋20元外，16人大冶人，每名各抚恤铜元100串（合洋16元），衣棺费10余元而已，③随意性可见一斑。密县煤矿淹毙工人44人，只赔偿钱100串。新化锡山矿务公司淹毙工人70余名，结果每人恤金50元，时人评论道："似此工人生命，值猪狗之不如，天下可悲惨之事孰会过于此者。"④

二 《工厂法》抚恤条款的弊端

《工厂法》抚恤条款经过一段时间运行之后暴露出的缺点，在各个案例中不乏体现。（1）在私营企业之抚恤办法中，多未顾及工人之

---

① 参见《关于职工考勤抚恤事项》，《建设委员会公报》，载沈云龙编《近代中国史料丛刊》续编第578册第45期，第25页。
② 吴至信：《中国惠工事业》，载李文海主编《民国时期社会调查丛刊》（社会保障卷），福建教育出版社2004年版，第164页。
③ 实业部劳动年鉴编辑委员会编：《民国二十二年中国劳动年鉴》，载沈云龙编《近代中国史料丛刊》第3编598册，台湾文海出版社1984年版，《劳动设施》第286页。
④ 实业部劳动年鉴编辑委员会编：《民国二十二年中国劳动年鉴》，载沈云龙编《近代中国史料丛刊》第3编第598册，台湾文海出版社1984年版，《劳动设施》第286页。

服务年限，此于受雇不久之工人固然有益，而久著劳绩者未免吃亏；公营企业虽然有的有所区别，但是规定过于宽泛，如铁路公司服务年限15年以上享受一样的抚恤待遇，那么15年和25年是一样的抚恤待遇，又显不公平。（2）私营企业与国营企业，同未顾及残废或死亡者之年龄。又有媒体称："一年已五十不数年即将退休之工人，与一年仅二十尚有工作三十年希望之工人，因其服务年限与薪级之相等，因公残废或死亡而得之抚恤费遂亦相等，此殊不得谓之公平。"① 各个工厂在具体执行抚恤政策的过程中，其济弱帮困的功能有所变异，因人而恤，因事而恤，因地而恤，造成同伤不同恤、同难不同恤的现象普遍存在，抚恤资源更多地使用在那些职位高、权力大、功绩多的受恤人身上，带有一种的酬绩慰劳的意味。

吴至信对于各企业普遍采取的一费了责办法持反对态度，认为这种办法对于企业来说操作简单，但是无法保障受恤人的长期生活。"一次给付法之普遍采用，殊为憾事。盖一次给付之实施，倘工人家属善知利用此巨款以营养谋生，固无问题；若或不善处置，则不久以后此残废工人及其家属或死亡者之家属，必不免有陷于冻馁之虞。"②

无论如何，《工厂法》制定的抚恤标准逐渐成为一种规范，无论公营企业还是私营企业都围绕着这个标准来处理劳工抚恤赔偿问题，起到了调和劳资关系的作用。1933年1月，福中公司一矿井砸死7名工人，矿方仅给60元钱，福中公司中共地下党组织一面动员家属要求增加抚恤金；一面发动工友抗议，最后矿方答应给予200元抚恤金。③ 随后1934年2月，工人罢工提出抚恤条件，要求因公受伤而亡抚恤600元，但是最后双方以400元达成协议。④ 矿方的让步与妥协，都是以《工厂法》的标准为底线，200元或400元的抚恤金都是在其标准之下的。

---

① 吴至信：《中国劳工福利事业之现状》（下），《中华邮工》1937年第3卷第1期，第47—49页。
② 吴至信：《中国劳工福利事业之现状》（下），《中华邮工》1937年第3卷第1期，第47—49页。
③ 孙好飞：《民国时期焦作煤矿工人研究》，硕士学位论文，郑州大学，2015年。
④ 孙好飞：《民国时期焦作煤矿工人研究》，硕士学位论文，郑州大学，2015年

再则通过各企业的施行可以明了的是，资方对《工厂法》的反对虽然出于维护自身利益、减少支出的考虑，但也可以看出完全由资方承担责任，确实有些脱离当时中国工业屡弱的现实。例如在劳工抚恤方面较为优异的铁路部门每年要承担数百万的抚恤金，既使其凭借垄断地位具有高额经济利润，也苦不堪言。津浦铁路车务总段长马廷燮在 1936 年统计了 12 条铁路的 3 年抚恤支出后认为，尽管费用高昂，但是不得不承认效果有限。"虽然铁路当局对于员工福利事业，尽力筹谋优待方法，但限于各路经济力，也怕心余力拙，徒呼负负而已。"① 马氏非常担忧铁路系统高福利支出的可延续性。"每路每年大者数万，小者也有数千，至于退休养老金规则，上年才公布的，当然还有详细统计，若再加上退休养老金、储蓄补助金、以及医药费等，那就更多了，如果再想要求铁路，对于员工作种种满意的福利事业，铁路还能支持的住吗？"② 为此当时的社会名流罗劼刚、金润璧、毛宗旦、朱文庚、赵传绪、刘振宣联合提出一个互助金计划——一种类似保险的职工互助方案。可见即使铁路系统这样的大企业也难以单方面承担终身抚恤的责任。

第四节 劳工抚恤的保险化探索

从世界大势来看，1881 年，德国在俾斯麦的强势主导下推行劳动保险制度，消弭马克思所提出的阶级不平等，收效较为显著，一战前各国工人运动风起云涌，唯有德国较为平静。一战后的英、法、奥、比等国纷纷效仿。江宁陈荋生于 1889 年在《万国公报》上发表文章《德国百工保险新法》，这也许是中国最早介绍德国劳工保险的文章，此时德国实行新法已有 8 年，理论和实践都颇为成熟。文章认为保险对穷苦劳工的保护，作用明显。"夫穷苦食力小民亦至不一矣，或因

---

① 马廷燮：《铁路员工福利事业之探讨》（续），《路向》1936 年第 3 卷第 7 期，第 169 页。
② 马廷燮：《铁路员工福利事业之探讨》，《铁道半月刊》1936 年第 2 期，第 7—11 页。

年老，或因弱乏，或因疾病，或因受伤，一经保赔，颇获利益。"①

但是中国当时一无保险运行所需要的稳定的政治环境；二无保险运行所需要的经济基础，再加之中国劳工阶层尚处萌芽状态，没有意识和能力提出此类要求。所以一直到五四运动之前，劳工的伤残亡故救助依然是以企业单方面进行赔偿的抚恤方式进行。商务印书馆、银行等一些效益较好的企业，都是效仿法国的职工储蓄制度——职工平时节存一部分薪资，其罹难后这部分存款可以资助受恤人渡过难关。储蓄防灾方法只适用于收入较高的职业工人（如银行职员、高管等），一般贫苦劳工很难有余力进行储蓄。

五四运动之后，由于工人力量的增长，再加之政党的领导，抚恤问题成为劳资冲突的重要导火索。单一的厂方抚恤赔偿很难维持受恤人的长期生存，此时劳工保险进入人们的视野。保险的好处不言而喻，既能保护劳工，又能丰盈国库。1925年，钟国光《论劳工保险之必要》一文写道："工人既得一定之薪金，苟无强制储蓄之法，则易用尽，何以预备不时之需乎？劳工保险者，乃强迫其保险，——欧美实行——对于月得若干，抽其几分之几，以为保险费，则经年累月，积少成多，则虽一旦失业或有疾伤衰老罢工等不测之事发生，亦有此项保险可以依赖，而不致有冻馁之虞；（二）在社会方面，保险者，既征集其保险金，亦非死藏之于库，必求放资之途，以谋利殖，则市场上之金融，将必为其润泽而更为流通，故保险足以助商业经济之发展，此劳工保险之必要二也。"

但是中国混乱的政局根本无法保障这项制度的有效实行，对此，时人深感惋惜："但观在我国，内乱日炽，军阀擅威，争权夺地，历时不戢！工人枚死不暇，欲以余资付保险费，其何得乎！噫！国事蜩螗，累及贫民，可慨也哉？"②

经济学家杨荫溥以自己的一个朋友为例，说明保险之必要。"……先生历任要职，而洁己奉公，一介不取。兹因公致疾，殁于任

---

① 《德国百工保险新法》，《万国公报》1889年第9期，第52—53页。
② 钟国光：《论劳工保险之必要》，《商学月刊》1925年第38期，第16—17页。

所，身后异常萧条。遗孤年皆幼稚，此后教养之资，更将苦无所出。同仁等得此噩耗，已极悲悼，眷怀遗孤，尤为怆恻。特援古人麦舟之义，将奠品改为赙金。在遗孤固获钦助，而吾人无伤惠之嫌。"讨了情面，花了时间，费了精力，来代替"身后萧条"的朋友解决一部分仰事俯畜的问题，实在是义侠可风的举动。在能力所及的范围之内，我们自然都应当帮忙。的确，凡是祖上没有遗产，专靠一个人的薪水来维持一家生活的人，恐怕都有这个问题，职位越低，薪水愈少，这个问题也就愈严重。①

杨荫溥朋友的境遇在当时比比皆是，问题是单靠同人赙金杯水车薪，难以解决受恤人的长期生存问题，同仁的能力有限，如果遇上几个罹难朋友，估计赠者也为难了，而且人情债务也是一大负担。但是杨氏很快在公司大楼内发现了一个更好的解决方案——同人互助保险。告示如此写道："本行某部某君，为本社社员，于某月某日去世。本社同人，每人应分偿保险金几元几分。除函请总务部于薪水中照扣外特此通知。同人互助保险社敬启。"这种办法既没有年龄的区别，又没有体格的关系，只要大家踊跃参加即可，实在是一个自助助人的极好办法。②

1927年，广州国民政府本着扶助农工的宗旨，开始酝酿劳工保险，随着北伐的胜利，劳工保险实施所需要的稳定政治局面开始渐露曙光。

从1928年起，社会上掀起一股"保险热"，谈论者颇众。除了保障伤残亡故劳工，有人从商业角度认为社会保险的推广有四大直接好处："1.助长企业的发达；2.供给资本于金融界；3.使信用交易圆滑流畅；4.促进灾害防止手段的完备。"③国民政府虽然信誓旦旦地表示要解决劳工问题，却始终未能拿出方案，屡屡被攻击，社会保险的推行可以让这些攻击化为乌有。④

---

① 杨荫溥：《保险和储蓄》，《兴业邮乘》1932年第4期，第63—66页。
② 杨荫溥：《保险和储蓄》，《兴业邮乘》1932年第4期，第63—66页。
③ 祝天龄：《保险之利弊》，《商业杂志》1930年第5卷第5号，第4—6页。
④ 《订颁社会保险法案》，《湖北民政月刊》1928年第3期，第14页。

人们认为推行保险也很简单，政府只要做好三件事即可。"一是制订保险法；二是设立保险局；三是筹集保险基金。"因此当1928年国民政府成立第一天即保证"实行劳动保险及工人保障法"①。并且在制定的《工厂法》抚恤条文前特别说明："在劳动保险法施行以前……"② 政府想表达的是《工厂法》规定的抚恤条例只是过渡性的，劳动保险才是解决之道，借此希望各界不要纠缠于《工厂法》的不足，期待后文。工商界持支持态度，上海总商会特别重申职工退职时负担过重，主张立刻举办劳动保险。③ 1928年国民政府一面制定颁布《工厂法》；另一方面酝酿劳工保险法。

一 《劳动保险草案》《强制劳工保险法草案》的夭折

人们对于社会保险寄予厚望，认为其是解决劳工抚恤问题的不二法门。劳工专家潘公展对于推行保险消除劳资冲突充满信心，"（劳工保险可使）劳动生产力均衡之维持与阶级冲突心理之缓和，不独足以协助消弭社会危险维持国家安宁，且可为稳固国民经济基础一大助力……"④ 政府在北伐时就酝酿此事，委托广东省农工厅劳动法起草委员会编撰《劳动保险草案》，并于1929年2月正式面世。

比较同一时期的《劳动保险草案》和《工厂法》针对劳工因公伤残亡故保障的抚恤条款，保险的优越之处明显。首先适用范围基本扩大到了全体劳工。四大类人群为伤害保险对象："一、发动力非用人力兽力者；二、当时使用劳动者在20人以上者；三、事业之性质有危险者；四、事业之性质有害于卫生者。"而疾病保险适用更为宽泛。"凡为工资工作之劳动者，皆为强制被保险人。"同时还规定，强制保险外的业主可以申请加入，年劳动所得不满1500元者也可以申

---

① 《上海劳资调节条例》，《银行周报》1927年第15期。
② 《工厂法》及《工厂法施行条例》，载蔡鸿源编《民国法规集成》，黄山书社1999年版，第55册，第396页。
③ 《总商会对职工退职待遇之异议》，《申报》1928年4月13日。
④ 潘公展：《中国创办劳工保险刍议》，载沈雷春编《中国保险年鉴》，中国保险年鉴社1937年版，特编22页。

请加入。①

其次工人因公亡故后的抚恤补偿达到了完全保障的水平，还增加了关于遗族抚恤的条款。规定因公死亡，给予遗族年恤金，寡妇、子女、长亲可得到死者死前一个月工资的1/5，但不得超过3/5，按照当时的工资标准计算，最高抚恤金可以达每月30元，最低为1元，当时人均月最低生活费约为5元，因此，大部分抚恤金可以保证一个人的生活。②而且抚恤期限也基本能使受恤人终身无忧。如寡妇领到其死亡或再婚止；子女（含继子、私生子）至16岁为止；长亲则领到其死亡或不必要时止；弟妹等也可领到16岁止。③

人们对此草案充满信心，但一些劳工专家发现《劳动保险法草案》存在的硬伤也很明显。首先是经费问题，该草案准备举办的伤害保险和疾病保险的投保费用政府责任缺失。伤害保险金由事业主代缴，而疾病保险，强制被保险人的保险金，由本人及事业主各负担1/2，任意保险人之保险金由本人承担，政府仅每年津贴事业疾病保险社事务费500元。④劳动保险俨然成为一种雇主和雇员之间的商业保险，以致保险公司盈利而雇主劳工徒增负担。

其次就是该草案的强制力不够。该草案由广东建设厅起草，由保险社来推行。保险社级别太低难以强制要求事业主和雇员遵守，而草案赋予保险社的权力是当保险者不交保费时，请求政府按国税征税，这显然不足以约束企业主和投保人投保。"保险费及其他依据本编所规定之征收金，如逾期不缴纳时，保险社得请求行政官厅依照国税征

---

① 周华孚、颜鹏飞编：《中国保险法规暨章程大全》，上海人民出版社1992年版，第103页。

② 按国民政府主计处统计局编《中华民国统计提要》（商务印书馆1935年版第277页）所刊最高工资和最低工资计算所得，最低生活费以慈鸿飞研究结果为准，五口之家月需21.34元，每人月需5元。

③ 周华孚、颜鹏飞编：《中国保险法规暨章程大全》，上海人民出版社1992年版，第103页。

④ 周华孚、颜鹏飞编：《中国保险法规暨章程大全》，上海人民出版社1992年版，第99—120页。

收法征收之。"①

再则保险购买采取自愿原则，那些贫苦的劳工每日衣食无着，根本无心也无力购买。保险专家祝世康一针见血指出："贫困工人所得之工资，全用以供家庭只用，其能完全担负保险费者无几。即能担负也为数甚微，所得赔偿因而有限，于事无补。非独工资工人如是，独立工人亦然。"②

针对劳工的贫困问题一时间社会上议论纷纷，围绕的重要议题是：建立体现社会救助功能的保险制度的先决条件是经费问题，确立创办者主体，国立？还是官商合办？③

祝世康认为政府当然是主责人："立法者一方面估计保险的支付数量；另一方面即注意经费之其他来源。劳动保险之经费大部分为政府就国家收入中予以资助，且使社会保险制，能发给较多之保险支付，以提高工人之生活程度，并减少其痛苦。……故国家出而参加，酌与经济帮助以减少将来之公共救济。吾人可谓国家参加强迫劳动保险，非独为道德上之义务，亦事实上所必须也。"④实业部的回答是："各国成例大都不外资方代付保费、劳工自付保费和政府代付保费三种。我国因各方经济均属落后，采取劳资与政府三方付偿保费之折中办法。"⑤

李良桐则认为，应该完善与保险配套的设施。"没有完善的职业介绍机关，失业保险是谈不到的；没有公共卫生行政，健康保险是无从着手的；没有完善的工厂检查，伤害保险是困难重重的。"⑥

针对社会上的种种意见，实业部在此基础上重新起草了《强制劳工保险法草案》，在草案起草过程中，劳工司曾召集全国经济界专家代表进行过多次讨论。立法院委员马寅初、胡宣明，华安保险公司经

---

① 周华孚、颜鹏飞编：《中国保险法规暨章程大全》，上海人民出版社1992年版，第100页。
② 祝世康：《劳动保险之经费问题》，《劳工月刊》1932年第1卷第4期，第35—48页。
③ 钱承绪：《劳工保险与劳工生计》，《循环》1931年第1卷第12期，第197页。
④ 祝世康：《劳动保险之经费问题》，《劳工月刊》1932年第1卷第4期，第35—48页。
⑤ 《实业部草拟强迫劳工保险法》，《中华法学杂志》1932年第3卷第10期，第126页。
⑥ 林良桐编：《社会保险》，正中书局1942年版，第2页。

理吕岳泉、宁波人寿保险经理胡咏骐、卫生专家李宣果、王世伟，实业家范旭东、刘新盤以及武昌纺织工会、华商纺织联合会等13位代表参与了讨论。

他们就最主要的两个问题展开了激烈的争论，一是劳工保险是否采取强制的办法？9人赞成，4人反对，但是赞成者中对于何种企业适用此办法却是众说纷纭，一主张先施行于三千人以上之工厂及五百人以上之矿场；一主张最好实施时定一犹豫期间；一主张限制范围先行试办；一主张先施行于国有公有之工业。① 官方的解释是：我国现实经济程度之幼稚，若不加以强制，必难其成，故有强制之必要。且"凡规模稍大之工厂，除厂长及一二重要职员或为厂主兼任者外，余均为雇员……且劳工保险以维持劳工失业者之生活为宗旨"。②

实业部草案的方案是："凡适用工厂法之工厂或适用矿业法之矿场其受雇工人均为强制伤害及疾病保险之被保险人但不满一月之临时受雇人及年薪超过一十贰百元之受雇人不在此限。"③ 范旭东对此表示质疑：为什么临时雇用人不满一月不能入保？职员应否入此范围不能以年金多少为标准，如照本条规定则超过一千二百元之职员究有何保障？④ 实业部的解释是：临时雇佣人既属临时性质，设允其为被保险人，其所纳保险费无多，一旦伤害或疾病，所领保险费甚大，权利义务难以平衡。又年薪超过1200元之职员，收入既丰，应有相当储蓄以备不虞，自无加入劳工保险之必要。⑤

而对于另一个问题的争论则更为激烈，即保险费的承担比例如何

---

① 重庆市档案馆藏：《关于定于2月26日开会审查强制劳工保险法草案并派员出席会议的训令、公函（附保险法草案）》，档案号00330017007770000002000，19350212。

② 邓定峜：《强制劳工保险法询问书答案》，《纺织周刊》1933年第3卷第30期，第946页。

③ 国民政府实业部劳动年鉴编纂委员会：《民国二十一年劳动年鉴》（第5编），文海出版社1990年版，第133—138页。

④ 重庆市档案馆藏：《关于定于2月26日开会审查强制劳工保险法草案并派员出席会议的训令、公函（附保险法草案）》，档案号00330017007770000002000，19350212。

⑤ 邓定峜：《强制劳工保险法询问书答案》，《纺织周刊》1933年第3卷第30期，第946页。

分配，政府、企业、个人各应该承担多少？范旭东认为补助之标准照各国例应为全费用百分之二十征收保险费。13位代表意见分歧较大，4人未答，其余9人中4人赞成按比例承担，但主张"劳资负80%国库补20%；疾病业主负2/3被保人负1/3，伤害全由业主负担，残废业主与被保人各半国家从而补助。"1人认为规定比额可从缓；1人认为由国营保险社来经营；2人建议委托保险公司承办；1人认为国库不能负担；1人认为疾病保险劳资负担应减一半不足之数由政府负担。① 最终各方协商的结果是"伤害保险费由被保人每月缴纳工资1%，业主担负4%；疾病保险费由被保险人每月缴纳工资2%，业主担负3%"②。

1932年，该问题解决方案终于出台，依然以草案形式示众，目的是进一步观察各界反应，听取更多的意见，为正式法律出台做准备。该草案将劳工的伤残抚恤保障对象进一步细化，确保最需要的受恤人能够得到相应的保障。具体表现为：（1）分类更加具体。如遗族恤金按抚养人数的多少不同给予。残废恤金按丧失劳动能力的程度分为暂时丧失、永久丧失一部分、永久丧失全部原任工作能力和永久丧失全部各种工作能力四种，分别给予不同恤金。（2）抚恤金提高不少。抚恤金占工资的比例比以前都有所提高。如因公死亡者的遗族恤金以前最多不能超过工资的3/5，而现在最高可以拿到两年工资。

《强制劳工保险法草案》特别强调了政府的责任，规定"国库及地方金库对于各保险社的酌与补助"③。但是对于具体补助多少，没有明确说明。

---

① 重庆市档案馆藏：《关于定于2月26日开会审查强制劳工保险法草案并派员出席会议的训令、公函（附保险法草案）》，档案号00330017007770000002000，19350212。
② 重庆市档案馆藏：《关于定于2月26日开会审查强制劳工保险法草案并派员出席会议的训令、公函（附保险法草案）》，档案号00330017007770000002000，19350212。
③ 国民政府实业部劳动年鉴编纂委员会：《民国21年劳动年鉴》（第5编），文海出版社1990年版，第137页。

表3-9　《工厂法》《劳动保险草案》《强制劳工保险法草案》和《简易人寿保险法》抚恤内容比较

	《工厂法》	《劳动保险草案》	《强制劳工保险法草案》	《简易人寿保险法》
抚恤范围	凡用汽力电力水力发动机器之工厂，平时雇佣工人30人以上者，适用本法。工厂资本5万元以下者，得呈请主管官署核减其给予数目。	凡工业矿业建筑业及内河之运输业中（一）发动机非用人力兽力者；（二）常时使用劳动者在20人以上者；（三）事业之性质有危险者；（四）事业之性质有害于卫生者。但不满一个月之临时工人，及每年薪金超过1200之职员不在此限。	凡适用工厂法之工厂或适用矿业法之矿场其受雇人均为强制伤害及疾病保险之被保险人但不满一个月之临时雇佣人及年薪超过千贰百元之职员不在此限。	凡中华民国人民年龄自满12岁至满60岁者，皆得为被保险人。
伤害抚恤	对于因伤病成为残废之工人永久失其全部或一部之工作能力者，给以残废津贴；其津贴以残废部分之轻重为标准，但至多不得超过三年之平均工资，至少不得低于一年之平均工资。	伤害者经过十三星期未痊愈者给年金；对于非有他人看护而不能生活者，给予原有一年工资的2/3以上以至全部；对于全部不能工作者给予原有一年工资的2/3；对于一部分不能工作者给予其较原有工资所差额数之1/2。	暂时丧失工作能力者自受伤日起至复工日止每日给以工资的3/4；永久丧失工作能力一部者给以一年以上二年以下之工资；永久丧失原任工作能力者给予二年以上三年以下之工资；永久丧失各种工作能力全部者按每年所得工资给终身残废年金。	定期保险于契约满时付之；终身保险于被保险人死亡时给付。
死亡抚恤	对于死亡之工人除给予五十元之丧葬费外，应给予其遗族抚恤费三百元及二年之平均工资。前项平均工资之计算以该工人在工厂最后三个月之平均工资为标准。	给予被保险人一年工资的10%为丧葬费，但不得少于20元。遗族年金为死者一年工资的1/5，但合计不得超过死者一年工资的3/5。	有依赖被保险人维持生计之亲属三人以上给以两年之工资；亲属二人者给一年之工资；亲属一人者给以8个月工资。	未满一年死亡的领受所纳之全部保险费；逾一年后未满两年死亡时，领受保险金额之半数；逾二年后死亡时，领受全部保险金额。

资料来源：《工厂法》及《工厂法施行条例》，载蔡鸿源编《民国法规集成》，黄山书社1999年版，第55册，第396—399页。周华孚、颜鹏飞编：《中国保险法规章程大全》，上海人民出版社1992年版，第99—122页。国民政府实业部劳动年鉴编纂委员会：《民国二十一年劳动年鉴》（第5编），文海出版社1990年版，第133—138页。

该草案的第二个特点就是具有强制性。为什么要强制实行？早在1927年王世杰就强调："因为工人意志的不坚强，……因此我们真的去替工人谋安全的生活，一定要采用第一种强制保险。"① 徐白的解释更为详尽，之所以采用强制办法的原因有四点："第一，就是劳动者中无知识者居多，不能自动地施行保护自己的方法；第二，劳动者纵能认识保险的必要，但要贫苦，如果不以国法强制，那么要他们节约生活费的一部分支付保险金，实在困难之极；第三，该保险既然包括大多数劳动者，而欲以一律的制度保护他们，所以对于组织及经营，国家加以严格的干涉和监督，乃是一件必要的事；第四，劳工保险不单以保护劳动者为目的，还要靠它保国民经济的发达与社会生活的安宁，所以若不依强制的办法，到底是难达到目的。"②

草案公布后，实业部劳工司开始到企业进行立法前的咨询。首先遭到了纺织业的反对，华商纱厂联合会于1933年6月上旬回复劳工司要求缓期执行，理由有三点：一是中国经济基础薄弱，推行该法加重企业负担，不利于实业发展。"在原则上自无不赞同之理，惟在目前我国社会经济条件之下，此项法规，遂行实施，恐收效未易，而流弊滋多，我国工业落后，生产供不敷求，允宜致力于奖励发展之道，近年以来，因经济颓败，外竞压迫，日趋艰苦，停工减产，时有所闻，筹谋维护，尤且不遑，劳工保险，似非急务。"③ 二是工人待遇已经提高不少，再提高会加剧城乡差距，不利于国家稳定。"查现在工厂，对于工人福利，业已力谋改进，因工受害，均有抚恤，卫生设备，渐具规模，虽未足以与欧美比拟，然较诸占民众最多从事于耕种之农民，其乐苦已不可同语，是以近年农民群趋都市，卒致农事荒芜，农村破产，如再不致力于农民生活之改善，而惟亟亟于劳工待遇之提高，又何异诱农民之去乡，促农村之崩溃，故在欧美诸国，整个社会同等进步，工人保险，自属要图，现在我国多数民众，欲求做

---

① 王世杰：《劳工保护法中的社会保险》，《国际公报》1927年第5卷，第13页。
② 徐白：《近代各国劳工保险法》，《近代杂志》1938年第1卷第5期，第78页。
③ 《本会请缓行劳工保险法》，《纺织时报》1933年第993期，第4页。

工，犹不可得，于斯时而施行劳工保险，能□有缓急失宜之感。"①三是外国工厂不能同步施行，必将造成中外企业的竞争劣势。"且国内外商工厂甚多，成持治外法权，或持租界保护，对于我国法令，向不奉行，劳工保险，自难强其实施。如迫令华厂照办，值此厂业岌岌欲坠之际，更迫使较外厂增加一重负担，是不啻促华厂覆灭而已。"②

但是《强制劳工保险法草案》还是很快进入了立法程序，经过内政、交通、铁道、军政四部代表审查完毕，最后到立法院后却杳无音讯，各方对于个中原因讳莫如深。民间的说法是，由于租界工厂不能同步施行，所以难以推广。国民政府一直未给予明确说法，许多年后宣称"送请立法院审议，后因全面抗日战争爆发，致未定案"③。这种说法疑点颇多，单就草案通过的时间而言，草案在1932年就已经进入审议阶段，5年时间都没有通过。而《工厂法》从制定到通过只用了2年时间。后面的《简易人寿保险法》从调研到实行只用了不到1年的时间。为什么《强制劳工保险法草案》却历时5年迟迟不能决呢？也许1942年社会部拟定《健康保险法》时透露出的原因才是实情："国家预算数额已经膨胀，不能多予补助……实在不易举办。"④劳动保险强调政府、劳资三方责任，如政府缺失，法规的推行无异于纸上谈兵。

吴至信就此断言道："由此可见在中国以工人自己之力量，万不能发展健全之保险事业。倘就中国工人之收入一点立论，不办社会保险则已，若欲创办，不论何种保险，国家与雇主须共负保险费之2/3以上之责任，否则必难于发展。"⑤

---

① 《本会请缓行劳工保险法》，《纺织时报》1933年第993期，第4页。
② 《本会请缓行劳工保险法》，《纺织时报》1933年第993期，第4页。
③ 陈国钧：《社会政策与社会立法》，三民书局1984年版，第324页。
④ 中国第二历史档案馆馆藏：《健康保险法释义》，档案号：十一——6437。
⑤ 吴至信：《中国劳工福利事业之现状》（下），《中华邮工》1937年第3卷第1期，第47—49页。

二 《简易人寿保险法》的推行

国民政府在劳动保险上的无作为，使其不得不另辟蹊径办理商业保险来履行承诺，减轻来自社会各界的压力。为了了解保险的需求情况，有关部门对当时社会的任意人群进行了调查，发现在每100名35岁、45岁、55岁、65岁、75岁的人当中，各年龄段的100人死亡人数分别为5人、16人、20人、36人、63人，而这些去世的人当中，每100人就会有82人身后萧条，而100名寡妇就会有35名不能自立。①

表3-10　　人寿保险百人中之死亡率及经济状况统计

	100人中之经济状况	100人身后经济状况	100寡妇中经济状况
35岁	5人死；10人富；10人小康；40人自谋生活；35人无进步	1人富有；2人生活安适；15人储蓄400—2000元；82人身后萧条	18人有固定收入生活；47人赖工作进款补助；35人不能自立
45岁	16人死；1人富；3人小康；65人自谋生活；15人不能自给		
55岁	20人死；1人富；3人小康；46人自谋生活；30人不能自给		
65岁	36人死；1人富；4人小康；5人自谋生活；54人不能自给		
75岁	63死；1人富；2人小康；34人不能自给		

资料来源：《北洋画报》1935年第27卷第1333期，第2页。

这个调查结果一方面客观揭示了时人各个年龄段死亡的概率，年龄越大死亡概率越高；高达82%的身后萧条比例又似乎从另一方面警告人们必须为自己妻子儿女的未来做打算，最好的办法就是买保险。

最初，政府鼓励企业参加团体寿险，这是一种纯商业保险，保险公司视参加人多少予以折扣，人越多所承担保险费就越低，保额大约

---

① 《北洋画报》1935年第27卷第1333期，第2页。

在200—250元之间，有的公司实行一费制，有的公司视工资高低来定。但是这种保险的吸引力有限，因为最高保险金额250元相当于《工厂法》规定的受恤人的最低恤金420元的一半。而这种保险的加入，企业与工人必须为此负担额外的费用，因此只有效益较好的少数企业才有余力购买，作为福利给那些员工锦上添花。真正罹难者250元的保额难以长久支撑遗族的日常生活，既不能救急也不能帮困。1932年的一份调查显示，加入团体寿险的不过9家企业，人数大约有1万人，而实力雄厚的商务印书馆就达7859人。

表3-11　　　　华安合群保寿公司承保团体保寿表

团体名称	团体人数（人）	每人保额（元）
商务印书馆	5150	200
商务印书馆印刷所	2709	200
家庭工业社	150	200
同仁昌鱼行	50	250
新闻报馆工友	320	200
新闻报馆职员	140	视薪水之高下定保额多少
上海内地自来水公司	100	同上
光华火油公司	194	同上
北平财政印刷局	1378	同上

资料来源：邢必信等编：《第二次中国劳动年鉴》（下册），社会调查所1932年版，第三编第195页。

虽然国民政府号召有关部门集体参加团体寿险，其中包括交通部，但是更多的企业与个人只是观望，因为保费过高，保额又很难解决实际问题，于是国民政府不得不另辟蹊径。

1935年，国民政府派邮政储金汇业局局长张明昕赴英、美、德、日等西方国家考察保险事宜，回国后张氏极力推崇简易人寿保险，认为日本的简易生命保险模式"其制度不第足以稳定一般人民之生活，增进社会之安宁，且所集之细微保费，集成巨额资金，以之运用于社会国家建设，福国利民"①，值得推广。经过张氏的努力，立法院几次审议，于 1935 年 4 月 26 日通过了该法。张氏认为中国的简易人寿保险的最大优点在于"以小额保费之人寿保险，以保障中下级人民因其生命夭亡而受的经济损失"②。

简易人寿保险的保险范围为 12—60 岁的全体国民，且不用体检。整个法规条文明晰、操作简单，它的补偿程度根据被保险人买的保险金额多少来决定，只规定有上下限。"以国币 50 元至 500 元为限，如同一保险人订立多个保险契约时，其保险金额总数，不得超过 500 元。"③ 如一个人买 20 年 1 万的保险，如果在有效期内保户死亡，则由受益人领取预期的 1 万元，如果保户到有效期满仍然健在，则可亲自领取 1 万元保险金额。④ 它分定期保险和终身保险两种，定期相当于养老金性质，终身保险为遗族而设。

《简易人寿保险法》出台后，受到政府的大力推崇。蒋介石亲自为邮政储金汇业局举办的简易人寿保险题词称其为"溥益民生"⑤。为了增强人们的保险意识，张明昕提议把简易保险知识编入学校课本内，从小学生开始进行宣传，并得到了交通部的批准。⑥

国民政府各个机关院校、事业机构都全体投保，促进了业务的发展。交通部长政务次长俞飞鹏于 1936 年 4 月命令"各机关转饬所属加入投保"⑦。行政院、上海市政府、中国航空公司等单位都纷纷集体投保。同时为了鼓励团体投保，邮政储金汇业局在《简易人寿保险章程》中规定："集合 15 人为团体契约，……团体契约之保险费，得按

---

① 张明昕：《简易人寿保险创设之经过及由邮政经办之理由》，《简易人寿保险》1937 年第 1 卷第 1 期。
② 张明昕：《简易寿险与社会保险》，《申报》1935 年 7 月 21 日。
③ 周华孚、颜鹏飞编：《中国保险法规暨章程大全》，上海人民出版社 1992 年版，第 152 页。
④ 参见《人寿保险的任务和价值》，《申报》1933 年 2 月 12 日。
⑤ 《申报》1935 年 12 月 8 日。
⑥ 《简易寿险章程公布，储汇局预算开办经费》，《申报》1935 年 8 月 14 日。
⑦ 《交通部通令各机关饬属加入简易寿险》，《申报》1936 年 4 月 11 日。

九五折征收。"①

据统计，到 1936 年止，一年时间"成立契约 16674 件，入保费 18244.52 元，保险金额 3431947.6 元"。而其中工人投保 2701 件，占全部投保数的 16.2%，而同期商界人士占 30.3%、公务员占 2.7%、交通部门占 21%、无业的占 5.7%。② 可见，简易人寿保险还是解决了一些劳工的抚恤问题，成为《工厂法》抚恤之外的另一种补偿措施。但是应该看到的是，在所有参保人数里面，最需要保障的工人和无业人士只占了 21.9%，比例不高。而国家垄断的交通部门却是比例最高的。对劳工更为不利的是《简易人寿保险章程》规定："保险局有选择危险之权，如被保险之职业，认为过分危险，或体质认为赢弱时保险局拒绝保险。"时人批评道："似背保险之普遍性，……亦背社会事业简易寿险的最大使命。"③

另外，保险是多买多得，大多数民众生活贫困难以购买大额保险，所以能从保险中得到的保障也很有限。保险处处长张樑任认为："大半民众，衣食尚难自给，无有余资及此。"④ 1935 年的保险数据显示：低额保险为 1 角到 5 角的占了 43.4%；6 角到 1 元的占 26.4%，赔偿金额最低为 50 元到 150 元的占了 65.6%，"其保费愈大，则件数愈小，保险金额亦然，足证社会一般人民经济力量之薄弱"⑤，而且这些低额保险又不足以保障意外伤害的损失。⑥

政府对《简易人寿保险法》进行大力推广的原因耐人寻味，劳动保险需要政府投入巨额资金，所以有始无终。而简易人寿保险的保费都是由投保人自己承担，与国家和企业没有关系。而且国家还可以借此方式集中大笔社会资金，到 1936 年 11 月底止，共收保费 18244.52

---

① 周华孚、颜鹏飞编：《中国保险法规暨章程大全》，上海人民出版社 1992 年版，第 151 页。
② 沈文涛：《简易人寿保险一年来业务概况》，《简易人寿保险》1937 年第 1 卷第 1 期。
③ 吴文辉：《简易寿险之社会的分析》，《交通职工》1936 年第 12 期，第 6 页。
④ 张樑任：《邮政简易人寿保险之检讨》，《东方杂志》1935 年第 32 卷第 16 号，第 71 页。
⑤ 贾秀堂：《南京国民政府"邮政储金汇业局"研究》，博士学位论文，华东师范大学，2008 年。
⑥ 邮政储金汇业局编：《邮政储金汇业事务年报》，1935 年第 6 期，第 58 页。

元。这些保费都用到什么地方去了呢？据统计，"购买中央政府发行之公债、库券"；"经营仓库业；农业放款；投资于国营生产事业单位之放款"。众所周知，国民政府的公债、库券是政府财政的重要支柱。因此政府大力推崇简易人寿保险的真实意图并不全在"稳定一般人民之生活，增进社会之安宁"，而是在"所集之细微保费，集成巨额资金"①。

　　劳工专家吴至信认为此保险很难真正解决劳工伤残亡故后的抚恤问题："惟此种保险，系普通之储蓄性质，不得视为纯粹之社会保险。以今日劳工收入之微，若不得国家与雇主之补助，欲于收入中抽取若干以资储蓄时已认为难能。是以就已经开办此种保险事业之各地情形而论，投保者仍以普通中产阶级居多。同时一般工人恋于现实之享受，忽视将来之危险，中外皆然。"②

---

　　① 沈文涛：《简易人寿保险一年来业务概况》，《简易人寿保险》1937年第1卷第1期。
　　② 吴至信：《中国劳工福利事业之现状》（下），《中华邮工》1937年第3卷第1期，第47—49页。

第四章 自为：全面抗战时期的劳工抚恤

进入全面抗战以后，国统区经济状况发生重大变化，国民政府为了解决物质贫乏、财政困窘问题，逐步推行经济统制政策，使之一切服务军事、一切服务抗战建国的大政方针。1937年10月，蒋介石发布训令，于军事委员会下设工矿、农业、贸易三个调整委员会对相关产业进行调整、补充和援助。其主旨为："对各项事业加以严密的组织，适当的调整，给以有力的援助。"其任务为："一是协助所有国营厂矿资本不足运用或新设国营工矿资本尚待筹措者"；二是"对于原有或新设民营厂矿采用接管或加入政府股份办法，由政府统筹办理或共同经营之"。① 可见，成立调整委员会的目的是强大公营经济，增加对私营经济的控制力。1941年国民党五届八中全会更是明确表示："实施统制经济，务使全国人力物力集中于战争用途。"②

在这种方针的指导下，国统区的公营经济与民营经济形成了新的格局。1942—1943年间在国统区全部5226家工厂中，民营工厂有4764家，占工厂总数的90.5%。③ 但是民营企业规模弱小，公营企业实力雄厚。462家公营企业每厂平均资本为200万元，而民营工厂尚

---

① 许涤新、吴承明主编：《中国资本主义发展史》第3卷，人民出版社2003年版，第501页。
② 许涤新、吴承明主编：《中国资本主义发展史》第3卷，人民出版社2003年版，第504页。
③ 孙安第：《中国近代安全史（1840—1949）》，上海书店出版社2009年版，第393页。

不及20万元。① 而且公营企业控制着煤、钢铁、电力、机械、运输等重要行业。民营工厂中的工人占国统区工人总数的70.8%，但由于规模有限，其中雇佣工人不到30人的工厂占41.5%。② 公营工厂平均每厂达到工人百人，而民营工厂只为50人。③ 随着战争破坏的加剧，很多私营工厂负债累累，要么破产倒闭；要么依附公营企业挣扎求生，于是越来越多的公营工厂在战争中扩张起来。1938年公营经济仅占国统区经济总量的21.2%，到1945年这一比例上升到了51.6%。④ 公营工厂的扩张对于劳工抚恤有着别样的意义，因为在全面抗战之前，《工厂法》施行的模范企业基本都是公营企业，公营企业的扩张，意味着受到优良抚恤待遇的人群的扩大，事实上提高了整个社会的劳工抚恤水平。

《工厂法》在全面抗战期间的适用范围依然没变化，1942年的一项调查表明雇佣30人以上，几乎100%的公营工厂与58.5%的民营工厂适用工厂法，且在战争条件下，国民政府再也没有开展过工厂检查，完全依赖企业自为。公营工厂在施行《工厂法》抚恤条例上发挥的自觉示范作用，恰恰为考察这一时期劳工抚恤问题提供了便利。因为在战争期间工厂地域分布广阔，兴衰更替频繁，资料的记载详略不一，观察当时一些规模较大的公营工厂，有助于了解《工厂法》抚恤条款的最佳执行情况，他们所做的劳工抚恤长期化努力代表了那个时代的发展方向。贺岳僧的调查也说明了这一点："保护劳工利益的规定，其范围还没有到十分普遍的地步，切实遵行政府法令规定的，还只有政府所举办的工厂，许多民营工厂对于政府法令的遵行，还不够切实认真。"⑤

---

① 中国第二历史档案馆编：《中华民国史档案资料汇编》，江苏古籍出版社1998年版，第5辑第2编，财政经济（六），第324页。
② 孙安第：《中国近代安全史（1840—1949）》，上海书店出版社2009年版，第393页。
③ 中国第二历史档案馆编：《中华民国史档案资料汇编》，江苏古籍出版社1998年版，第5辑第2编，财政经济（六），第324页。
④ 许涤新、吴承明主编：《中国资本主义发展史》第3卷，人民出版社2003年版，第531页。
⑤ 贺岳僧：《劳工保险与劳工福利》，《中国劳动》1941年第1卷第4期，第11页。

全面抗战时期接受抚恤的劳工范围也发生了变化，在《工厂法》时代，政府着力解决的是工业化进程中产业工人的因公伤残亡故抚恤问题，受益者主要是产业工人和职业工人，很多手工业者、民夫、服务业佣工及小工厂的劳工都不在保障之列，原因是这些传统行业不会受到机器的伤害，伤亡较小，同时这些企业规模较小无力承担劳工过高的抚恤费用。而全面抗战中，那些筑路的民工、运输的挑夫等，遭受轰炸、袭击甚至屠杀，伤亡率大增，这些意外的灾难是战争带来的，单凭个人力量进行救助很难支撑。国家应该为这些为国罹难者减轻苦难。企业中因公伤残亡故的劳工可以根据《工厂法》的条款要求补偿，而战争中的服务劳工，数量多、分布广，如何对其进行补偿是个新问题。时人对全面抗战时劳工抚恤的特点评论道："一是劳工因工作所受的伤害，必须有赔偿；一是因战争所受的伤害，亦应有赔偿。这是劳工最低限度最急切的要求，也是雇主或国家在全面抗战时期所应尽的极微薄的责任。"[①]

第一节 《工厂法》抚恤条款在战争条件下的运行

国民政府在全面抗战时期仍然沿用1932年《工厂法》，抚恤金包含固定恤金和工资恤金两部分。工资恤金是以工资为基准来进行计算的恤金；固定恤金包括丧葬费50元和遗族一次恤金300元。[②] 因此要考察劳工恤金的实际价值必须从劳工工资的增长和通货膨胀两方面来考虑。在通货膨胀条件下，固定恤金大幅缩水，1937年到1945年的平均价格指数为1.04、1.76、3.23、7.24、19.77、66.2、228、755、2647、2491，[③] 最高时物价上涨了2600多倍。1937年，50元丧葬费可以供上海一个5口之家生活两个月，到1944年50元仅能买劣

---

① 周行健：《劳工福利问题概论》，《中国劳动》1941年第1卷第4期，第19页。
② 《工厂法》，载蔡鸿源编《民国法规集成》，黄山书社1999年版，第55册，第396页。
③ [美]费正清主编：《剑桥中华民国史》，上海人民出版社1992年版，第639页。

质香烟 3—4 包、火柴 5—6 盒①，可见缩水幅度之大。工资恤金的购买力总的趋势也在下降，但其过程有些变化，按照费正清的计算，工厂工人收入的实际购买力在全面抗战间是起伏的，如果以 1937 年为基准 100 的话，1938 年则增长到 124，而 1939 年到 1944 年大幅下跌，分别为 95、76、78、75、69、41。②这就意味着最低时 1944 年以工资率计算的抚恤金额的实际价值只相当于 1937 年 2/5，参照以前的劳工抚恤金的保障能力计算方法，可以推出，最高的抚恤金在 1944 年对于一个五口之家只能生活 24 个月，最低的只能生活 4 个月。而在 1937 年以前，抚恤金最高可以供五口之家生活 60 个月，最低 20 个月，可见保障能力大为降低。

在通货膨胀背景下，《工厂法》的保障力度大打折扣，引起了一些企业的关注，因为全面抗战期间出现了"用工荒"——由于工业品的需求大增，技术工人供不应求。于是一些实力雄厚的公营企业开始寻找更好的保障方法吸引或留住工人，国民政府资源委员会利用其特殊地位率先进行了抚恤制度改革。

一 资源委员会等中央企业的抚恤调整

全面抗战时期资源委员会当属公营企业的巨无霸，承担了大量战略物资的生产任务。该会在 1938 年成立时有 10672 人，到 1945 年达到 63733 人，年增长率为 34.7%，所属工厂数由 1938 年的 53 个增加到 1945 年的 125 个。③ 其对全面抗战时期的经济发展贡献巨大，生产了后方煤产量的 11%—13%，总发电量的 36%，酒精的 28.6%，石油的 44%，机械业总产值的 78.6%④，这些基本都是机器工业，雇佣人数多超 30 人，是《工厂法》当然的施行者。

---

① 张瑞德：《抗战时期国军人事》，台湾"中央研究院"近现代史所 1992 年版，第 93 页。
② [美] 费正清主编：《剑桥中华民国史》，上海人民出版社 1992 年版，第 645 页。
③ 许涤新、吴承明主编：《中国资本主义发展史》第 3 卷，人民出版社 2003 年版，第 506 页。
④ 参见许涤新、吴承明主编《中国资本主义发展史》第 3 卷，人民出版社 2003 年版，第 506—508 页。

资源委员会所属企业对因公死亡的员工，除给予丧葬费和一次恤金外，对特殊功绩者还给特恤金。按服务年限从3年未满到20年以上共分18个等级，恤金从10个月薪津到30个月薪津分18等级。①但是因公死亡不再概而论之，根据原因区分为三种情况抚恤：1. 自己无过错，依规抚恤；2. 自己有过失，不超过规定恤金的一半；3. 特殊功绩者，增给6—24个月特别恤金，体现了规则更加细化、具体的趋势。最高恤金28—30个月薪津高于《工厂法》24个月的规定，但是最低10个月低于这个规定，表现了企业对法律的变通。

这种趋势在因公致残抚恤相关规定中也有所体现，分为两种情况区别对待：一种是因公致残不能工作者；一种是因公致残一时不能工作者。按在执行职务时无过失、有过失、有特殊功绩三种情况分别给恤。三种情况差别很大，如因公致残不能工作者，自己没有过失可以得到三个月薪津的一次恤金，并且每年发给半数薪津之分期恤金，至届满5年为止，第6年起，每年发给1/4薪津，至身故之日止。有特殊功绩者，另外再根据情节核给3—12月薪津做特别恤金。而自己有过失者，核定给恤时，最多不超过无过失恤金的半数，且最多以5年为限，5年内死亡身故者，发到身故之日止。② 因公致残者基本在去世前可以每月得到一笔恤金，这正是一直以来劳工的愿望。

至于因公致残一时不能工作者，自己无过失者，由服务机关承担医药费，治疗期间前三个月按月给予全数薪津，自第四个月起按月给予半数薪津，至一年为止。有特殊功绩者按情节另给1.5—6个月薪

---

① 《资源委员会附属机关员工抚恤规则》，《资源委员会公报》1944年第6卷第2期，第27—32页。注：因公死亡员工抚恤金规格如下：3年未满10个月薪津；3年以上4年未满11个月薪津；4年以上5年未满12个月薪津；5年以上6年未满13个月薪津；6年以上7年未满14个月薪津；7年以上8年未满15个月薪津；8年以上9年未满16个月薪津；9年以上10年未满17个月薪津；10年以上11年未满18个月薪津；11年以上12年未满19个月薪津；12年以上13年未满20个月薪津；13年以上14年未满21个月薪津；14年以上15年未满22个月薪津；15年以上16年未满23个月薪津；16年以上17年未满24个月薪津；17年以上18年未满25个月薪津；18年以上19年未满26个月薪津；19年以上20年未满27个月薪津；20年以上28—30个月薪津。三种情况给特恤金：1. 明知危险，奋勇救护同人或公物者；2. 不顾危险，尽忠职守，抵抗强暴者；3. 奉命于危险地点或时期工作，尽忠职守者。

② 《资源委员会所属机关员工抚恤规则》，《资源委员会公报》1944年第6卷第2期，第29页。

津做特别恤金，而自己有过失者，医药费照给，治疗期间的薪津以三个月为限。① 这个标准也高于《工厂法》第45条规定的恤金数。

但是查看资源委员会的抚恤档案，很难发现因公亡故的受恤人，因为与全面抗战前劳工伤亡多产生自工业灾害相比，此时的劳工亡故原因发生了变化，由于《工厂法》实施之后，各大工厂的安全防护水平较以前有了很大提高，类似于爆炸、机械撞轧的突发事故明显减少。与开滦煤矿一年上千次的工业事故，每年大约150人左右的死亡率相比，在1943年半年时间里，资源委员会的89家企业（其中矿业26家、冶炼11家、机械5家、电业24家、化工17家、电工器材8家）中②因工业灾害导致的死亡人数只有58人，其中死于爆炸窒息的只有31人，说明此时的工业灾害得到了有效控制，见下表：

表4-1　　　资源委员会及附属机关员工死亡原因及
　　　　　　人数统计表（1943年1月—6月）

原因\人数	覆车	触电	爆炸窒息	水火灾	机械撞轧	坠水跌滑	流弹误伤	疾病	兵灾空袭	殴斗杀害	其他	合计
职员	3					1		28		1		33
工人	9	1	31	1	2	8	2	113	1	4	1	173
合计	12	1	31	1	2	9	2	141	1	5		206

根据《资源委员会公报》1943年第5卷第1期第30页的内容整理。

表4-2　资源委员会及附属机关员工抚恤统计表（1943年1月—6月）

项目\人数	伤亡人数					恤葬费（国币：元）				
	伤		亡		合计	丧葬费	一次恤金	特别恤金	医药费及其他	合计
	职员	工人	职员	工人						
	1	1	33	173	206	63466.85	203984.8	30349	2137	299937.65

根据《资源委员会公报》1943年第5卷第1期第30页的内容整理。

---

① 《资源委员会及所属机关员工伤亡给恤人数金额》，《资源委员会公报》1944年第6卷第2期，第48页。
② 《资源委员会公报》第2卷第1期，第8页。

类似的数据还可以在其他时间段看到，虽然难以看到全貌，但是可以看出当时工人死亡的主要原因是疾病，在半年时间里，死亡的 206 人当中因病而亡者达 141 人，约为死亡总人数的 68%。奇怪的是因病而亡受恤的人数很少，医药费支出却很少，仅占总支出的 0.7%，而且整整 6 个月仅伤 2 人，只占伤亡总数的 0.9%。纵观整个 1943 年同样如此，全年伤残受恤人数 16 人，而死亡受恤人数却高达 422 人。①

究其原因，可能是受伤后，由于医疗不足、伤情加剧等原因，死亡率很高，很多工人得病后就一命呜呼。值得一提的是，病亡率高在当时全国是一个很普遍的现象。全面抗战期间云南个旧锡矿全矿区每年死亡人数在 4000 人以上，其下属的马拉格矿矿工的病亡率达 8.7%，当地有"矿工多患烟子痨（矽肺病），寿命最短，故妇女改嫁者多"的说法。1898 到 1947 年间，新化锡矿一个矿山（个旧矿山之一）因患矽肺而死亡的矿工，共达 9 万人，四川威远的小煤窑排水工因病死亡率达 20%。而我国全面抗战前矿业工人的平均死亡率仅为 0.30%。②

另一个原因是因公致病亡故或积劳病故和因公亡故有时很难区分，而积劳病故或因公致病亡故的抚恤金大约是因公亡故抚恤金的一半，主事者往往本着减少支出的原则，就低不就高，以因公致病或积劳病故来处理因公亡故恤案。1944 年 7 月 9 日，翻砂组小工董宝全 6 月 14 日抬铁手指受伤中毒，以致毒物攻心于 7 月 26 日身亡，按抚恤条例第 12 条请恤，发给两个月一次恤金 5364 元（每月工资 42 元，食米 6 斗，每斗代金 440 元共 2640 元），丧葬费 2400 元，共 7764 元。如按因公致死计算：恤金 10 个月工津 7080 元；丧葬费 3000 元；寿险 5000 元，共 15080 元，扣预付款 2500 元，预支寿险费 2000 元，可领 10580 元。虽然受恤人几经申辩，但是最后厂方仍然按 7764 元办理③，两者相差 3000 元左右。主事者的这种考量也是全面抗战期间

---

① 《资源委员会所属机关员工抚恤规则》，《资源委员会公报》1944 年第 6 卷第 2 期，第 29 页。
② 孙安第：《中国近代安全史（1840—1949）》，上海书店出版社 2009 年版，第 411 页。
③ 重庆市档案馆藏：《经济部资源委员会、资源委员会电化冶炼厂关于发给故工董宝全眷属抚恤、互助寿险金训令、指令、呈的函》，档案号 01970004000790000096000，19441014。

资源委员会恤案积劳病故者居多的因素之一。

《工厂法》对于积劳病故并无规定，可以套用的标准是因公致病的规定："对于因伤病暂时不能工作之工人除担任其医药费外，每日给以平均工资 2/3 之津贴；如经过六个月尚未痊愈，其每日津贴得减至平均工资 1/2，但以一年为限。"意味着最多只能是一年的 1/2 工资。

针对这一现实状况，资源委员会 1942 年 3 月 25 日特别公布了针对因公致病死亡和积劳病故的抚恤专条。将积劳病故抚恤标准分为固定恤金——丧葬费、工薪恤金——一次恤金两部分。其中抚恤金固定部分随物价调整，丧葬费"按当地物价核定"，起初 1942 年限定职员不超过 1000 元，工役工夫不超过 500 元。① 1944 年限定"职员雇员以国币 5000 元为最高额；工役兵夫以国币 3000 元为最高额"。② 后来又对官员丧葬费上限作了规定："简任及荐任以国币 7500 元为最高额。"③ 具体施行也是如此，1942 年 4 月钢厂迁建委员会的死亡葬费还是 60 元，到 6 月达到 375 元，后来达到 1000 元；1944 年 10 月达到 2000 元，11 月为 2400 元，12 月为 3000 元；1945 年 3 月达到 4000 元。④

而固定恤金则主要酬劳那些为公司服务时间长、功劳大的老员工。资委会将恤金按服务年限分为 21 个等级，从服务 1 年未满到服务 20 年以上者，分别给以 1 个月到 21 个月的薪津作为抚恤金。⑤这样忠诚于企业的老员工可以享受到相对高额的抚恤金。

---

① 《修订资源委员会所属机关员工抚恤暂行规则》，《资源委员会公报》1942 年第 2 卷第 4 期，第 16 页。
② 《资源委员会所属机关员工抚恤规则》，《资源委员会公报》1944 年第 6 卷第 2 期，第 28—29 页。
③ 《资源委员会所属机关员工抚恤规则第七条乙款条文》，《资源委员会公报》1944 年第 7 卷第 3 期，第 21 页。
④ 《资源委员会所属机关员工抚恤登记表》，《资源委员会公报》1942 年第 3 卷第 1 期，第 41 页。
⑤ 《资源委员会所属机关员工抚恤规则》，《资源委员会公报》1944 年第 6 卷第 2 期，第 33 页。注：本规则所指薪津，系指员工事态发生月份应支薪俸或工资及中央规定之生活补助金与食米代金（发食米者亦照代金计算）而言，工资按日给付者，应以 30 倍计算。

该会的副主任张连科1930年就在兵工署任职，1945年5月积劳病故，丧葬费达到7500元，20个月工薪一次恤金达608000元，其中生活费补助每月22800元，食米代金76000元。12个月工薪特别恤金364800元，三项合计980300元整，相当于重庆产业工人平均月薪津14018元的70倍。而1941年参加工作，1945年6月积劳病故的第二制造所工人张金福因为工作年限短只得17880元恤金，大约为1个月的工薪（含各种补贴），相当于当时重庆产业工人平均月薪津的1倍多。而工作年限更短、1943年参加工作的第三制造所机工袁茂清因病身亡，只得9330元恤金（丧葬费2400元，恤金6930元）。[①]

同时为了应对通货膨胀带来的恤金贬值问题，资源委员会按照中央要求实行食米代金制度——以工资级别规定每个级别每月的大米消耗量，折算成现金发放。其次资源委员会还增加了补助内容。如钢铁厂迁建委员会的长工赵承之积劳病故，按照规则有食米代金4斗（米），每斗折合当时市价75元，共300元。还有随物价调整的生活补助，赵承之请恤的日期是1942年10月15日，生活补助费是30元，加上月薪132元共计月薪462元，再加上丧葬费375元，抚恤费共计837元[②]，相当于重庆一个产业工人436元月薪津的2倍[③]。到1944年12月，生活费补助涨至300元，食米代金6斗计价370元。到了1945年各项补助和物价同步增长。如上文中的张连科恤案，丧葬费达7500元，生活费补助每月22800元，食米代金76000元。12个月工薪特别恤金364800元，光补助部分就达471100元，相当于重庆产业工人平均月薪津14018元的33倍。

然而，资源委员会虽然在抚恤金额标准上较《工厂法》标准略高，但在实际施行中，大部分受恤人所获却甚少。因为资源委员会的

[①] 台湾"中央研究院"：《资源委员会钢铁厂迁建委员会员工抚恤》，经济部档案，档案号：24-13-01-004-02。

[②] 台湾"中央研究院"：《资源委员会钢铁厂迁建委员会员工抚恤》，经济部档案，档案号：24-13-01-003-02。

[③] 陈明远：《文化人的经济生活》，陕西人民出版社2010年版，第221页。注：重庆产业工人在抗战期间平均月薪津约为：1937年24元；1938年41元；1939年52元；1940年100元；1941年233元；1942年436元；1943年1064元；1944年3854元；1945年14018元。

恤金主要是以服务年限和级别来计算的，按资源委员会抚恤规则积劳病故需要服务16年以上，恤金才能达到《工厂法》所规定的24个月的工资。① 实际上由于资源委会涉足工矿业是1938年以后的事，故几乎大部分工人都为新雇，很少有人服务3年以上，更不要说16年，只有像上文张连科这样的资深职员才有可能得到法定抚恤金。

因此，笔者查看资源委员会抚恤登记表发现，实际抚恤中能领到高额恤金的人并不多。1942年11月，资源委员会及附属机关员工的平均薪津是国币114.7元，死亡抚恤达到《工厂法》的规定24个月工资的恤金应该是1376.9元。而该月登记抚恤的积劳病故52个工人中，12人没有抚恤金，200元以下的有6人，200—400元之间的有17人，400—1300元的有7人，1300元以上的有10人，按薪津的平均水平计算，只有10人达到《工厂法》标准，占19%。② 可见大部分受恤人的实际恤金都处于较低水平。高额恤金多为一些技术部门的资深员工享受。1944年2月，当月恤金总数最高的是泵业管理处的医务员李超凡恤金3000元，特恤11000元；国外贸易事务所西北分所兰州仓库管理员朱焕庭恤金达5040元，是当月一次恤金最高的；而钨业管理处的技工廖昌升却只有40元恤金③，在当时只能买几包火柴，根本不能保障正常生活，相差甚大。

更为重要的是，资源委员会的抚恤标准只是名义上高于《工厂法》标准，实际情形却相差很大，资源委员会的抚恤费是以薪津计算的——工薪加津贴。其中津贴部分是政府根据物价涨幅提议增加的米贴、生活费补贴等，在物价飞涨的时间里，津贴比工资还高。而《工厂法》的抚恤标准是以工薪为基数计算的。这就意味着很多达到《工厂法》标准的抚恤金的实际价值并未达到。例如上文张承之的837元

---

① 《资源委员会所属机关员工抚恤规则》，《资源委员会公报》1944年第6卷第2期，第31页。注：员工因公死亡的抚恤金计算从未满3年到20年以上，共分19个等级，薪津从最低的10个月薪津算起，每多服务1年，就增加1个月薪津。

② 根据《资源委员会所属机关员工人数薪额统计表》，《资源委员会公报》1944年第4卷第1期第29页内容计算。

③ 《资源委员会所属机关员工抚恤登记表》，《资源委员会公报》1944年第4卷第1期，第30—31页。

恤金相当于 6 个月月薪，但是却只是 2 个月薪津，受恤人依靠它只能维持 2 个月的原来生活。而且这些抚恤金的保障时间是按照当时物价水平计算的，如果放到全面抗战的物价环境中很难达到制度所设定的期限。837 元恤金在 1942 年可以维持两个月的生活，到 1945 年也许一个星期都难以保证。同样张连科 35 个月工资的 980300 元恤金，只相当于当时西南联大一个教授 112750 元月薪津的 8 倍。

资源委员会是公营企业的代表，其他公营企业也有类似制度改良，只是企业的特点和规模使得抚恤制度的细节各有不同，体现各企业量体裁衣的灵活性。当事人颇为自豪："员工福利事业，这是现今各工厂矿场当局所极其注意的，尤其是国营厂矿机关，对于这点办得更起劲，更有成绩，这实在是我国工业在萌芽时期之一良好现象。"①

中国兴业公司在 1939 年制定了抚恤条例，积劳病故给予 6 个月工资的一次恤金，比资源委员会的标准还高 2 个月。1940 年 1 月 23 日，钢铁迁建委员会公务处第 7 制造所砂模组领工陈贵生于 1939 年 12 月 13 日起患病，22 日身故，该工匠在厂多年，工作努力，家有妻子多人，一旦身故，身后萧条，衣棺无着，后得一次恤金 2 个月工资 72 元（该工每天工资 1 元 2 角），丧葬费 30 元。②

而在半年之后 1940 年 6 月 27 日，中国兴业公司矿业部永铜煤矿工人曾广才于 6 月 25 日拉车坠落废石坡，当即毙命，因公亡故，得一次恤金 90 元，丧葬费 60 元。③ 同样是因公亡故，兴业公司受恤人的 150 元恤金比资源委员会员工的 102 元恤金高 48 元。

但是，兴业公司的恤金没有根据通货膨胀的比率调整补助部分，而是酌情追加。1942 年 6 月 16 日，交下机器厂车工周同祥技艺优良，工作努力，不幸积劳病故，身后萧条，遗有妻女孤零无依，情实可怜，恳请给予 3 个月工资及津贴之抚恤，查该故工于 1939 年 10 月到

---

① 万显扬：《中央电工厂第三厂的员工福利》，《职工通讯》1944 年第 3 卷第 5 期，第 40 页。
② 重庆市档案馆藏：《钢铁厂迁建委员会公务处关于报送故匠陈贵生遗族抚恤书请照准发给恤金丧葬两费的呈》，档案号 01820001010970000094，19400123。
③ 重庆市档案馆藏：《关于核发中国兴业公司矿业部永铜煤矿工人曾广才殓葬费及抚恤金的呈、函》，重庆档案馆藏，档案号 01930020042600000024001，19400730。

工厂服务，年数应按3年计算，依照抚恤规则第13条规定，一次恤金3个月工资，又查该工系领时资5角7分，按抚恤规则第18条第4款规定计算，应给予抚恤费513元，丧葬费100元，共613元，但是公司认为："惟以当兹生活高昂之际，上开数目实不足殓埋之资，当更无维持遗孤生活之费，故请额外3个月津贴（每月180元），总务处签共计1053元。"①

这种酌情追加带有长官意志，随意性较大，受恤人得到的恤金差别较大。1943年6月8日，运输部办事员萧宝生，积劳病故，身后萧条，无以为殓，运输部申请按1942年工资标准（含物价补助）准照故员2个月薪津共2140元数额支给丧葬费，但是总公司根据本公司职员恤养金规则第4条戊款，以及第5条规定，认为应给予一次恤金6个月薪金720元，720元抚恤费在1942年还不如死者生前一个月工资多，连安葬都成问题，因此公司"法外开恩"："惟公司恤养规则1939年订定，值此百物价昂之际，所领之恤金实不足埋殓之资，更无维持遗孤生活之费，请丧葬费100元。"一个受恤人追恤540元，一个受恤人追恤100元，原因可能是"车工周同祥技艺优良，工作努力"②。

二 抚恤的实际效果

无论是资源委员会的按章特恤还是兴业公司的酌情追恤，都体现了中央企业的表率作用和实力，地方承办的公营企业难以效仿，但是也试图为员工增加抚恤来抵消通货膨胀，他们对本省职工进行抚恤时大都采取两种方法：

一是按中央规定比照给予。航运处的另一位故员朱羲和于1941年5月17日因敌机狂炸香溪，被震伤脏部，医治无效，于22日重伤殒命。依照《战时雇员公役因公伤亡给恤暂行标准》及省府委员会

---

① 重庆市档案馆藏：《关于核发中国兴业公司机器车工周同祥殓葬费及抚恤金的呈、函》，档案号01930002004850000012000，19420616。

② 重庆市档案馆藏：《关于核发中国兴业公司运输处办事员萧宝生殓葬费及抚恤金的呈、函》，档案号01930002004850000059000，19430525。

307 次会议折半给予遗族一次恤金（7个月）计国币 420 元，以示悯恤。① 这种遗族恤金折半的案例在各个地方都有。

二是参照中央抚恤标准，单独制定了本省的职工抚恤规则。如 1939 年 12 月 23 日湖北省航运处的楚贵轮在新滩移泊时，加油工人蔡光祥因帮助移船，用力过猛，失足落水身死，查该故员"平日作事，尚称勤慎，此次因公坠水殒命，情殊可惨。且家计贫寒，遗有寡妻老亲，赡养无依"，据《湖北省职工抚恤规则》，给予遗族一次抚恤金计国币 50 元，并给予遗族三年年抚恤金 180 元，以示矜怜，而资救济。②《湖北省职工抚恤规则》就是湖北省政府自行拟定的，与《工厂法》规定的亡故工人遗族可获 50 元葬费、300 元抚恤费、两年平均工资有一定的差距。

不管是中央企业相对优厚的恤金，还是地方企业的折扣恤金，都难以支持受恤人长期的生活，工厂法的初衷是保证受恤人 3—5 年原生活状态，实际大约只能保障不到 1 年的时间。

资源委员会的恤金可以支持普通员工大约 3—12 个月的生活。1943 上半年在电化冶炼厂的船工陈济平积劳病故所得的 933 元恤金当中，包含有生活补助费 60 元，平米代金 4 斗，每斗 42 元，丧葬费 375 元。该工人月工资 63 元，可以维持约 3 个月的以前生活（月薪津 291 元）③。但是只相当于重庆产业工人平均月薪津 1064 元的 87%。

到 1944 年则更糟糕。綦江铁矿内于 1930 年参加工作的督运工李新知于 1944 年 8 月积劳病故，得 4684 元恤金（含 4 个月薪津 2284 元，丧葬费 2400 元），相当于 5 个月薪津。④ 原来有 14 年工龄的工人

---

① 湖北省档案馆藏：《湖北省政府建设厅关于报送雇员朱羲和请恤事实表的签呈及湖北省政府的指令、训令及秘书处的签呈》，1941 年 7 月，档案号：LS1-7-0143-001。

② 湖北省档案馆藏：《湖北省政府建设厅关于报送故工蔡光祥遗族请恤事实表的签呈及秘书处的签呈及湖北省政府的指令、训令》，1941 年 2 月 21 日，档案号：LS1-7-0141-003。

③ 台湾"中央研究院"：《电化冶炼厂员工抚恤》，经济部档案，档案号：24-13-06-001-04。

④ 台湾"中央研究院"：《綦江铁矿员工抚恤》，经济部档案，档案号：24-13-01-008-01。

可以得到大约 12 个月的保障,现在只有 5 个月,只相当于重庆产业工人平均月薪津 3854 元的一倍多。主要原因是 1944 年的物价是 1943 年的 3.4 倍,而恤金增长达不到这个速度。

到 1945 年仍然如此。1945 年 8 月 5 日资源委员会工程师梁洋明被派往桐梓县属木瓜庙羊蹬一带探采煤样,以作化验成分之用,就地雇佣临时小工娄佐云随同进入指定之香林湾煤厂硐沟内采取煤样,入硐约至 15 英尺处,梁工在前忽然被煤气熏倒不省人事,同时电灯熄明,随行之小工大为惊愕,摸索出洞报告情况,即点燃油灯进洞施救,然煤气过重,灯火俱息,屡经点燃,终不能入,距四里处之保甲请派人设法解救,待人到已是 10 日早晨,梁工因此毙命。梁工的抚恤按标准最高的因公亡故计算,恤金为 10 个月薪金 65100 元,丧葬费 3000 元,共 68100 元。[①] 梁工的月薪津为 6510 元,68100 元的恤金只能支持其遗族在物价稳定的情况下维持原有生活 10 个半月,相当于重庆产业工人平均月薪津 14018 元的 5 倍不到。梁洋明的工程师恤金本身就是处于较高级别又按照最优厚的因公亡故计算,但也只相当于以前 10 个月的工资,可见单靠抚恤金很难保障受恤人的长期生活,恤金只能起到暂时救助作用。

一些受恤人在有选择的条件下更愿意求得一份工作。受恤人吴兴周的案例较有代表性。吴氏担任北宁路的站长长达 33 年,后来因为日寇入侵,1939 年离职在家株守 7 年,希望国土恢复,以服务路政 33 年经验投效铁路,以报国家。但是报国有心,然"马齿加长,无人援引"。他有 3 个儿子,长子业孝清华大学电机系毕业先入军队担任机车技师,后入资源委员会当助理工程师,辗转四川、云南、贵州、重庆等地,1942 年在经济部工矿调整处工程司任职,在腊戌遇险身亡,因公殉职。次子业慈当教员仅够糊口,三子在昌黎车站当站务员,皆无能力赡养吴兴周。1945 年,吴氏靠恤金生活艰难,无以为继,无奈只好直接给蒋介石写信,请求帮助。

---

① 重庆市档案馆藏:《关于报送梁洋明被烟熏毙并请发给抚恤金的指令、呈、函》,档案号 02000002000180000097000,19450813。

"依售卖旧有物件维持生活,逢此百物昂贵,难度余生,故不揣冒昧上渎天颜,恳请怜悯死者,援助生者,或赐抚恤或在北宁路赐一枝棲,愿献数十年经验以报国家,藉度余生。"①

幸运的是,蒋介石收到了他的请求信,而且实现了他的心愿,亲笔手谕:"请求抚恤部分交经济部,请求工作部分交交通部。"② 吴氏既得到了可以暂时助其摆脱困境的恤金,又得到了可以支持其长期生活的工作。但是吴氏的幸运是个别的,普通受恤人的生活还需要其他途径来保障,在恤金制度不断改进的同时,保险再次被各个企业试行,由于不同企业采用不同的办法,使得保险呈现出多元化色彩。

需要说明的是,在当时的工厂之中,资源委员会对于抚恤业务的推行已经是较为积极的,至少达到甚至超过了《工厂法》规定的抚恤标准。一些私营工厂甚至连恤金都没有。个旧锡矿开采已久,私营和公营矿场同时并存。资源委员会云南个旧工程处于1938年8月成立,受当地工厂的影响,其实行的抚恤标准较为苛刻。公司统一新订规则规定:工人若因病死亡,其恤金为一个月薪资,另加丧葬费30元。为应付通货膨胀,实行米贴制度。即先假定以最高米价,若米价超过该假定最高价则其购买所需量之超过金额以米贴方式代付之。但这些仅限于服务一年以上三年未满之工人,如果未满一年,则工人就算已有364日之工作年约,亦得不到分文抚恤。③ 而同在个旧的其他私营矿场对工人之死亡例无恤金。④

即使一些大型私营企业也很难达到这个水平。轮船招商局的服务生如果因公致病,至多只有6个月的工资(不含米贴、补助等津贴);

---

① 重庆市档案馆藏:《关于抄发吴业孝抚恤金核发情况情形呈、训令》,档案号:00190001006660000003。
② 重庆市档案馆藏:《关于抄发吴业孝抚恤金核发情况情形呈、训令》,档案号:00190001006660000003。
③ 中国第二历史档案馆编:《中华民国史档案资料汇编》,江苏古籍出版社1998年版,第5辑第2编,财政经济(七),第474页。
④ 中国第二历史档案馆编:《中华民国史档案资料汇编》,江苏古籍出版社1998年版,第5辑第2编,财政经济(七),第475页。

因公残废只抚恤1次，至多给1年工资作抚恤金；因公亡故，给予不超过1年工资作一次性的遗族抚恤金。服务三年以上者，因公亡故给予不超过3个月的工资作遗族抚恤金。[①] 这些规定都没有达到《工厂法》规定的标准。

第二节　各类保险的推行

《工厂法》规定的抚恤金的保障能力可以维持资源委员会的基层员工大约3—12个月的原有生活，当时一般的企业很难达到这种水平，那些基层劳工的抚恤状况让人寒心。1939年9月，国民参政员视察了四川省采煤业和制盐业工人的生活状况以后，慨叹"人间何世"[②]。

但是，当时的劳工专家极力反对救济劳工，贺岳僧阐述了救济的两大缺点："1.不能普遍，所谓'博施济深，尧舜其犹病诸'。2.慈善的施与，有损受惠人人格，而在施与者，亦因其非个人常尽的义务，每不愿乐意输将，致受害人之是否获得救济，往往不是依其受害程度轻重，乃全凭各个人的机遇而已。"[③]

同时人们认为《工厂法》规定的恤金对企业来说已经是极限，不应该再把抚恤责任压到企业头上。易世芳总结道："《工厂法》第45条的规定，就工厂主方面的负担来说，不能不算是一个重荷。如果说工人的生活，仍不能因之取得保障，那么，除组织劳动保险组合外，别无其他的办法了。"[④]

反对救济的贺岳僧赞成易世芳的提议，他比较了保险较救济和抚恤的优越之处：首先心理上，"它能够受普遍之效，不致使人有向隅之感；被救济者可视其所应得之救济费为正当权利，而付与

---

① 《国营招商局轮船服务生规则》，载胡政主编《招商局与重庆：1943—1949年档案资料汇编》，重庆出版社2007年版，第64页。
② 孙安第：《中国近代安全史（1840—1949）》，上海书店出版社2009年版，第415页。
③ 贺岳僧：《劳工保险与劳工福利》，《中国劳动》1941年第1卷第4期，第7页。
④ 易世芳：《中国工厂法的研究》，《中国劳动》1942年第2卷第3期，第29页。

者，在支付救济费时亦无法推卸其责任。"其次经济运作上可行、可靠。"救济费的筹措，系采用损害分担主义，在平时已有准备，不致过累他人；于举办保险事业之中，恪守鼓励储蓄之效，使社会经济得以繁荣。"①

马寅初、潘公展等专家也对保险持赞成态度，但是国民政府未作表态，显然《强制劳工保险法案》的流产，使得政府较为谨慎。从事后观察来看，在全面抗战时期，一共有三种保险方式得到推行，每一种都有政府的身影存在。

一 简易人寿保险的推广

简易人寿保险在保险专家张明昕的推动下，于1935年开始举办，并得到了蒋介石、孔祥熙等政府要员的支持，由邮政储金汇业局承办，大力推行。

1937年7月1日，国民政府交通部令全沪交通部附属机关（邮政局、电报局、电话局、航政局、招商局等）员工自本月起一律投保简易寿。只要年龄在保险范围之内者，必须参加保险，而且规定了最低保费：月薪50元以上者保费至少5角；月薪51元以上，150元以下者，保费至少为1元；月薪151元以上者，保费至少2元。② 交通部的强令是简易人寿保险得以维持和扩张的重要条件。据1942年的统计，在所有契约中交通部所属雇员占一半。③

基于政府的推崇、交通部的带头，简易人寿保险业务迅速扩张起来。有的企业采取了补贴的办法，吴至信发现江南某炼铁厂强制职工购买终身简易人寿保险，保额为50元，保险金厂方津贴一半。④ 1941年12月，国民政府重庆社会局筹办工厂员工购买简易团体人寿保险，"拟规定凡用发动机及雇工在30元以上者，皆须保险，保险费由工厂

---

① 贺岳僧：《劳工保险与劳工福利》，《中国劳动》1941年第1卷第4期，第7页。
② 颜鹏飞等主编：《中国保险史志（1805—1949）》，上海社会科学院出版社1989年版，第341—342页。
③ 颜鹏飞等主编：《中国保险史志（1805—1949）》，上海社会科学院出版社1989年版，第393页。
④ 吴至信：《中国的惠工事业》，世界书局1940年版，第191页。

和员工各担负一半。"后考虑承受能力，把强制保险的内容去掉了。[1] 1942年6月，国民政府社会部统计处对117家工厂进行了检查，发现有27家工厂采取劳工保险措施。[2]

表4-3　　　　　　　邮政简易寿险业务发展状况统计表

年度	经办局数	月保费（元）	保额（元）	年度	经办局数	有效契约件数	月保费（元）	保额（元）
1935	33	10804	20820586	1943	1920	86653	4412176	615286520
1936	285	209511	3867187	1944	1900	186950	20304243	2980667098
1937	304	361789	54510514	1945.8	1968	215689	38926937	6327961620
1938	304	322715	49155125	1945.12	1968	229463	60538454	9239290760
1939	313	316058	42979237	1946	2146	322322	18437924	25284958628
1940	313	370488	56689095	1947	2288	385000	60000000	92820000000
1941	315	495773	81907133	1948.2	2288	419000	64000000	
1942	347	608875	97456189	1948.6	2288	93000	16000000	

资料来源：转引自王庆德《民国年间中国邮政简易寿险述论》，《历史档案》2001年第1期。

邮政储金汇业局1933年只有33个分局，到1945年时已有1968家分局，增加了近60倍。业务量也是剧增，从最初的1年9874个契约发展到1945年的229463个，增长了22倍，其中以1944年为分界点，1944年的契约数是1943年的2倍多。到1945年，邮政储金汇业局开办简易人寿保险业务已达10年，累计共成立简易寿险契约35万余件，保险总额为国币12.6亿余元，月保费近900万元，在投保人中，公务员占46.11%，商业职业者次之（22.65%），工业职业者又次之（8.99%），自由职业者最少（不到1%）。[3]

---

[1] 颜鹏飞等主编：《中国保险史志（1805—1949）》，上海社会科学院出版社1989年版，第386页。
[2] 颜鹏飞等主编：《中国保险史志（1805—1949）》，上海社会科学院出版社1989年版，第394页。
[3] 颜鹏飞等主编：《中国保险史志（1805—1949）》，上海社会科学院出版社1989年版，第425页。

那么究竟有多少人实际领用了该保险呢？据统计，10 年来投保人共计死亡 4635 人，其中病死者占 25% 左右，死于肺结核者有 698 人，占死亡人数的 15.06%，死于伤寒者次之（10.46%），死于肋膜炎症的有 8 人（0.17%）。[1] 那么由此可知工业职业者因亡而获得保险的人数不会超过 4600 人。这与当时 36 万的产业工人数相比[2]，实在太少了。

表 4-4　　　中国邮政简易寿险历年平均死亡率统计表

年度	1935	1936	1937	1938	1939	1940	1941	1942	1943	1944
平均死亡率	0.002388	0.008128	0.00928	0.006538	0.012988	0.011371	0.10199	0.01209	0.006914	0.003267

资料来源：邮政储金汇业局编：《简易人寿保险创办十周年特刊》（内部刊行），1945 年，第 29 页。转引自王庆德《民国年间中国邮政简易寿险述论》，《历史档案》2001 年第 1 期。

为什么只有如此少的工人投保呢？主要是因为工人贫困无余资购买保险。诚如简易保险的创办者之一姚元基所言："英美人民的物质生活，比我国好上几十倍，平均所得较高，剩下钱来，搁在手里原没有多大用处，保险也好！我国人民所得既少，连现在的欲望，都不容易满足，根本想不到将来，甚且都在想预支将来的所得，来满足现在的欲望，大都寅吃卯粮，生活不继，即使偶尔有一点存款，与其说是节约储蓄，毋宁说是暂时寄托，存入的时候，早已将他的用途派定了，那里有余款保什么寿险，防什么老？"[3]

另外通货膨胀也是其中因素之一。因战时各地物价上涨，国民政府三次调整了保额的额度。1942 年 4 月最高保额由 500 元增至 5000

---

[1]　颜鹏飞等主编：《中国保险史志（1805—1949）》，上海社会科学院出版社 1989 年版，第 425 页。
[2]　孙安第：《中国近代安全史（1840—1949）》，上海书店出版社 2009 年版，第 392 页。
[3]　姚元基：《寿险业务在我国进展迟缓的原因》，重庆市档案馆藏，档案号：0053-0032-00362-0000-001-000。

元，并缩短赔款期限。1943年将保额提高为国币2万元。① 1944年10月6日，国民政府再次将保额提高为国币500—50000元。② 同时简化了业务程序。简易人寿保险单的签发原来系储汇局保险处集中办理，因人手有限和邮件往返，耽搁时日。后改由各邮政管理局及储汇局分局直接签发。除对死亡赔款的审核仍集中保险处办理外，有所更改之处经办局可自行审核，凭保先付保额60%，至邮政管理局审核认可后，即可全部给付。③

这种调整和宣传的效果在1944年最为明显。该年上半年寿险契约达到了创纪录的14万件，是1943年的2倍多，月保费及保额总数比1942年增加20倍。但是，虽然国民政府将保额提高了整整1000倍，但是与物价高涨至2167倍相比④，可谓小巫见大巫。而且这种调整的灵活性远远跟不上通货膨胀的节奏，所以始终处于被动地位。

由于简易人寿保险的保险期限最短为10年，在此期间除非发生伤亡意外，否则不能提前支取，一个投保人在1935年开始时每月投保50元，10年后即1945年可领6000元保险金。要知道1945年后的6000元只相当于1937年的3元。而占据52.8%的保额都是这种50—100元的小额保单，假如罹难，微薄的保费对支撑受恤人的生活无济于事；而85%的保单的保费都是在200元之下，所以其实在价值有限。⑤

1945年，邮政储金汇业局专家陈光华承认，简易人寿保险的运行全赖保险外的因素促成，保险本身并无太大吸引力。其言道："一半由于政府法令的力量；一半是由于经办人员的情面关系，并非简易寿险本身已得到民众的信仰与拥护所致。"⑥

---

① 颜鹏飞等主编：《中国保险史志（1805—1949）》，上海社会科学院出版社1989年版，第403页。
② 颜鹏飞等主编：《中国保险史志（1805—1949）》，上海社会科学院出版社1989年版，第417页。
③ 颜鹏飞等主编：《中国保险史志（1805—1949）》，上海社会科学院出版社1989年版，第411页。
④ 张瑞德：《抗战时期的国军人事》，台湾"中央研究院"1993年版，第91页。
⑤ 《简易人寿保险投保件数》，《交通部统计年报》（1941年）1943年版，第308—309页。
⑥ 陈光华：《改善简易寿险业务之刍议》，重庆档案馆藏，档案号：0053-0032-00362-0000-001-000。

二 职工互助保险

资源委员会制定的抚恤规则因为受级别、服务年限、伤情、责任等因素影响，使底层的伤残劳工和遗族得到的抚恤金有时不如兴业公司、其他公营企业。资源委员会是国民政府的模范部门，深感"不论何种条件之下，国营实业之劳工待遇不应有不及公营事业之处"[①]。早在1937年，翁文灏就聘请劳工专家吴至信"赴国内各大厂矿视察其实际情形，以便为该会设计惠工事业之参考"[②]。

吴氏经过仔细考察向资源委员会推荐了6个工厂实行的3种保险办法：一种是由商业保险公司运作；一种是补贴购买邮政储金汇业局的终身简易人寿保险50元；一种完全按旧式之互济性质，名为"职工寿险团"——职工自由参加，每人缴费1元，工人5角，如有团员亡故，将钱付给遗族，循环进行。[③]

吴氏推荐的三种方法中的前两种保险所得过低，且需要其他机构代为收缴发放，不能立竿见影。资源委员会采纳了第三种办法，并作了改进。1942年8月28日，在资源委员会副主任钱昌照的主持下，决定先在职员中试行，出台了《资源委员会及附属机关职员互助寿险暂行办法》，规定除临时职员、试用职员、不支薪职员、实习员实习生外所有员工必须参加，遇参加互助寿险的职员死亡时，其余参加互助寿险的职员每次缴寿险费1元，特别规定以该故员死亡前一个月参加机关职员人数以整数付给不足百元之数不计，以资亡者之遗族的生活之需。[④] 以下是资源委员会互助保险头三个月的执行情况。

[①] 中国第二历史档案馆编：《中华民国史档案资料汇编》，江苏古籍出版社1998年版，第5辑第2编，财政经济（七），第476页。

[②] 吴至信：《中国惠工事业》，载李文海主编《民国时期社会调查丛刊》（社会保障卷），福建教育出版社2004年版，第112页。

[③] 吴至信：《中国的惠工事业》，世界书局1940年版，第193页。

[④] 《资源委员会所属机关职员互助寿险暂行办法》，《资源委员会公报》1942年第3卷第3期，第183页。

表4-5　参加互助寿险机关及职员人数变动情况（1942年底止）

事项 时间	独办事业 机关	独办事业 职员	合办事业 机关	合办事业 职员	公司 机关	公司 职员	总计 机关	总计 职员
10月	56	8086	24	1547	7	802	87	10435
11月	60	8159	25	1657	7	797	92	10613
12月	60	8181	27	1758	8	828	95	10767

资料来源：《资源委员会所属机关职员互助寿险统计表》，《资源委员会公报》1942年第3卷第6期，第25页。

表4-6　参加互助寿险亡故职员一览表（1942年底止）

事项 年月	姓名	职别	所属机关	亡故 日期	亡故 原因	核发寿险金 垫发	核发寿险金 实发
10月	赵士均	办事员	本会秘书处	10.1	病	10400元	
	王昌	事务员	锡业管理处	10.2	病	10400元	
	周赞勋	事务员	钨管处赣南分处	10.6	病	10400元	
	胡维城	工务员	西昌电厂	10.22	病	10400元	
	裴瑾	总务员	云南钢铁厂工程处	10.22	病	10400元	
	朱焕庭	管理员	国外贸易事务所	10.24	车碾	10400元	
	赵毅秋	司事	江华矿务局	10.25	病	10400元	
	傅道生	司事	彭县钢厂保管处	10.26	坠水	10400元	
	李超凡	医务员	汞业管理处	10.30	遇匪	10400元	
11月	常馨	书记	甘肃油矿局	11.26	肠炎	10400元	
	周培栋	司事	钨管处粤分处	11.28	病	10000元	
12月	马枚子	课员	重庆耐火材料厂	12.3	病	10000元	
	袁近仁	事务员	明良煤矿公司	12.6	病	10000元	
	王醴铭	司事	运务处	12.10	病	10000元	
	陈沐伦	司事	南桐煤厂	12.12	病	10000元	
	庞幼云	秘书	资和钢铁冶炼公司	12.14	病	10000元	
	钟文宣	司事	钨业管理处	12.18	病	10000元	

资料来源：《资源委员会所属机关职员互助寿险统计表》，《资源委员会公报》1942年第3卷第6期，第26页。

第四章　自为：全面抗战时期的劳工抚恤　　219

　　从以上数据可以知道，一个参加互助寿险的职员在1942年10月死亡后最少可得互助寿险金1.04万元①（1942年底资源委员会参加互助寿险职员人数为10435人②），而该月资源委员会的平均工资是115元③，相当于7年半的平均月薪之和，远较恤金保障时间2年长，而且职员参加互助寿险的同时仍然可以享受恤金抚恤。如赵士均因病死亡按抚恤规则，遗族可得恤金1386元，再加上其寿险金10400元，其整个补偿达14260元，相当于10年的平均月薪总和，约合一个重庆产业工人当时平均月薪津436元的33倍。前文所说的李超凡的寿险金加上恤金达25400元，相当于18年的平均月薪总和，是一个重庆产业工人当时平均月薪津436元的58倍。而且互助寿险在其试行期间体现出的优点明显，寿险金保障有力，不论职位、死亡原因、服务年限一视同仁，体现了同难同恤的特点。劳资互利，资方没有压力，对职员来说，每亡一人一元钱的负担不算大，还可以根据通货膨胀情况调整标准。当事人评论道："花费不多，收益则很大。"④

　　在试行3个月后，资源委员会为了让遗族早日领到恤金，采取先行垫发，随后扣款的办法。在试行一年后，因为物价上涨，把标准提高到每死亡一人交二元，受恤人的所得也翻倍计算。由于寿险金是根据参加人数而定的，为了不频繁地统计会员，采取了每季度统计一次会员的做法。⑤

　　1943年，参加互助寿险之职员应缴纳寿险费改为每次国币3元，寿险金为24000元，⑥人数半年统计一次，其操作流程如下：先由总

---

①　注：11月和12月表上显示只有10000元是表示垫发数目，真实所得是按参加保险人数的整百数。
②　《参加互助寿险机关及职员人数变动表》，《资源委员会公报》1942年第3卷第6期，第30页。
③　根据《资源委员会所属机关职员薪额统计表》，《资源委员会公报》1942年第3卷第6期第26页内容计算。
④　郑友揆、程麟荪、张传洪：《旧中国的资源委员会——史实与评价》，上海社会科学院出版社1991年版，第124页。
⑤　薛毅：《国民政府资源委员会研究》，社会科学文献出版社2005年版，第448页。
⑥　《资源委员会及附属机关参加互助寿险亡故职员表》，《资源委员会公报》1943年第5卷第4期，第40页。

经理分别核定一固定之职员数额，此项数额每隔半年（1—7月）照实际人数改订一次。职员死亡应由各主管部门5日内电报总处，本厂总办事处接得某一单位职工死亡之正式报告文件应立即分别通知其他各单位，根据本原核定之数额垫缴寿险费并汇解总处，总处转拨该单位查核连同该单位应缴寿险费一并转给，具领该项垫缴之寿险费，即在每月发放薪工津贴时扣回。①

该办法烦琐之处在于：每半年要计算一次人数。如1943年2月18日资源委员会电工器材厂第二厂统计：1942年11月、12月，1943年1月分别亡故1、2、4人，但每月参加寿险人数不同，1942年11月为44人，1942年12月为43人，1943年1月为52人②。如果发生统计错误，还要上报更正。依然是电工器材厂第二厂11月多算一人，由总经理恽震4月28日亲自具文说明："1942年11月应减阚兴汉一人，43人，12月减1个加1个为43人，1943年1月减1个加11个变53人，2月53人，3月54人，4月57人。"③ 该厂上半年共缴款1501元。④ 频繁地统计、计算、传达难免会出现偏差。到1943年，由于机构发展太快，一些大型分支机构开始独立运行互助寿险。如1943年3月，资源委员会中央电工器材厂桂林第四厂，亡故7人，该处职员3月份每人应缴互助保险金7元。⑤

鉴于互助寿险在职员抚恤中的强大作用，1944年2月10日，政府将互助寿险扩大至工人，包括长期服务论时或论件计资之工人学徒，及长期服务之公役警卫兵伕。⑥ 因为当时资源委员会工人人数数

---

① 重庆市档案馆藏：《中央电工器材职工互助寿险办法》，档案号：02150002000330200179。
② 重庆市档案馆藏：《关于按名单扣缴1942年11月至1943年1月互助保险金的函》，档案号：02150001006500000026，19430428。
③ 重庆市档案馆藏：《资源委员会中央电工器材厂第二厂关于更正应缴互助寿险职员名单致恽震的函》，档案号：02150001006500000032，19430428。
④ 重庆市档案馆藏：《资源委员会中央电工器材厂第二厂关于1943年上半年扣存互助保险金的函》，档案号：02150001006500000044，19430728。
⑤ 重庆市档案馆藏：《资源委员会中央电工器材厂关于1943年3月份应缴寿险金额致桂林第四厂的函》，档案号02150001014380000196，19430428。
⑥ 《资源委员会及附属机关工人互助寿险办法》，《资源委员会公报》1944年第6卷第3期，第35—36页。

倍于职员，伤亡概率较职员高许多。1945 年 7 月资源委员会有职员 8127 人，工人 54955 人，工人人数是职员的 6.76 倍。① 在 1942 年伤亡的 583 人当中，职员有 68 人，工人达到 515 人，工人的伤亡人数是职员的 7.6 倍。② 其他时间段的情况也类似。但是工人的互助寿险操作程序就颇为简单，保费和保额都采取固定数额。保险人每人每月固定缴纳保险费 4 元，遇有死亡时，核实发给固定寿险金 5000 元。③ 保险率为 1250，而当时一般保险率为 1000，较商业保险颇为优厚，这项措施惠及大多数底层劳工，工人开始颇为积极。1944 年中央电工器材厂基本全员自愿参加。

表 4-7 中央电工器材厂 1944 年度中期参加互助寿险工人数核定数（1—6 月）

部分	人数	部分	人数
总办事处	610	重庆办事处	40
昆明办事处	30	渝二支厂	110
第一厂	340	渝池支厂	260
第三厂	550	兰州事务所	10
昆四厂	780	兰池支厂	150
桂林办事处	40	贵阳事务所	20
第二厂	370	下摄司留守处	10
桂四厂	800	金城江运输站	10
总计			4130

资料来源：重庆市档案馆藏：《资源委员会互助寿险》，档案号：02150001011360000050。

但是工人 5000 元的固定保险金的保障能力确实有限。1944 年 2 月，资源委员会工人的工资是大约 2400 元。④ 5000 元互助寿险金相

---

① 《各业职工人数表》，《资源委员会业务统计月报》1945 年 7 月，第 84 页。
② 《资源委员会及附属机关伤亡员工抚恤统计表》，《资源委员会公报》1943 年第 5 卷第 1 期，第 42 页。
③ 《资源委员会及附属机关工人互助寿险办法》，《资源委员会公报》1944 年第 6 卷第 3 期，第 35—36 页。
④ 《资源委员会及附属机关职员人数薪俸统计》，《资源委员会公报》1944 年第 6 卷第 4 期，第 40 页。

当于工人 2 个月月薪。如果加上恤金，则保障时间可稍稍延长。1944 年 10 月 3 日，电化冶炼厂劳工可起重工王炎林矢志矢勤，数年如一日，7 月偶感风寒，四肢酸软，以工作需人仍需照常服务，18 日症状转剧，恶心头晕并时作寒热，乃至医务所医治，25 日正午病殒，……家境寒微，吾兄弟佣工于外，谋得升斗，遗有一子尚在襁褓。核给两个月一次恤金 4920 元（每月工资 51 元，食米 6 斗，代金 400 元共 2400 元）两个月合计 4920 元，根据寿险办法第 6 条给寿险金 5000 元。[①] 合计 9920 元，相当于该工人月薪的 194 倍，远高于其他恤金。相当于一个重庆产业工人当时平均月薪津 3854 元的 2.6 倍，其保障能力提高了一倍。

互助寿险是资源委员会自行筹办的伤残亡故职工救助办法，它的优点是现收现付，可以实现通货膨胀条件下的恤金保值；不存在中间方代收代付，节约了成本，避免了风险。但是这种做法不可能大面积推广。

首先，寿险采取的是多数人分担少数人损失的原理，人数越多保障越有力，职员互助寿险按每人 1—2 元计算，如果企业人数低于 1000 人其保障能力就很微弱了（除非加重会员负担），只有在资源委员会这样拥有 2 万多名职员的大型企业运行才效果明显，然而 1942 年国统区人数超过 1000 人的企业只占总企业数的 0.85%，[②] 99% 的工厂施行这一制度的效果有限。

其次，资源委员会的互助寿险缺乏对伤残者的惠顾，只有死亡保险而无伤残疾病等保险。而且职员有时无法承担这一负担。如果当月死亡人数少，职员尚感负担不重，但如果像上表显示的 10 月份那样，死亡人数达到 10 人甚至更多，则负担费用会超过职员平均工资的 10% 甚至 20%，这对职员来说是一笔不小的开支。另外，对于工人保险来说，5000 元的固定保额到 1945 年不足一个月薪津，受恤人毫无

---

① 重庆市档案馆藏：《经济部资源委员会、资源委员会电化冶炼厂关于王炎林病故并发给其眷属抚恤、互助寿险金训令、指令、呈的函》，档案号 01970004000790000057000，19440730。

② 方航：《谈工业的国营与私营》，《群众》1944 年第 9 卷第 10 期，第 402 页。

依靠的可能，而且每月4元的保险金无返还的可能。战前矿业工人的年平均死亡率为0.3‰，资源委员会最高峰时的7万人，占总职工人数99%的工人每年要承受48元的寿险金，且毫无回报，对工人来说互助寿险只是增加了保障力度，远没有达到伤残可恃的程度。

一些人数较少的公司不得不另辟蹊径，民生实业公司就是一例。1937年，该公司制定职工互助保险章程。其保险办法令人称道之处在于对低收入职工的补贴政策：规定公司职工均加入互助保险会，薪资较低的职工由公司津贴一部分保费，月薪1元至10元者，由公司津贴1/2；11元至20元者津贴1/3；21元至30元者津贴1/4；31元以上者不给津贴。1939年公司津贴低薪级职工保险费共计7548.78元。① 1942年再次扩大对低薪职工的津贴范围，将津贴1/2的额度由1元至10元调整至1元至20元。"职工月薪在1元至20元者由公司津贴保费1/2；由20元零1分至30元者津贴1/3；30元1分至40元者津贴1/4；40元零1分以上者不给津贴。"②

民生实业公司的互助保险更像是一个自办保险的形式，1942年保费比为15‰，不同月薪职工要求购买不同保额的保险，一个月薪1元至10元的员工如果罹难，要得到800元赔偿金，平时要交6元保费（15‰应该是12元，公司补贴6元）；而月薪10元至20元员工要得到1000元赔偿金，就要交10元保费（15‰应该是15元，公司补贴5元）；以此类推，得到2400元赔偿金要交36元保费。比较资源委员会的支出和回报，民生实业公司的低收入工人付出不多，但回报更少。资源委员会工人每月付出4元，月月不断，保额为5000元；而民生实业公司的职工只需缴足最低的6元保费，就能得到800元保额，最高的2400保额需要月收入在100元（不含津贴）以上的高级职员交足15‰即36元，但是即使这个费用在1942年也只相当于重庆一个产业工人的5.5个月的薪津。

---

① 《国际劳工通讯》1940年第7卷第8期，第82—84页。
② 重庆市档案馆藏：《民生实业股份有限公司职工互助保险1942年度章程》，档案号：02070006000010000016。

表4-8　　　　　　　　　职工互助保险保额表

月薪	保额
1—10 元	800.00
10.01—20 元	1000.00
20.01—30 元	1200.00
30.01—40 元	1400.00
40.01—50 元	1600.00
50.01—60 元	1800.00
60.01—80 元	2000.00
80.01—100 元	2200.00
100.01 者以上	2400.00

资料来源：重庆市档案馆藏：《民生实业股份有限公司职工互助保险1942年度章程》，档案号：02070006000010000016。

不过民生公司的保险办法操作简单，只需要入会会员交足15‰保费即可，而且不需要经常统计伤残亡故人数和入会会员数，会员对保费一清二楚（资源委员会受恤人事先并不知道能得到多少保费，因为它是按会员数计算的）。当然民生实业公司之所以实行此种互助保险办法也是基于现实条件，民生公司员工在全面抗战期间大约有4000人，而且公司的债务从1939年的438267元上涨到1942年的2822477元，负债增加了7倍。① 公司之所以能够运作如此这般的福利制度，全赖总经理卢作孚重视职工福利的经营思想。公司在全面抗战期间的口号为"服务社会，便利人群"，提出："职工困难，公司解决；公司困难，职工解决"，"个人工作是超报酬的，事业的任务是超利益的"②。

1939年，民生公司全年投保会员7159人，保险费收入31377.97元，全年死亡职工78人，赔款33300元。③ 但是到1940年以后，物

---

① 陈真：《中国近代工业史资料》（第1辑），生活·读书·新知三联书店1957年版，第433页。
② 陈真：《中国近代工业史资料》（第1辑），生活·读书·新知三联书店1957年版，第433页。
③ 《国际劳工通讯》1940年第7卷第8期，第78—79页。

价飞涨，民生公司也无力调整这种保险的保额。好在互助保险运行的同时，该公司还为职工特设死亡救助金制度。对于因公残废职工不能胜任一切职务者给予终身救助金。凡服务5年以下者每年给予30元以上100元以下之救助金；凡服务5年以上10年以下，每年给予50元至150元以下之救助金；凡服务10年以上15年以下者，每年给予80元至300元以下救助金，凡服务15年以上，每年给予120元至300元以下救助金。1939年，各地遭受日机轰炸，职工因公受难者亦照此核给救恤金，1939年共付死亡救助金15540元（职工死亡遗族生活费1410元；死亡奠仪金4950元），死亡职工家属所得的救助金及遗族生活费如存入公司可享年息1分4厘或1分5厘之优待。① 该救助金部分地实现了终身抚恤的思想，对因公致残者实行的终身抚恤在民营企业中是继商务印书馆后的又一个典范，对亡故者遗族提供2—10年的年恤金也是一种慷慨，但是遗憾的是，这种年恤金在通货膨胀的洪流中的作用大打折扣，1939年的100元年恤金可令一个受恤人生活半年，但是到1942年只能保障3个月。

表4-9　　　　民生实业公司职工救助金发放标准

服务年限	因公致病	因公致残		因病亡故		
		救助金	年限	一次救助金	遗族年恤金	年限
5年以下	由本公司医生诊断免给医费但药费由本人担任之；患病期中照常给予薪资。	30—100元	终身	50—500元		一次
5—10年		50—150元	终身	50—500元	50—200元	2—5年
11—15年		80—300元	终身	50—500元	80—250元	3—6年
15年以上（亡故为15—20年）		120—300元	终身	50—500元	120—300元	4—7年
20年以上				200—800元	150—400元	5—10年

资料来源：《国际劳工通讯》1940年第7卷第8期，第78—79页。

民生公司实行的职工互助保险的可圈之处在于：首先企业承担了更多的抚恤责任，不光是组织责任，还有经济责任，特别是后者还是

---

① 《国际劳工通讯》1940年第7卷第8期，第78—79页。

在公司亏本经营的情况下坚持的，颇为难能可贵；其次，抚恤救助的重点是关照低收入受恤人，按照收入高低确定不同层级的补助方案，收入越低补助越高，与其他企业收入越高的员工抚恤补助越高的状况形成对比，表达出其抚恤制度的宗旨在于济弱扶贫，以实现长期保障。资源委员会实行的互助寿险的最大特点就是公平，按照会员多寡来支付保险金，企业承担了组织责任和管理成本，但是与民生公司相比，其承担的经济责任却略显不足，其在抚恤金的发放上更多地帮助了那些收入高、资历老的高层职工，仍然是一种奖绩励忠的恩赏思维。这两个企业的抚恤水平反映了当时公营企业和私营企业抚恤的最佳状态，其探索价值不容置疑。

但是推行保险在不同人群之中的反应是不同的。一些文化层次较高的员工大多持欢迎态度。笔者也曾在中国银行的档案材料中发现一封"拟登报广告底稿"，标题是"鸣谢 中国保险公司对于团体保寿赔款迅速"；正文则称赞中国保险公司承保中国银行员生团体保寿时，"凡遇应交被保人之赔款，一经报由总行转函通知，立即如数照赔"，"足证该公司信誉卓著、办事敏捷，益可见团体保寿之遗惠效用甚宏"；落款是中国银行杭州分行办事员朱启健的遗族朱佑钰。①

而在一些底层劳工中，则易引起一些误会。据史国衡于1939年进行的调查记载：昆厂保健金的施行是一种疾病保险，平时由各人名下扣5%的工资做保险费，工人患病医药费在3角以下免收，请准病假还可以得70%的工资，厂方每年拨款1000元作为补助费。工人经过医生证明请准病假，就可以得到原定工资的70%的保健金。工人知道请事假没工资，旷工还要加倍扣工资，所以企图请事假，或存心旷工的工人偏要上医务室去冒病，请准了病假，不上工还可拿70%的工资。医生看不出症候，工人一定要请假，所以常常起冲突。有位浦东工友因为一定要请病假，医生又看不出病象，两人相持不下，还闹到经理那里去。②

---

① 浙江省档案馆藏：《中国银行杭州分行卷宗 待遇、恤养、保养》（1946），档案号：L78—2—377。

② 史国衡：《昆厂劳工》，商务印书馆1946年版，第102—103页。

史国衡将由团体分担个人损失的保险制度等同于中国古代善堂的施舍,行会和帮会对于会友的援助,有生老病死的亲友的情礼等。虽然保险制度与现代工业相伴相生,其实我们旧的社会里面也有这种根基,但是这一切办法,在现代社会里制度化了起来,改变了面目以另一种形式出现,就为我们的工人所不了解。按照章程,工人医药费不超过 3 角时,由保险代缴。当工人药费超过 3 角,医生索款时,就有工人反抗,他们的理由是,既然每次在 3 角以下不收费,当他们不来诊病的时候就该每天有 3 角存余,其他未病的工人每天也可剩出 3 角来,那为何还向他们收药费呢?①

总之,虽然全面抗战期间缺乏政府的组织和权威,但是一些有实力的企业本着兴旺实业的目的,自觉推行保险,使得劳资互利。时人评论道:"使员工能视厂如家,对于工作,更能胜任愉快,这样,当然是员工们各人本身能获得莫大的益处,劳资双方,很少再会有冲突发生,而对于厂方,亦减少技工的流动性,而增加工作效率,由此可见员工福利事业之重要性。"②

吴至信在 1937 年进行的一项调查表明,40 多家厂矿只有 6 家企业实行了劳工保险:1 条铁路(第三铁路)、1 座矿山(山西一民营煤矿)、4 家工厂(上海 1 印刷厂、1 面粉厂、汉口乡间 1 炼铁厂、北平市内 1 火柴厂),③ 占调查工厂总数的 15%。

社会部在 1944 年对各厂矿举办福利设施的单位数进行了统计,其中办有保险的工厂达到 49 家,分布在四川(14 家)、陕西(4 家)、甘肃(2 家)、广西(15 家)、云南(2 家)、贵州(2 家)、上海(2 家)、重庆(13 家)。④ 说明保险已经由国家的强力推行转变为工厂基于自身的需求而推行,越来越多的企业认识到运用保险办法赔

---

① 史国衡:《昆厂劳工》,商务印书馆 1946 年版,第 102—103 页。
② 万显扬:《中央电工厂第三厂的员工福利》,《职工通讯》1944 年第 3 卷第 5 期,第 40 页。
③ 吴至信:《中国惠工事业》,载李文海主编《民国时期社会调查丛刊》(社会保障卷),福建教育出版社 2004 年版,第 112—119 页。注:此处的社会保险应该是一种寿险,不具有后文所言的由国家、工厂、个人分担的社会部保险性质。
④ 《社会行政统计》,社会统计处 1944 年编印,第 50 页。

偿劳工伤残亡故恤金，比直接赔偿的损失小得多。对于受恤人来说，通过互助保险等形式实现社会成员互保，毕竟比单方面恳求厂方抚恤要理直气壮得多。重庆市社会局在抗战期间曾规定，凡公务人员、企业职工人数在30人以上者，必须参加保险，保费由单位和职工各负担半数，参保单位数一度占到重庆厂矿企业总数的93%。①

三 川北盐工社会保险的试行

资源委员会和民生公司这样的大型企业拥有进行互助寿险的人员基数和管理权威，运行起来效果明显。那些小型企业能否进行此类互助保险呢？抗战后期，国民政府社会局开始尝试同行保险，其选择的对象是大约有10万人的川北盐工。

全面抗战期间，盐作为重要的战略物资，不仅是民众生活不可或缺的基本资料，也是政府重要的财政来源。初期由于大量外来人口涌入西南地区，盐业需求生产旺盛，仅川北三台县富顺盐场的产量在1939到1949年间就翻了一番。鉴于盐业的重要地位，国民政府对盐业给予特殊优惠政策，盐工可以免劳役和兵役，所以尽管工资微薄，但还是有许多青壮年愿意出卖劳动力，从事盐业生产。②据调查，整个川北盐区包括三台、绵阳、射洪、蓬溪、西充、南阆、盐亭、简阳、南部、阆中、中江等10余个县，1942年大约有6万多人，到1943年达10万人。③这些盐工生活艰苦，毫无福利可言。当事人叶屏侯描述道："以言其衣，则悬鹑百结，不能蔽体；以言其食，则薄粥蔬菜，难资果腹；以言居所，则湫隘低湿，不合卫生。"④

---

① 详见中国保险学会编：《中国保险史》，中国金融出版社1998年版，第135页。
② 陈开芳、夏仲康：《盐垣沧桑——三台富顺盐厂简顾》，三台县文史资料编纂委员会1985年版，第3辑，第56页。
③ 杨树培：《川北盐场实施社会保险之概况》，载秦孝仪编《革命文献》第100辑，台北"中央"文物出版社1978年版，第341页。
④ 叶屏侯：《川北盐工管理概况》，《盐工导报》1942年第5—7期，第22—25页。

表4-10　　全面抗战时期川盐产量与全国总产量比较统计表

年别	川盐产量（担）	全国产计量	比重
1937	7727000	42661932	18.11
1938	9111000	22567435	40.37
1939	10271000	20654683	49.73
1940	9725000	24440860	39.79
1941	10068000	19178684	52.49
1942	9349000	21768225	42.95
1943	8669000	25080168	34.57
1944	8533000	16605268	51.39
1945	8462000	13234901	63.94
合计	81915000	206192160	39.72

资料来源：李涵等著：《缪秋杰与民国盐务》，中国科学技术出版1990年版，第120页。

而税收也是一项重要财政来源。在全面抗战期间，政府征收的盐税每年都在增长，1937年只有217705元，到1945年达到61908917元。增长了150倍。

表4-11　　　　　　　　1937—1947年税收统计表

年度	实征数	年度	实征数
1937	217705	1943	1644894
1938	138597	1944	17446956
1939	113276	1945	61908917
1940	105100	1946	210046438
1941	125363	1947	1828017650
1942	1437372		

资料来源：缪秋杰：《十年来之盐政》，《盐务公报》1948年第7卷第7期，4—17页。

盐业生产属于传统产业，基本依赖手工劳动，不符合《工厂法》规定的使用机器生产的范畴，因此虽然盐工人数众多，但其生老病死无法律保障，基本依赖灶主良心自为。亲历者言："（盐工）多系赤贫，家庭生计艰困，平日所得微薄工资，随入随出，……一旦伤病或衰老不能工作时。遂不免有冻馁之虞；如不幸死亡，其丧葬费用，更无所措。"① 如果碰到残忍的灶主，盐工命运就更为悲惨。义发灶工人谢老三，害病死了无钱收埋，被甩进万人坑。当时在盐场流传着这样的口头禅："不要两头要中间，死了害病喊黄天。""煤炭工人埋了没有死，盐巴工人死了没有埋。"② 国民政府慑于盐场工人的不断罢工，更加害怕这种反抗被利用，蒋介石和孔祥熙先后电令解决盐工福利问题。③

1939年，因为兵役问题，保甲枪杀了几个自流井盐工，工人于8月2日罢工，当时此事影响颇大。时任盐务总办的缪秋杰认为："非提高盐工教育程度，非改善盐工生活待遇，难免不再发生第二次罢工。"④ 缪氏一方面上书孔祥熙要求盐工免服兵役；另一方面积极改善盐工待遇，并首次使用"盐工福利"一词，于1942年夏成立四川省盐业工会筹备委员会，直接统一指导改善盐工福利之工作。⑤

1943年，在社会部保险专家吴学峻、杨树培等人的筹划下，政府决定在三台先行试办社会保险，由杨树培任社长。6月《川北盐场各场盐工保险暂行办法》颁布，1943年10月18日三台保险社正式成立，1944年1月1日开始办理业务。⑥

三台保险社的具体做法是：凡在盐场工作，经盐署登记的年满16岁的盐工均强制为被保险人，保险事宜由理事会负责办理，理事会由盐署公署场长担任理事，灶户和被保险人各2人组成，一年一选。保险费由盐工之标准报酬日额的平均数乘以保险费率（1943年为4%），则为应缴保险费，保险费由盐工和灶户各负担一半，按月给付。当盐

---

① 杨树培：《川北盐场实施社会保险之概况》，载秦孝仪编《革命文献》第100辑，台北"中央"文物出版社1978年版，第339页。
② 陈开芳、夏仲康：《盐垣沧桑——三台富顺盐厂简顾》，三台县文史资料编纂委员会1985年版，第3辑，第56页。
③ 中国第二历史档案馆编：《中华民国史档案资料汇编》，江苏古籍出版社1998年版，第5辑第2编，财政经济（七），第42页。
④ 竺墨林：《盐工福利事业之检讨》，《盐工导报》1942年第5—7期，第16页。
⑤ 竺墨林：《盐工福利事业之检讨》，《盐工导报》1942年第5—7期，第16页。
⑥ 中国第二历史档案馆藏：《为川北区三台盐工保险社开始业务以来请将办理此间有关业务照陈事项由》（1940年4月20日），档案号：11—6441。

工婚丧、养老、家属丧、死亡时支付，被保险人婚娶时，可以申请一年标准报酬的 1/10 做婚娶津贴；被保险人之父母或配偶死亡时，可以申请被保险人一年标准报酬 1/20 做家属丧葬费；当被保险人死亡时，可得一年标准报酬 1/10 做丧葬费，并发给遗族津贴，遗族津贴按投保年限计算，加入保险未满 1 年，发给一年标准报酬 2/10，满 1 年者 4/10，满 4 年者 6/10，满 5 年者 8/10，满 5 年以上者 10/10。① 在该办法试行的头三个月，按 1000 元作为标准报酬，仅办理死亡和养老两种，三台盐场有 5176 名盐工参加了保险，收取保费 248160 元，其间支付了 2 份死亡保险。②

三台盐工保险试行成功之处在于，工人支出微小获利颇丰，以死亡为例，如被保险人投保满一年，支出 150 元，亡故时，其家属可领丧葬费 1800 元，加遗族津贴 7100 元共计约 9000 元；而婚娶者可领 3600 元补助金。③ 而到 1944 年底，由于通货膨胀，保险金定为死亡给付金 36000 元，婚娶 7200 元；家属丧 7200 元。④ 死亡给付金相当于 1944 年重庆产业工人 10 个月的平均月薪津，也远比资源委员会给付的 5000 元保险、民生公司给付的 800—2400 元保险金额高许多，这对于一直毫无保障的盐工来说不能不算是个惊喜。

"其他盐场看到这个新事业，确实对他们有好处，也纷纷请求举办。"⑤ 于是 1944 年 10 月，又有 9 个保险社开办，被保险人数达到 40718 人，保费收入为 814360 元。（见下表）

---

① 《川北三台盐场盐工保险社章程》，《盐务月报》1945 年第 3 期，第 43 页
② 参见中国第二历史档案馆藏：《社会部办理四川盐工保险卷》，档案号：十一—6441。转引自李琼《20 世纪 40 年代川北盐场盐工保险述论》，《民国档案》2006 年第 4 期。
③ 周光琦：《川北盐工保险业务改进之商榷》，《社会工作通讯》1945 年第 2 卷第 11 期，第 6 页。
④ 周光琦：《川北盐工保险业务改进之商榷》，载秦孝仪编《革命文献》第 100 辑，台北"中央"文物出版社 1978 年版，第 344 页。
⑤ 周光琦：《川北盐工保险业务改进之商榷》，载秦孝仪编《革命文献》第 100 辑，台北"中央"文物出版社 1978 年版，第 344 页。

表4-12　川北区各盐场监工保险社被保险人数及保险费（1944年底）

场别	总数	三台	射洪	绵阳	西充	蓬溪	盐亭	河边	简阳	乐至	南部
成立年月		1943年10月	1944年10月	1944年10月	1944年10月	1944年10月	1944年10月	1944年10月	1944年10月	1944年10月	1944年10月
被保险人数	40718	5171	6532	3758	3983	3485	1520	2670	1235	4530	7834
收入保险费	814360	103420	130640	75160	79660	69700	30400	53400	24700	90600	156680

资料来源：《川北区各盐场监工保险社被保险人数及保险费》，载秦孝仪编《革命文献》第100辑，台北"中央"文物出版社1978年版，第492页。

川北盐工保险一直运行到国民政府离开大陆，是那个时期运行时间最长的保险，之所以能够长久运营，其关键在于保险收入支出实现了良性循环。

该保险成功运行的决定因素在于制定了合理的保险费率和标准报酬，保险费率、标准报酬定得高，被保险人所得的保险金也就越多，保障能力也就越强，但是如果超过盐工的承受能力，参保的人积极性就会受损，此保险则难以延续；如果保险费率、标准报酬定得低，那么被保险人的负担和所得也就会相应减少，其保险金的保障能力就不高。由于国统区各行业工资差别较大，标准报酬很难找到统一标准，保险社在制定其平均数时很是犹疑。起初，考虑到盐工多贫困所以将标准报酬的平均数定为1000元，保险费率为2%，[①] 盐工只需要缴纳20元保费，就可获得1000元保障。后来考虑物价的波动，改为1500元，最后于1945年底，定为3000元。1944年，当时重庆产业工人的每月平均工资为3854元。而且各个保险社不同，同在川北盐区，三台盐工每月缴保险费15元，但射洪盐工只用缴纳10元。保险费率也出现过4%与2%的反复，[②] 最后到抗战结束时才定为2%。

[①] 周光琦：《川北盐工保险业务改进之商榷》，载秦孝仪编《革命文献》第100辑，台北"中央"文物出版社1978年版，第344页。

[②] 周光琦：《川北盐工保险业务改进之商榷》，载秦孝仪编《革命文献》第100辑，台北"中央"文物出版社1978年版，第346页。注：在三台社每人每月缴纳的保险费是30元（灶户和盐工各15元），其他射洪等9社每人每月20元（灶户和盐工各10元）。

保险运营第一年实现了结余，川北盐务管理局投入的10万元准备金不仅未动，连社会部每社补发的办公费2万元也似多余。保险专家吴学峻、杨树培、周光琦等人的精确计算，为保险的成功运营提供了科学指导。

在后来开办川北10个区的保险业务以前，周光琦等人就做过精确估算，如果川北保险社每个盐工月缴30元，按5万人计算，每年可得保费3600万，一年估计支出为2730万（其中死亡率按5‰计算，须支出540万元；婚娶按20‰计算，一年须支出720万元；家属丧葬费按20‰计算为720万元；负伤按50‰计算，平均医疗日为30日，须支出750万元。）收支两抵结存870万。[1] 后来又将养老支出列入作了十年的收支估算。预计第一年会结存115.44万元；第二年会结存199.33万元；第三年会结存312.45万元；第四年会结存444.44万元；第5年会结存581.82万元；第六年会结存714.91万元；第七年会结存852.91万元；第八年会结存995.40万元；第九年结存达1143.58万元；第十年结存达1479.69万元。[2] 实际上参保人数多过预计，结余款项也高于预计。

川北盐工保险的另一个成功要素是，随着保险的信誉越来越高，参保者越来越多，常年在5万人左右，这是任何一个以企业为基础运行的互助保险都难以达到的基数，按照保险原理，参保人数越多，保障越稳固。"资金池"中的保险基金越蓄越多，本来可以增加险种，扩大保障力度的，但是在每年230%[3]以上的通货膨胀率之下，这种增长很快被稀释掉了。盐工保险管理委员会不得不一次次增加保额，以提高保障能力。

---

[1] 周光琦：《川北盐工保险业务改进之商榷》，载秦孝仪编《革命文献》第100辑，台北"中央"文物出版社1978年版，第350页。

[2] 四川省档案馆藏：《川北区河边盐场盐工保险社章程等》，档案号：128-0-1373。

[3] [美]费正清主编：《剑桥中华民国史》（第二部），章建刚等译，上海人民出版社1992年版，第638页。注：历年通货膨胀率为：1942年为235%；1943年为245%；1944年为231%；1945年1—8月为251%。

第三节　抗战劳工的政府抚恤

全面抗日战争与其说是中日两国军事力量的较量，不如说是生产能力的较量。至于抗战劳工的贡献，《中国劳动》在1942年第3期上有一段描写：

> 我们的劳工，却在敌人枪林弹雨之中，寇机滥炸之下，积极从事生产、塑造、建筑、运输等工作，尽劳尽瘁，其精神更是伟大无比！千万国军所需的军用品，不断的由工厂里制造出来；养生之资的农产品，源源的由农村运输出来，各种工业原料的矿产开掘；动力与民生工厂的建筑开工；既都是劳工血汗的结晶。而西北西南国际路线的沟通；中印公路之积极修筑；国内公路之延长；铁路之敷设；机场之开辟，都不知经过几多艰险！他如沿海沿江沦陷前之抢运；仰光滇缅路之抢运等；也无一不是劳工的功绩。劳工们经常所努力的工作，都与国防有关，平日没有将其成绩数字公布出来，似乎不被人所注意。实在是无法不可计算的。①

其实国民政府对那些直接为战争服务的劳工中因公伤亡、因战伤亡者早在全面抗日战争以前就高度重视，在江西围剿期间，南昌行营的抚恤报告经常为那些为军队服务的船夫、茶官、修理工、挑夫、保长等非军事人员请恤，在1934年，就曾为10名遇险溺毙的船夫发放过60元的一次恤金。② 但是那时恤金的发放没有标准，完全凭长官意志视情节轻重，给予恤金，这一时期的非军事人员的恤金有60、100、120元三等，而且都是一次恤金，不管亡故者遗族的生存状况。

---

① 王觉源：《抗战五年之中国劳工》，《中国劳动》1942年第2卷第3期，第1页。
② 国民政府军委会委员长南昌行营第二厅编：《军政旬刊》（统计）1934年第16期，第5—6页。

一 《人民守土伤亡抚恤实施办法》的颁布

到全面抗战时期这一人群又有了新的变化，不仅包括那些为战争服务的人，还有一些自发团结起来抗击日寇的民众。因此在1938年全面抗战之初，国民政府就颁布了《人民守土伤亡抚恤实施办法》，规定：凡人民及一切武装抗敌组织中，参加抗敌战斗临阵伤亡者；扰乱敌人后方及侦察敌人行动因而伤亡者；协助军队工作或执行军队命令因而伤亡者；保卫村镇抗拒敌人因而伤亡者皆可请恤。标准为：亡故者除给予其遗族80元一次恤金外并给予每年50元之年恤金；受一等伤者除给予70元之一次恤金外并给予每年40元之年恤金；受二等伤者给予60元一次恤金外给予每年35元之年恤金；受三等伤者除给予40元一次恤金外并给予每年30元之年恤金。所有伤情等级的鉴定以《陆军平战时抚恤暂行条例》第13条的规定为准，而且还规定二等伤与三等伤如果3个月内加剧，可按一等或二等伤加给年恤金；反之如果一、二、三等伤减轻或痊愈的话，则年恤金改为二等、三等伤或停止；遗族年恤金以10年为限，伤残年恤金以5年为限，如果5年内亡故其子女未成年可继续核给5年遗族年恤金。核恤过程也颇为简单，只要有受恤人及亲属或当地人民10人以上联名填具事实表，县市政府调查属实后即可向内政部请恤。[①]

毋庸置疑，该办法的颁布使国民政府对非军事人员的抚恤走向了正规化、程序化、常态化，能够大大增强广大民众的抗战热情。毕竟，一个因抗敌死亡的民众的遗族抚恤金可达580元，在1938年相当于上海一个五口之家26个月的生活费，最少的三等伤也能得到190元恤金，相当于上海一个五口之家8个月的生活费，较当时一个船夫因公死亡的60元恤金，优厚了许多。而且对那些孤苦无助的伤者和遗族也是一笔难得的资金。1938年到1941年间内政部依照《人民守土伤亡抚恤实施办法》共计抚恤了122人，其中江苏3人、江西8人、山东24人、河北2人、浙江9人、湖南15人、山西14人、广

[①] 内政部总务司第二科编：《内政法规丛编礼俗类》，商务日报馆1940年版，第41页。

西 4 人、安徽 6 人、湖北 15 人、河南 16 人、广东 2 人、福建 12 人、绥远 2 人。① 由以上数据不难发现，受恤最多的是那些当时敌我处于胶着战斗状态的省份：山东、湖北、河南、湖南、山西、福建；而敌占区（河北）或后方（广东、绥远）较少，更后方的四川、云南、贵州等省则一个没有。

当时《人民守土伤亡抚恤实施办法》的受恤人主要包括：

1. 特工

1940 年 9 月，特工队员李怀良在崇阳附近工作，被伪维持会长报敌扣留，遭杀戮，并株连作保的伪保长程胜卿，其后被捕自缢，程有老母妻子孤苦无依，蒋介石亲自致电称其"遭敌扣，不屈"，令湖北省主席陈诚从优给恤，最后给安家费 200 元，并饬其家属遵《人民守土伤亡抚恤实施办法》，呈请核恤，以示激励。②

2. 协助抗敌者

湖北省礼山县王国琳和弟弟王国斌于 1940 年 1 月 12 日夜荷大锄挖赵家河桥梁，破坏敌人交通线，为敌护路队侦知，被杀害。湖北省主席陈诚亲自为其请恤，事迹存备修入县志。③

3. 不与敌屈服者

1940 年 9 月 18 日，山西省隰县陶上村民校教员郭在勋，爱国热心，宣传抗敌，竟遭杀害，山西省按《人民守土抚恤实施办法》从优给恤，并准入忠烈祠。④

4. 被敌杀害者

1941 年 4 月 27 日，奸人袭击江苏农民银行上海分行，行员樊端威、薛玉删等六人惨遭枪杀，四人身受重伤，行政院认为"该行员等服务上海，效忠国家，勤举捐躯，均堪矜式"。给亡故者 2000 元特恤

---

① 国民政府军事委员会编：《抚恤委员会成立三周年纪念册》，1941 年 8 月 1 日出版，附表 3。

② 湖北档案馆藏：《为九战区特工队员李怀良保长程胜卿给恤一案》，1941 年 8 月 12 日，档案号：LS1-4-3586。

③ 湖北档案馆藏：《为礼山县呈报王国琳因公被敌杀害请恤》，1940 年 4 月 23 日，档案号：LS1-4-3586。

④ 《行政院公报》，1940 年 11 月 1 日，渝字第 3 卷第 21 号，第 4 页。

金，重伤者500元救济金，"用示轸念忠良之至意"①。

对于人民守土伤亡抚恤的审核也是颇为严格。黄冈县政府呈递的请恤申请记载，詹国璋在乡充当联保主任历有年，"所虽不敢诩有成绩，其事其功皆彰"，辞去本乡联保主任为时不过月余，在1940年3月18日，匪徒数人将其捉至野外，以短枪滥击，伤剧殒命。但省政府审核认为："查詹国璋系退职后被杀身死，既非在职因公殒命，又非抗敌已故。与《人民守土伤亡抚恤办法》不符，不能按该办法抚恤。但鄂东行署程汝怀坚持"查该员生前委实干练，对于地方公益罔不见义勇为，尤其在本县初沦陷时，搜集枪支，组织游击队协同抗日剿匪，地方赖以维持，此次被匪击毙，虽非在职，究因在职时奉公努力，以致匪徒仇视，恳转呈破格依《人民守土伤亡抚恤条例》抚恤"。最后由湖北省政府主席陈诚出面，坚持原有意见，但"惟据称该员生平对于地方公益罔不见义勇为一节，姑准饬县酌给埋葬费，以示矜恤"②。

二 公路、航空抗战工人的抚恤

1939年以后，直接为战争服务的工人数渐增，以运输为大宗。活跃在滇缅公路上的华侨机工是抗战时期的一个著名群体。当沿海沿江相继沦陷之后，国际交通与运输，更显示出重要性，被称为"抗战输血管"。西南大动脉滇缅公路，因现实的需要，虽然路面狭窄，高低不平，也草草地完成了全部工程。由于这个缘故，非有熟练的机工，不能担任后方的运输和修理工作。南洋华侨筹赈总会，受西南进出口物质运输总经理处的委托，开始代募机工回国服务运动，投入到对日抗战的大后方。由第一批至第十批，共计3192人，③ 经过了相当时期的军事、政治和技术的训练之后，都分配了工作，"那勇敢有为的华侨机工，多半是受过英人的高等教育，或系华侨富商的子弟，不是工

---

① 《行政院公报》，1941年8月1日，渝字第4卷第15号，第33页。
② 湖北档案馆藏：《湖北省政府鄂东行署关于转詹国璋请恤事实表及保结一事的呈文及湖北省政府的指令》，1941年7月5日，档案号：LS1-2-0134-011。
③ 任贵祥：《华侨第二次爱国高潮》，中共党史资料出版社1989年版，第139页。

厂中有地位有经验的技工,便是企业界有资产有群众的好手。"① 从 1939 年 7 月至 1942 年 7 月的 3 年中,滇缅公路运输的军需品和其他物资共计 45.2 万吨,即平均每日的军事物资输入量保持在 300 吨以上,被誉为抗战运输线上的"神行太保"②。

当时,抗战物资的运输任务繁重,而且环境恶劣。当时,有三大困难威胁着机工的生命安全:一是险路关。滇缅公路从昆明到腊戍,全长 1146 公里,海拔为 500 米至 3000 米不等,沿途悬崖、峭壁、陡坡、急弯颇多,稍不留神就车毁人亡。二是雨季关。由于滇缅公路是战时突击抢修的泥巴路,道路狭窄,坑洼不平,一到雨季,泥泞路滑,行车犹如老牛拖犁,裹足不前,塌方险情,屡见不鲜。③ 机工曹腾光就曾经在保山 20 公里处的一个悬崖翻车,但是他死抱着方向盘,任汽车翻跟斗,最终幸免于难,还有陈克己、黄顶兴等都死里逃生,但更多的人却葬身在这雨路征途中。④ 三是瘴疟关。滇西至滇北一带是世界上有名的"烟瘴之地",毒蚊猖獗,恶疟流行。⑤ 据《新华日报》报道:"华侨司机每天遭遇流行的恶性疟疾,平均死亡率每日约计七八人。"⑥

还有空袭关。从 1940 年 10 月起,日军为切断国民政府的补给线,在不到 6 个月的时间里出动飞机四百多架次,轮番轰炸。

表 4-13　　西南运输处侨工因公死亡及病故统计表

(截至 1939 年 11 月 30 日)

姓名	亡故时间	亡故原因	姓名	亡故日期	亡故原因
李珍荣	1939.5	覆车	刘满	1939.5	病故
李儒	1939.6	覆车	林荣长	1939.6	断烟身故
吴金禹	1939.7	覆车	胡先	1939.6	病故

---

① 童行白:《华侨机工的现状与将来》,《中国劳动》1941 年第 1 卷第 2 期,第 41 页。
② 泉州华侨抗日史编委会编:《菲岛华侨抗日风云》,鹭江出版社 1991 年版,第 189 页。
③ 泉州华侨抗日史编委会编:《菲岛华侨抗日风云》,鹭江出版社 1991 年版,第 188 页。
④ 林少川:《陈嘉庚与南侨机工》,中国华侨出版社 1994 年版,第 338 页。
⑤ 泉州华侨抗日史编委会编:《菲岛华侨抗日风云》,鹭江出版社 1991 年版,第 188 页。
⑥ 《新华日报》1941 年 1 月 27 日第 4 版。

续表

姓名	亡故时间	亡故原因	姓名	亡故日期	亡故原因
洪金山	1939.9	覆车	吴再春	1939.7	病故
汤磐	1939.10	敌机轰炸	黄锦洲	1939.7	病故
车健	1939.10	敌机轰炸	陈春香	1939.8	病故
符气簪	1939.11	覆车	黄培	1939.8	病故
洪金城	1939.11	覆车	苏用球	1939.9	积劳病故
梁登财	1939.11	覆车跌重伤致死	雷永成	1939.11	病故
邓光前	1939.11	覆车			

资料来源：根据吴强、陈毅明、汤晓梅编《南侨机工档案史料选编 云南省档案馆馆藏部分》，中国华侨出版社2009年版，第190页内容整理。

根据表中统计，覆车死亡8人和病故死亡9人，占侨工死亡总数的89%。说明道路险和瘴疟是当时造成侨工死亡的主要原因。据不完全统计，整个全面抗战期间，大约1000多名华侨机工牺牲在滇缅公路上。[①]

国民政府为了提高侨工的抗战热情，使其更好地为抗战服务，特别注重对伤亡侨工的抚恤。如新加坡华侨吴再春本来是英属工厂内的优秀驾驶员，激于爱国热诚，毅然归国战斗在滇缅路上。1939年7月16日，车至龙陵，机械发生障碍，车上没有修理工具，又值大雨，气候剧寒，他"衣被单薄，体力弗胜，爱护公物，不忍舍去，竟守候以待救济车"，最后被冻死。吴再春"爱护公物，奋不顾身"，"与前线将士守土成仁亦无多让"[②]。蒋介石亲自为其请求褒恤，抚恤国币300元，并在殉难处建纪念碑。[③]

对于华侨机工的抚恤主要援用1938年以前交通部制定的《铁路员工抚恤通则》：员工因执行职务伤残者，按其情况及服务年限，给予12至24个月平均薪资的一次恤金，死亡者另加丧葬费50元。在

[①] 泉州华侨抗日史编委会编：《菲岛华侨抗日风云》，鹭江出版社1991年版，第190页。

[②] 吴强、陈毅明、汤晓梅编：《南侨机工档案史料选编 云南省档案馆馆藏部分》，中国华侨出版社2009年版，第183页。

[③] 吴强、陈毅明、汤晓梅编：《南侨机工档案史料选编 云南省档案馆馆藏部分》，中国华侨出版社2009年版，第184页。

职满 3 年以上积劳病故者按服务年限酌给 1—12 个月的平均月薪作一次恤金。① 1938 年 2 月交通部颁布《抗战时期铁路员工特恤办法》，提高因战亡故者的抚恤标准，"在战区被敌人伤害致死亡故除照章抚恤外并给遗族该员半薪 15 年，籍示优异"②。鉴于南洋侨工的月薪是国币 30 元③，而且其参加抗战时间都为 1939 年，服务年限都不足两年，因此只能得到大约 300 元抚恤费。④ 在 1939 年，通货膨胀还不严重，重庆一个产业工人的月平均工资为 52 元，其恤金相当于 6—10 个月的工资，算是临时救助。⑤ 到了 1940 年以后，通货膨胀日益严重，这些恤金的象征意义大于现实保障能力。对于一些伤残侨工来说，生活极为艰难。机工潘复生车翻致残，仅得养伤费 250 元，另外给 50 元路费，由华侨机工互助社遣送回家。⑥ 而另一位被炸身亡的机工的月薪不足 45 元，只能得到 500 元的抚恤费。⑦ 要知道 1940 年，重庆产业工人的平均月薪为 100 元，这些恤金只能应一时之需。起初，很多华侨机工可以依靠家属汇款接济，1941 年 12 月 8 日，太平洋战争爆发，南洋各地相继沦陷，华侨机工的接济来源断绝，其生活更加艰苦。

另外，由于侨工的遗族要么身居海外，要么漂泊四方，请领恤金也是一大难题。机工黄锦洲因公亡故，但其父已由福建南安迁居到晋江，后由西南运输处处长宋子良亲自致电，将恤金转至厦门侨务局代

---

① 中国公路交通史编审委员会编：《中国公路史》（第 1 册），人民交通出版社 1990 年版，第 345 页。

② 《抗战时期铁路员工特恤办法》，载蔡鸿源编《民国法规集成》，黄山书社 1999 年版，第 63 册，第 469—470 页。注：国民政府后又对该办法作了解释，即战区不仅指陆海交战地域也包括空军作战区域，空袭是因勤奋而被炸死者、赴田野或就近躲避，设非禁止即不能谓为不当，故被炸死亡仍得请恤。

③ 任贵祥：《华侨第二次爱国高潮》，中共党史资料出版社 1989 年版，第 139 页。

④ 注：《铁路员工抚恤通则》规定：服务 2 年未满者，给予 12 个月平均薪金作为一次恤金。

⑤ 孔敏编：《南开经济指数资料汇编》，中国社会科学出版社 1988 年版，第 353 页。

⑥ 吴强、陈毅明、汤晓梅编：《南侨机工档案史料选编 云南省档案馆馆藏部分》，中国华侨出版社 2009 年版，第 181 页。

⑦ 吴强、陈毅明、汤晓梅编：《南侨机工档案史料选编 云南省档案馆馆藏部分》，中国华侨出版社 2009 年版，第 184 页

为寻找发放，问题才得以解决。海外侨工的抚恤金多由各地华侨协会代为转发。① 机工潘益因病亡故，由于未发现其健在家属，霹雳华侨筹赈会将其恤金 150 元捐给了中国赈济会。② 请恤本应由遗族请领，对此，国民政府做了变通处理，允许其他员工代为请恤，但必须有保证人作保。③

1941 年底，由于日军的进攻，滇缅公路中断，运送抗战物资的重任落在了空运上，在此仅以"驼峰航线"为例，在其运行的 3 年时间里，共有 609 架飞机坠毁，2000 多名飞行员牺牲或失踪。④ 为此，交通部在 1938 年就制定了《交通部所属航空公司服务人员抗战时期因公伤亡抚恤办法》，该规定对空中服务人员和非空中服务人员区别给恤：空中服务人员在执行战务被敌伤害致死者，正、副机师可得 1 万元的一次恤金和 1000 元的治丧费；机械及电务员可得 7500 元一次恤金和 1000 元治丧费；侍应生则是 5000 元和 500 元。而非空中服务人员月薪 400 元以上者，可得 5000 元一次恤金和 500 元治丧费；月薪 200—400 元的，可得 4000 元和 500 元；月薪 50—200 元的则是 3000 元和 500 元；月薪 50 元或 50 元以下的则可得 2000 元和 250 元。对于负伤致残者，如能继续工作，给予治疗期内医药及一切费用，公司并保证其永久服务（有重大过失者不在此限）；不能再任工作者，按亡故给予一次恤金。⑤ 航空服务人员具有高危险性和高技术性，再就是源于国民政府长期来对空军的青睐，所以恤金高于铁路和公路员工数倍。1938 年，中国航空公司桂林号副机师刘崇□，在突遭敌机袭击的

---

① 吴强、陈毅明、汤晓梅编：《南侨机工档案史料选编 云南省档案馆馆藏部分》，中国华侨出版社 2009 年版，第 180 页。
② 吴强、陈毅明、汤晓梅编：《南侨机工档案史料选编 云南省档案馆馆藏部分》，中国华侨出版社 2009 年版，第 175 页。
③ 吴强、陈毅明、汤晓梅编：《南侨机工档案史料选编 云南省档案馆馆藏部分》，中国华侨出版社 2009 年版，第 180 页。注：在请恤说明中规定了保证人须具备的资格，1. 本处科长以上或与科长阶级相当之高级职员；2. 当地之乡镇长；3. 有正当职业二人以上之保证；4. 铺保者须具有 500 元以上商业牌照之商店。
④ 杨德华等：《历史上云南对中华民族发展的贡献》，云南民族出版社 2006 年版，第 196 页。
⑤ 《交通部所属航空公司服务人员抗战时期因公伤亡抚恤办法》，载蔡鸿源编《民国法规集成》，黄山书社 1999 年版，第 64 册，第 238 页。

时候,"奋不顾身,一面执行职务,一面抚慰顾客并为包裹枪伤,卒至中弹毙命"。行政院认为该机师"以死勤职,临难不苟,实属难能可贵,应予以褒扬并发给恤金3000元,以彰忠烈"①。3000元在1938年可供上海五口之家最低生活保障142个月。

三 工厂劳工的抚恤

那些最平凡的工厂劳工受恤人所得就不容乐观了。国民政府公报上第一例为劳工请恤的记载发生于1927年7月9日,当时上海兵工厂厂长石瑛呈称:"该厂工人3000余名,或因病身亡或因功勋命,时所恒有。日前已病数人经其家属请求抚恤,嗣经厂务会议拟暂照粤厂(民营工厂)抚恤办法,其因病身亡者抚恤工资一个月最低数为30元但工资不及30元者仍给抚恤金30元以示体恤其右,因公殒命者给恤金500元(一次给清)。"②

1929年以后,对于工厂劳工的抚恤一直按《工厂法》的第45条来执行,进入全面抗战以后,由于空袭的频繁,工人非工作伤亡增加,为了鼓励工人进行生产,国民政府于1941年10月出台了《工厂矿场工人遭受空袭损害暂行救济办法》及《空袭时间工厂停工复工及核给工资暂行办法》,规定空袭中工人被炸受伤,除给工资外,还承担医药费;如果因伤致残,则还要以残废部分之轻重为标准给以残废津贴(其数额至多不得超过3年之平均工资,至少不得低于1年之平均工资);如果被炸身亡,工厂矿场除给至少200元的残埋费外,并应给予其家属至少600元的抚恤金,已有工厂矿场代为保险者应给予其应得之保险赔偿金。③ 资源委员会在1943年1—7月间抚恤了1名空袭亡故的员工。④ 这个标准在当时的实际价值是多少呢?1940年重

---

① 《行政院公报》,1938年10月15日,渝字第1号,第11页。
② 《国民政府指令》(1927年7月9日),《中华民国国民政府公报》第11册,宁字第8号,第18页。
③ 《工厂矿场工人遭受空袭损害暂行救济办法》,载蔡鸿源编《民国法规集成》,黄山书社1999年版,第42册,第232页。
④ 《资源委员会所属机关员工死亡原因及人数统计表》,《资源委员会公报》1942年第5卷第2期,第40页。

庆产业工人的平均工资是每月 100 元，① 因空袭而亡故的工人最少可得 800 元抚恤金，相当于 8 个月的月薪，外加保险。实际标准并没有高过《工厂法》规定的两年月薪。

还有那些战时临时征雇的壮丁和民夫，壮丁在全面抗战时期的死亡率是非常高的，蒋介石自己也承认，"在一队从福建步行去贵州的 1000 人中幸存者不足 100 人。在从广东到云南的 500 英里的艰苦跋涉中，700 名新兵只有 17 人活着走过来。这些无疑是极端的例子。但是，在 1943 年征集的 167 万人当中将近有一半——44%，在他们赶往所去部队的途中死去或逃走。在 8 年战争中，那些在到达所分配的部队之前就死去的新兵总数大约有 140 万人——也就是在征集的 10 个人中就有 1 个。"② 徐复观和蒋梦麟的估计也证实了这一点，全面抗战期间大约有 140 万壮丁倒在了大路上。③ 由于他们死在入营前还不算正式军人，所以对他们的伤亡抚恤国民政府在 1939 年专门制定了《征训补充壮丁抚恤及埋葬费暂行办法》，规定应征之壮丁以集合尚未入营之前，遇有负伤或死亡，依陆军最低阶级给予埋葬费或送医院治疗；入营后新兵教育期间，则按其等级，依《陆军平战时抚恤暂行条例》给予一次恤金及埋葬费；转入常备兵役之日则按《陆军平战时抚恤暂行条例》核恤。④ 但据敖文蔚与笔者的检索所及，尚未发现此类抚恤案例。⑤

而对于民夫的抚恤则更多是象征性的。1938 年故宫博物院在南迁的过程中，一位纤夫刚吃了两口母亲送来的饭，就去拉纤，一失足掉进江中淹死，纤夫每月工资为 7—9 元，淹死后抚恤费每人为 30 元。⑥ 对征雇的民夫则规定：轻伤给予一次恤金 10 元；重伤给予一次恤金

---

① 孔敏编：《南开经济指数资料汇编》，中国社会科学出版社 1988 年版，第 353 页。
② [美] 易劳逸：《蒋介石与蒋经国 1937—1949》，王建朗等译，中国青年出版社 1989 年版，第 209 页。
③ [美] 费正清主编：《剑桥中华民国史》（第二部），章建刚等译，上海人民出版社 1992 年版，第 625 页。
④ 朱汇森主编：《役政史料》（下），台湾"国史馆"1990 年版，第 19—20 页。
⑤ 敖文蔚：《中国近现代社会与民政》，武汉大学出版社 1992 年版，第 18 页。
⑥ 中国现代文学馆编：《何其芳文集》，人民文学出版社 1983 年版，第 356 页。

40元,因而残废者给予一次恤金60元;积劳病故者给予一次恤金80元,另埋葬费15元;因公殒命者(因敌炮火或敌机炸击死亡同),给予一次恤金100元,另埋葬费15元。且该费用从民夫主管机关及部队的工程费内支报(如运输者,即由运输费内支给),不填发恤令。① 各省予以呼应者有之,河南省于1944年颁布《河南省雇员、公役、保甲人员暨民工民夫伤亡给恤办法》,规定:民工民夫阵亡者给予一次恤金500元并给埋葬费300元;负伤者按一、二、三等伤分别给予350元、300元、250元之一次医药费。② 在湖北,中央工兵第36营路经咸丰县,征雇民夫输送公物。民夫陈汉维"因力量不济,行走落后",即被该营押运士兵将腿打断。咸丰县府呈请道:"三家数口,境况贫寒,兄腿早年被拆,已成残废,民腿今又打断。料难复元,……实堪怜悯"。陈诚批准在该县地方经费下酌给医药费。③

两浙盐务管理局所属庆元分局的挑运盐夫刘义养病亡请求抚恤案很有代表性,既可见当时公役的生活穷困之境,也能显示出抚恤措施的有限性。刘义养是由承运商人樊哲人雇用的盐夫,刘氏挑盐出发时,承运人"见其体格孱弱,面有病色,即婉加阻止",但刘义养以"断炊多日势将饿毙,与其坐而待死,何如挑盐求生"为由坚持前往,承运人遂预发运费250元任其前往。不过刘义养"以久饥之后一旦得俟即饱嚼一餐,行至江根又购食摊售熟肉两块,是夜即告不起",不久病故。承运人发给刘义养家属恤金500元,一面请求庆元分局优予给恤;庆元分局虽知《战时雇用运夫运具办法》仅适用于自运或雇用之运夫运具,不适用于该案的委托商运,但为"慰死励生,宣扬公家德意,使民夫乐于运盐"起见,恳请两浙盐务管理局破格给恤,但遭拒绝,认为"向毋庸议",并要求庆元分局"勒令承运人

---

① 朱汇森主编:《役政史料》(下),台湾"国史馆"1990年版,第21—22页。
② 《河南省雇员、公役、保甲人员暨民工民夫伤亡给恤办法》,《河南省政府公报》1946年第17期,第12页。
③ 湖北省政府档案馆藏:《湖北咸丰县政府关于为征送工兵第36警公物民夫腿被打断请恤的呈文及湖北省政府的指令、代电》,1940年10月2日,档案号:LS1-2-0154-004。

负责发给"①。对于民夫的抚恤只是流于形式。

而因战而亡的劳工，一部分是工厂里的职工，一部分是临时招雇的为战争服务的雇工，如机工、民夫等。他们伤残得到的100—1000元恤金，在1940年以前还能维持2到20个月的生活，到1940年以后逐渐贬值，到1945年，最高的1000元恤金只相当于重庆产业工人一个月薪津的1/10不到，最多只能算是一种临时救助。在一些特殊事件中，政府会设立特恤金奖励受恤人，鼓励后来者。云南祥云县云南驿机场是驼峰航线的中转站，日军轰炸的主要目标，在1943年的多次空袭中，机场民工伤亡惨重，但还是屡炸屡修，颇为坚强。龙云亲自制定抚恤标准，除工程处的抚恤之外，死亡和重伤者特恤3000元，伤者1500元，相当于重庆产业工人平均月薪1064元的3倍和1.5倍，由于人数众多，在1942年7月5日的一次空袭中政府支出了巨额抚恤金：急恤金608000元；疗养费152500元；掩埋金45600元。② 在战争牺牲最多的地方，政府的抚恤金不论是数额还是发放的速度都会有所不同，因为面对战争所带来的巨量伤亡人数，困窘的国民政府难以做到一视同仁，只能择要为之；而对劳工而言，微薄的恤金难以真正解决罹难后的保障问题，只能救急一时，恤金的精神肯定作用胜过物质补偿作用，这也许代表了抗战时期大多数受恤人的心态。

第四节　全面抗战时期军人、公教人员、劳工抚恤状况比较

如果再来比较劳工和军人、公务员抚恤的情况，就会发现其与全面抗战前已大不相同。从恤金的保障能力来看，军人恤金一共调整了三次，自1942年起，照陆海军抚恤条例附表所载年恤金原金额加1倍发给。自1944年起，照陆海军抚恤条例附表所载年恤金原金额加2

---

① 浙江省档案馆藏：《两浙盐务管理府卷宗 庆元挑运盐夫刘义养病亡请求抚恤案》(1944)，档案号：L57-8-601。

② 李树华：《不能忘却的记忆——二战时期云南驿机场扩建、遭袭及死难者抚恤情况考证》，《云南档案》2017年第7期。

倍发给。自1945年份起，改照退役俸数比例，增加恤金。公务员的恤金与工资挂钩，1937年到1944年1月，公务员的工资收入指数从95.1上升到1896，年平均增长53%，上涨了约20倍。[①] 但是物价从1937年到1945年上涨了大约2000倍，[②] 综合工资和物价因素，公务员1943年工资的实际购买力只有1937年1/10（见下表）。也就是说恤金的保障能力从1937年到1943年缩水10倍，1937年，一个简任官因公殒命的恤金可以保障一个五口之家生活120个月，到1943年只能生活12个月了。而军人的恤金实际上只增加了一倍，实际购买力只有1937年的1/10，更为清苦。总之，战前公务员和军人中的中级军官能够靠恤金得到完全保障的日子不复存在。

表4-14　　战时重庆公务员、工人、一般职工、农民的收入情况一览表

1937年上半年=100　　　　　　计算公式：加权算术平均

年份	公务员 实际收入指数	平均指数	农民 实际购买力	产业工人 实际收入指数	工资（元）	指数	一般职工 实际收入指数	工资（元）	指数
1937	100	95.1	100	100	24	102.9	100	20	103.5
1938	77	85.2	111	124	41	179.8	143	32	167.4
1939	40	85.2	122	95	52	225.9	181	60	315.0
1940	21	102.5	63	76	100	437.0	117	138	718.0
1941	16	283.7	82	78	233	1017.6	91	317	1650.8
1942	11	464.4	75	75	436	2082.4	83	594	3076.8
1943	10	1132.3	58	69	1064	4822.6	74	1492	7776.6
1944		1896.0			3854	16808.0		5500	28671.0

资料来源：孔敏编：《南开经济指数资料汇编》，中国社会科学出版社1988年版，第354—356页。张公权：《中国通货膨胀史》，文史资料出版社1986年版，第43页。

---

① 孔敏编：《南开经济指数资料汇编》，中国社会科学出版社1988年版，第354—356页。
② [美] 唐·帕尔伯格：《通货膨胀的历史与分析》，中国发展出版社1998年版，第106页。转引自杨兵杰《中国近代公务员工资制度思想研究》，上海财经大学出版社2006年版，第312页。

而难得的是，劳工抚恤反而没有整体性陷入困境。一些公营企业在国民政府的授权下，依靠自身和社会力量试行各种抚恤措施，来为那些伤残职工、亡故职工遗族解决基本的生存问题。其中资源委员会的互助寿险在当时的物价水平下，最高峰时可以保证因公亡故职工遗族 30 个月的生活，确实达到了相当高的保障水平。而且其原理简单，即收即付，能够根据通货膨胀调整费率和保额。但是此种保险适用于人数众多的大型企业，对一些中小企业没有借鉴价值，所以难以推广。而川北的盐工保险，以整个行业为基础，保险基数坚实，在一些具有现代保险意识官员的策划下，精确死亡率和保险率，职工承担费用少，保障可靠，使一些小企业实现了联合，保障了一些小企业职工受恤人的利益，极具推广价值。但是在通货膨胀的背景下，险池中的基金贬值厉害，保障能力大减。

值得注意的是，在全面抗战时期通货膨胀的压力下，恤金的价值日落千丈，保险费用只能作为补充，难以独擎危局，那么数以万计的劳工为什么仍然能斗志昂扬地度过那段艰难岁月呢？

首先，一些公营企业在国民政府的授权和指导下，试办各类保险，在一定程度上保护了一部分伤残劳工和亡故者遗族的基本生活，缓解了他们的生存压力。

其次，民众受激于抗战热情而具有的奉献精神也是解决这一问题的主要原因。翻开民国的报纸和刊物，可以看到许多讴歌为了民族利益而牺牲个人利益的事迹。的确，在那些血与火的岁月里，挽救民族危亡代替了个人得失，许多人都以此奉献着利益。如全面抗战时期军人的抚恤率平均为 9.2%，有 90.8% 的应受恤人没有享受国家抚恤。公务员的恤金与工资紧密相连，在 1942 年以后公务员薪金贬值最为厉害的岁月里，有的公务员不得不通过第二职业来补贴家用，更多的人"勇敢地承受营养不良的危害，并看着家人的健康状态一天天下降"[1]。诚如后来《观察》杂志所言："抗战以来，公教人员之实际待

---

[1] ［美］费正清编：《剑桥中华民国史》（第二部），章建刚等译，上海人民出版社1992年版，第646页。

遇一再减低，菲薄到无以为生的不合理程度，但大部分人仍能坚守岗位，奉公守法。当时正值民族存亡的关头，公教人员此种吃苦耐劳的精神，可谓无愧于国家。"①

而国民政府对劳工的抚恤标准一直定得很低，在全面抗战前只有那种符合《工厂法》标准的工厂工人才能享受抚恤，全面抗战期间国民政府对一些征雇劳工、侨工实行的抚恤只是象征性的救助，但劳工在这种民族危亡的关键时刻，还是坚持以国家为重。《中国劳动》告诫劳工："难道我们等国亡了之后，还可以与虎谋皮的问日本军阀来改善劳工一般人民的生活吗？所以目前唯一的目标，劳工只有努力参加抗战，驱逐日本帝国者的势力及铲除一切汉奸，然后才可以做到改善劳工的生活。"②潘公展页附和这种声音："中国劳工问题是整个中华民族解放问题的一环，决不能故意分割，单独求其解决。"他盛赞劳工道："在将近四年的神圣民族抗战期中，中国劳工不独没有发出'无病呻吟'的劳资冲突事件，并且在后方生产建设各部门中尽过相当伟大的努力。"③

再则，恤金贬值是那个时期的普遍现象。试想，一位中将司令退役的俸禄只能买两条烟，一个教授靠刻章、写字换钱，其余的士兵和公务员还有什么不满呢？中国社会不患贫而患不均。可见，在抗战救国的精神感召之下，更多的人本着奉献的精神，咬牙忍受，希望能够到抗战胜利之后有所转机。

---

① 王遵明等：《我们对于改善公教人员待遇的意见》，《观察》1947 年第 3 卷第 8 期，第 4 页。
② 周行健：《改善劳工生活之研究》，《中国劳动》1941 年第 1 卷第 2 期，第 35 页。
③ 潘公展：《劳工与抗战》，《中国劳动》1941 年第 1 卷第 1 期，第 3 页。

第五章　挣扎：抗战后的劳工抚恤

抗战结束后，国民政府迎来了一段相对繁荣的岁月。对日作战的胜利使得政府的国际地位日隆，在百姓中的政治认同感也是较强的，经济上接收了大批日伪产业，企业的数量和规模都达到了空前。1942年，国统区工厂工人人数为241662人，到1946年全国工厂工人人数为682399人，是之前的3倍。① 经济比重也发生了变化，1941年在经济部注册之私营工厂有1915家，省营工厂有110家，国营工厂有98家，共2123家，只有4.6%；到1944年工厂总数为2566家，国营者502家，占工厂全数的9.5%。② 到1946年公营工厂无论是资本、人数和地位都获得了绝对控制地位。这一时期重工业部门、交通、银行等企业表现突出。仅就资源委员会而言，1939年该机构只有10672人，到1947年达到顶峰有职工223775人，厂矿291个。③ 而民营企业在各种因素的制约下快速衰落，1946年底，迁川工厂联合会390家会员中仅存100家，只20家开工。中国工业协会重庆分会所属工厂470余家，停工者达2/3；四川中小工厂联合会的1200家工厂，歇业停工达80%。④

---

① 刘明逵、唐玉良主编：《中国近代工人阶级和工人运动》（第10册），中共中央党校出版社2002年版，第58页。
② 应成一：《民元来我国之劳工问题》，《银行周报》1947年第31卷第12期，第13—30页。
③ 许涤新、吴承明编：《中国资本主义发展史》（第3卷），人民出版社2005年版，第627页。
④ 许涤新、吴承明编：《中国资本主义发展史》（第3卷），人民出版社2005年版，第652页。

公营企业的壮大对劳工抚恤有着一定的积极意义：一是这些企业实力雄厚，制度完善，承载着国家社会责任，有能力和责任为劳工提供可靠的抚恤保障；另一方面由于这些企业雇佣人数众多，使得得到保障的劳工群体扩大，而且大批劳工的聚集也为开展各种团体互助提供了可能。

但是很快，刚刚起步的各项劳工抚恤措施又不得不接受更严峻的考验。1945 年，政治经济军事实力占优的蒋介石发动内战，战争开始占尽优势，可是并未像预想中那样很快结束，在 1947 年出现僵持局面，巨大的战争消耗使得政治、经济形势日渐恶化。抗战后，物价水平有过短暂的回落，但其后又是一路飙升，超过全面抗战时期。以上海为例，其日用品零售价格在 1946 年达到了 1937 年的 4902 倍，而 1948 年 8 月的零售价格则是 1946 年的 1274 倍，北平与南京更高。[①]一日千里的物价使以前的那些受恤人微薄的抚恤金更加无用，而面对每天新的恤案，企业只有不断调高抚恤金标准抵消飞涨的物价。

而此时的国民政府深陷战争泥沼不能自拔，面对如何保持一百万抗战伤残军人和烈士遗族的年恤金购买力，每天新增伤亡军人的抚恤救助以及公教人员的伤残亡故抚恤的问题，国民政府不得不把主要精力、财力、人力集中于救助体制内的受恤人，劳工抚恤基本处于政府缺位状态，既没有新的对策和措施，也没有必要的法律监督，企业成为劳工受恤人的主要依靠。根据全面抗日战争时期的经验，单方面的企业抚恤不光让企业不堪重负，同样让受恤人难以久恃，要想渡过难关，企业必须由单纯的抚恤资金的提供者转变为劳工互助的组织者，只是此时面对的经济形势较全面抗战时期还要严峻。

第一节　各种企业劳工抚恤办法的调整

严格说来，全面抗战期间资源委员会实行的互助寿险、川北盐

[①] 贾秀岩、陆满平：《民国价格史》，中国物价出版社 1992 年版，第 399 页。注：文中倍数是根据书中所列数据计算得来。

工保险都有许多可以总结的经验，可将其推广至全国，而国民政府似乎无暇顾及。对于工厂劳工的抚恤仍然以1929年的《工厂法》为圭臬，政府仅在1946年10月出台了《雇员给恤办法》，并没有别的作为。《雇员给恤办法》是对《工厂法》的扩展，而且它只是一个临时性的政策措施，没有法律权威支撑，企业可以选择性执行。

一 酬绩式抚恤的盛行

《雇员给恤办法》是全面抗战时期的《战时雇员公役给恤办法》的常态化，目的是对所有雇员进行抚恤而非仅对《工厂法》所界定的"工厂"范畴内的工人进行抚恤。与《战时雇员公役给恤办法》相比，新办法基本一字未改：1. 雇员在办公场所或因公出差遭遇意外事变以致受伤残废或心神丧失不能服务者得按其最后薪资给予10个月薪资之一次恤伤费，其受伤未达残废或心神丧失程度者给2个月至4个月薪资之一次医药费。2. 雇员在办公场所或因公出差遭遇意外事变以致死亡得按其最后薪资给予14个月薪资之一次抚恤费。3. 雇员在职积劳病故得按其最后薪资给予4个月薪资之一次抚恤金，雇员之恤伤费医药费及抚恤费除照前项规定给予外，得按现任雇员之待遇在30%以内比例增给之。①

1948年，鉴于物价的变化，该办法针对受恤人群最多的积劳病故提高了标准，恤金由原来的4个月升至6个月。"雇员在职病故，得按其最后薪资给予6个月薪资之一次抚恤费，雇员之恤伤费、医药抚恤费，除照前项规定给予外，得按现任雇员之待遇，在60%以内比例增给之。回籍时，得视其路程远近，给予旅费；死亡人员无力殓葬者，得酌给殓葬补助费。"②

---

① 《雇员给恤办法》，《青岛市政府公报》1947年第21期，第14页。
② 《雇员给恤办法第一条修正条文》，《青岛市政府公报》1948年第14期，第1页。

表 5-1　　　《雇员给恤办法》《工厂法》抚恤标准比较

抚恤种类	《雇员给恤办法》	《工厂法》
因公亡故	按其最后薪资给予 14 个月薪资之一次抚恤费。	50 元之丧葬费外，其遗族抚恤费 300 元及 2 年之平均工资。
因公致残	10 个月薪资之一次恤伤费。	给以残废津贴，其津贴以残废部分之轻重为标准，但至多不得超过 3 年之平均工资，至少不得低于 1 年之平均工资。
因工致伤	2 个月至 4 个月薪资之一次医药费。	
积劳病故	给予 4 个月薪资之一次抚恤金，雇员之恤伤费医药费及抚恤费除照前项规定给予外，得按现任雇员之待遇在 30% 以内比例增给之。	除担任其医药费外，每日给以平均工资 2/3 之津贴；如经过 6 个月尚未痊愈，其每日津贴得减至平均工资 1/2，但以 1 年为限。

比较《雇员给恤办法》和《工厂法》的抚恤标准不难看出，《雇员给恤办法》规定的受恤人实际获得恤金是低于《工厂法》规定的。其中因公亡故的抚恤标准是 10 个月月薪，因公致残至少是 2 个月月薪，因公致病的保障期是 4 个月，而《工厂法》的规定是一年。但是《雇员给恤办法》仍然有许多适用于当时环境的可取之处。

其一，该办法没有规定适用工厂，只要是雇佣人员都可适用，取消了《工厂法》规定的雇佣 30 人以上，使用机器生产的限制，其普适性大为提高，不仅适用于工厂工人，而且适用于各种临时雇佣人员。

其二，不论是因公亡故还是因公致残其恤金皆采取一次恤金支付，这也许是基于全面抗战时的环境，可以省略许多环节，简单易行，取消年恤金采取一次恤金支付是抗战以后的普遍做法，因为年恤金如果不及时调整，在汹涌的通货膨胀面前很快就会毫无价值，这种通胀的影响难以预计，不如一次发放，受恤人可以在短时间内将货币换成物质，延续更长的生活。

其三，重视积劳病故抚恤。针对积劳病故受恤人比例较大的特点，该办法规定："雇员在职积劳病故得按其最后薪资给予 4 个月薪资之一次抚恤金，雇员之恤伤费医药费及抚恤费除照前项规定给予外，得按现任雇员之待遇在 30% 以内比例增给之。"后来又调整为 60%。

《雇员给恤办法》的施行虽没有国家强制力的保证，但是在一些大型企业和部门得到了回应。首先是一些政府所控制的经济部门积极响应，资源委员会在 1947 年 2 月修订了《资源委员会所属机关员工抚恤规则》，取消了年恤金，调整了恤金金额。员工伤残或死亡，自己无过失者按服务年资一次发给恤金，3 年未满发 10 个月薪津，3—4 年者发 11 个月薪津，4—5 年者发 12 个月薪津，依此类推。①

复兴商业公司在全面抗战期间对因公亡故者给予一次恤金和 8 年的遗族年恤金。一次恤金按服务年限 2 年以下、2 年、3 年到 14 年 15 个等级分别给予 12 个月到 25 个月的月薪；而年恤金一律按其月薪薪额月支 50%，每年分 4 次支给，还有特别恤金和丧葬费，丧葬费标准很高，月薪 100 元以下者给予 12 个月薪额；月薪 100 元以上者给 9 个月薪额，月薪 300 元以上者给予 6 个月薪额。因公致残者得三个月薪资，因公致病医药费由公司担负，治疗期间前 3 个月全薪，第 4 个月半数，第 6 个月止。②抗战胜利后，公司很快取消了年恤金，改为一次恤金。复兴商业公司宜宾储运站谢建庭于 1945 年 8 月 25 日因病身亡，照章可给一次恤金 168 元，丧葬费 14048 元，共计 14216 元，寿险偿金 936 元。③ 由于谢建庭是因病而亡，按规定没有恤金，只给了 168 元的月薪，但是其丧葬费却高达 14048 元，相当于该员 89 个月的工资，按照该故员的 168 元月薪是算不出 14048 元的丧葬费的，其中包含了 8 年的年恤金和特别恤金。15152 元的补偿金在 1945 年 11 月相当于该雇员 7 年半的工资，但是到 1946 年 2 月，上海一个五口之家的最低生活费需要 15600 元。一次性发放抚恤金，受恤人可以在很短时间内保

---

① 全国政协文史资料研究委员会工商经济组编：《回忆国民党政府资源委员会》，中国文史出版社 1988 年版，第 207—208 页。
② 重庆市档案馆藏：《复兴商业公司员工抚恤规则》，档案号：036000200005000036。
③ 重庆市档案馆藏：《关于核给故工谢建庭抚恤金致复兴商业公司宜宾储运站的函》，档案号：03620001000150000110，19451123。

值使用，可见，取消年恤金具有保持购买力的效果。

其次关于积劳病故的抚恤。当时各个抚恤条例侧重于解决因公伤残、亡故受恤人的保障问题，对于积劳病故或因病亡故者，无论是抚恤金额还是保障时间都大打折扣，而到了全面抗战后期，根据寿险部门的统计，积劳病故成为劳工的主要亡故原因，且积劳病故工人多是服务企业多年的忠诚员工，因此无论从慰劳酬绩角度，还是从按需抚恤的角度，都应该对这部分受恤人进行补偿。

《雇员给恤办法》建议增设特别恤金——按年限发给员工月薪的30%—60%。这种做法在全面抗战时期就有所体现："如有特殊功绩者，除按服务年资发给恤金外，并得按情节核给 1.5—6 个月薪津的特别恤金。职员按当月份生活补助费基本数发给丧葬费，工人为职员的 60%。"①

但是，资源委员会的特别恤金是针对"如有特殊功绩者"，酌情给予的。1946 年 5 月 3 日钢铁迁建委员会警卫大队队长于孟晖在工潮中维持秩序被攻击身亡，在抚恤之外，给予 6 个月薪津之特别恤金 384000 元，消防队队长吴孝喜被殴伤，给予 3 个月薪津 192000 元特别恤金。②从档案资料来看，这种特别恤金在资源委员会的恤案中不多见。

有的企业采取低给常态化。例如粮食部就在《雇员给恤办法》基础上增加了"各级员工因维护本机关重大利益，奋不顾身，以致伤残或死亡者"除照章抚恤外，"其抚恤费及恤伤费，并得按最后在职月薪，增给一个月薪额"；"抚恤费、恤伤费，其任职服务超过一年以上者，每满一年得增给一个月薪额"等内容。③虽然任职满一年赠给一个月薪额的金额不多，但是条件简单、明晰，基本每个受恤人都会有所受益。

中国纺织建设公司则将十年工龄之内的员工分成 10 个等级抚恤，

---

① 全国政协文史资料研究委员会工商经济组编：《回忆国民党政府资源委员会》，中国文史出版社 1988 年版，第 207—208 页。

② 台湾"中研院"档案馆藏：《资源委员会员工抚恤》，档案号：24-13-01-004-03。

③ 《粮食部所属业务机关员工抚恤规则》，载蔡鸿源编《民国法规集成》第 42 册，黄山书社 1999 年版，第 91 页。

而 10 年以上则统一为 16 个月月薪，这与该公司的新组建有关（抗战后由 112 家企业组成）。1945 年 12 月颁布的抚恤规则规定：工友如果因公受伤则提供治疗费并且医疗期间工资照给，如果本人工作不慎则提供医疗费，工资减半；因公致残者视其残废部分之轻重，一次给予最近两年以下半年以上的残废津贴，其能工作者得酌情派遣适当职务，不给残废津贴。因公亡故者则按下列标准抚恤。①

表 5-2　　　　　中国纺织建设公司因公亡故抚恤标准表

服务年限	一年未满	一年以上	二年以上	三年以上	四年以上	五年以上	六年以上	七年以上	八年以上	九年以上	十年以上
恤金数目	6个月薪	7个月薪	8个月薪	9个月薪	10个月薪	11个月薪	12个月薪	13个月薪	14个月薪	15个月薪	16个月薪

资料来源：上海档案馆藏：《中国纺织建设公司伤亡抚恤暂行办法》，档案号：Q192-17-407。

将其与资源委员会的抚恤章程进行比较不难发现，中国纺织建设公司抚恤起点较低，为未满 1 年起恤，而资源委员会是未满 3 年，但资源委员会起恤标准是 10 个月薪津，而中国纺织建设公司是 6 个月；资源委员会 20 年老员工可以享受最高抚恤金——28—30 个月的薪津，而中国纺织建设公司规定入职 10 年就能享受，但是只有 16 个月月薪。可见中纺公司的抚恤规则是起点低，但抚恤金不高，主要是因为该公司为新组建，老员工较少。中国纺织建设公司的做法具有示范性，其他的私营纺织工厂纷纷效仿，申新纺织第二、三、五厂，茂新面粉公司、合丰企业公司、天元实业公司的职员抚恤标准与该厂如出一辙。

招商局在战后获得发展契机，采取多种方式结合的抚恤办法。1948 年 2 月 28 日颁布《国营招商局员工长期服务奖励办法》，规定：凡经本局正式任用而服务满一年之员工，奖励办法分 5 项：储蓄奖励金、长期服务奖金、退休养老金、因公伤亡抚恤金、团体人身保

---

① 上海档案馆藏：《中国纺织建设公司伤亡抚恤暂行办法》，档案号：Q192-17-407。

险金。

其中长期服务奖金是该公司特设的奖励，按各员工在局服务年数计算应得累积奖金月数再乘以其在局最后一个月所得薪津总数一次发给。服务1年，应得累积奖金月数为0.5；服务5年，应得累积奖金月数为3.5；服务10年，应得累积奖金月数为10.5；服务15年，应得累积奖金月数为20.5；服务20年，应得累积奖金月数为33；服务30年，应得累积奖金月数为63。① 截至1948年6月底，招商局员工福利会发给员工长期服务奖励金共计11486674500元。②

因公伤亡抚恤金：凡经本局正式任用之员工，在执行职务时因公受伤而致丧失任何工作能力时，除医药费全部由局补助外，并于其伤愈而不能工作之时照最后一月所得发给6倍之抚恤金，其有情形特殊者，由总经理酌加抚恤报请理事会备案，但不得超过20倍，凡经本局正式任用之员工在执行职务时因公受伤或立即死亡者，其医药费用全部由局补助，其棺殓丧葬等费用并得按实向局报支，但不得超过其本人最后一月所得之6倍，另由局照其最后所得发给12倍之抚恤金。

团体人身保险金：凡经本局正式任用之员工一律强迫投保，保险金额系以各员工本人之全年所得为标的，故各人之保险费亦即按其每月所得由本人负担1%，由局负担2%，合共为3%，为其每月保险费。③

1948年3月17日汉口分公司计发给姚如宝家属：棺埋费15万元（金元），保险赔款268032元，抚恤费3个月41997.13元。4月6日，镇江分局水手李永发在职病故，招商局总局于5月11日发电通知镇江分局发给其遗族抚恤金3个月薪金953万元，长期服务奖金一

---

① 邱树荣：《抗战胜利后通货膨胀与招商局为保障员工基本生活所采取的措施》，载虞和平等主编《招商局与中国现代化》，中国社会科学出版社2008年版，第288页。
② 邱树荣：《抗战胜利后通货膨胀与招商局为保障员工基本生活所采取的措施》，载虞和平等主编《招商局与中国现代化》，中国社会科学出版社2008年版，第289页。
③ 邱树荣：《抗战胜利后通货膨胀与招商局为保障员工基本生活所采取的措施》，载虞和平等主编《招商局与中国现代化》，中国社会科学出版社2008年版，第288页。

个月 651 万元，保险金 12 个月薪津 7812 万元。① 共计恤金 9416 万，而 1948 年 3 月一名政府机构的低级职员的月薪为 310 万元，② 该恤金相当于 30 个月薪津，这在当时属于较高的抚恤金。

上述几种抚恤方式的共同之处在于将特别恤金与服务年限挂钩，目的是奖励忠诚职员，起到酬劳慰勤的效果。其实劳工专家吴至信早在全面抗战前就对《工厂法》抚恤条例提出类似质疑，一个加入企业 1 年的员工与一个服务企业 10 年的员工因公亡故，抚恤金是一样的，这样对新入职者固然有利，但对于老员工未免失却公平。全面抗战期间，按服务年限进行抚恤在一些技术型劳工稀缺的企业中成为一种普遍做法，抗战后各企业做得更加具体，银行系统在此方面做得最为精细。

1945 年 3 月，大陆银行对于行员的恤金同样采取按年限递进式增长，以该员出缺时月俸及服务年限为标准，满一年以上者给予出缺时俸额三个月之恤金，以后每增一年递加一个月。还另设特别恤金，行员如有特殊劳绩或服务十年以上因公出缺时，由总经理将特别情形提出董事会议决给予特别恤金。另外还有加给恤金，③ 如下表：

表 5-3　　　　　　　　大陆银行加给恤金比例

月俸	100 元	90 元	80 元	70 元	60 元	50 元	40 元	30 元
加给	1/10	2/10	3/10	4/10	5.5/10	7/10	8.5/10	加倍

资料来源：上海档案馆藏：《大陆银行行员恤养金规则》，档案号：Q266-1-77。

大陆银行的恤金加给的特点是员工均沾，加给的数额按薪酬比例计算，薪酬越高比例越高，最低月薪 30 元可以加倍，最高月薪 100 元只能增加 1/10。既彰显了企业关心低收入受恤人，又节约了恤金支出，这不能不说是一种巧妙之办法。另外为酬劳忠诚员工，特为

---

① 邱树荣：《抗战胜利后通货膨胀与招商局为保障员工基本生活所采取的措施》，载虞和平等主编《招商局与中国现代化》，中国社会科学出版社 2008 年版，第 289 页。
② [美] 胡素珊：《中国的内战：1945—1949 年的政治斗争》，中国青年出版社 1997 年版，第 144 页。
③ 上海档案馆藏：《大陆银行行员恤养金规则》，档案号：Q266-1-77。

服务十年以上受恤人增设特别恤金，档案记载显示基本服务 10 年以上员工都能获得，如此一来受恤人所获就较为优厚了。大陆银行保管部主任谈勤于 1923 年 5 月到大陆银行工作，月薪 60 元（不含津贴），平时办事忠诚勤奋，1945 年 3 月 4 日积劳病故，按照新恤养金规则第二条之规定，给予恤金 14 个月，计 840 元，加给恤金 5.5/10，计 462 元，另外该雇员在职 10 年以上，虽无特别功绩，但不无劳绩，拟给特别恤金 400 元。① 本来只有 840 元恤金，加上加给恤金和特别恤金达到 1702 元，翻了一倍，保障时间由 14 个月达到 29 个月。

1947 年 10 月 30 日，银行系统出台了全行业的《行员恤养金办法》，规定行员任职一年以上，在职身故者，给予一次恤金，从 1 年到 25 年以上，最低给予 2 个月的俸额，最高给 72 个月的俸额。行员因行务致伤肢体或得痼疾不能服务者给予终身恤金，其数额根据服务年数及退职时之本俸为标准。② 终身恤金给予标准如下：

表 5－4　　　　　　银行系统支给终身恤金成分表

任职年数	10 年以内	10—13 年	13—16 年	16—19 年	19—22 年	22—24 年	24—25 年	25 年以上
给予退职时本俸成数	3/10	4/10	5/10	6/10	7/10	8/10	9/10	10/10

资料来源：《行员恤养金办法》，《银行周报》1949 年第 22、23 合刊，第 14 页。

该办法对因公致残直接按退休计算，以服务年限每月给予恤金，服务 25 年以上的受恤人可以获得在职薪酬的 100%。

在一些有实力的私营企业中也可以见到类似的奖恤制度。汉镇既济水电公司的职工抚恤通则在 1947 年做了很大修改：

---

① 上海档案馆藏：《大陆银行行员恤养金规则》，档案号：Q266－1－77。
② 《行员恤养金办法》，《银行周报》1949 年第 22、23 合刊，第 14 页。

表 5-5　汉镇既济水电公司的职工抚恤通则修改对比表

修改内容	原抚恤条例	现抚恤条例
抚恤条件	服务年限满 2 年	服务未满 2 年者给抚恤金 2 个月薪金。
抚恤标准	本公司员工直接因执行职务而致死亡残废或病死者，一年薪金，抚恤费 600 元。	本公司员工因执行职务而致死亡残废或病死者，除照本条甲项给恤外（原恤金，笔者注），另给特恤金 8 个月
	因救护公司财产之重大危险而致死亡或永久残废者，由董事会酌量情形另议优恤办法。	因救护公司财产之重大危险而致死亡或永久残废者，除由公司予以医治，在治疗期间照支原薪工额外，并按情节轻重照下列规定给恤：1. 病伤者给予 1—3 个月慰劳金；2. 残废者参照条例从优给恤，最多不超过一倍；3. 死亡者除按条例抚恤外另给棺殓费和特恤 8—15 个月。

资料来源：湖北省档案馆馆藏：《汉镇既济水电公司关于公布及修订职工抚恤规则的函》，1947 年 11 月 14 日，档案号：LS80-1-0064-009。

从上表中可以看出，抚恤规则的变化主要体现在抚恤范围的扩大和抚恤标准的提高上，在 1947 年的抚恤标准中，最重要的变化，应该是抚恤金额不再像以前具体化，如以前规定"任职一年以内而在职亡故者给其合法继承人恤金 60 元"[1]。而现在的规定是"服务未满 2 年者给抚恤金 2 个月薪金"[2]，恤金与薪资挂钩，而薪资又会随物价变化进行调整，所以抵抗通货膨胀的能力有所增强。另外条文更加具体，如"救护公司财产之重大危险而致死亡或永久残废者"的抚恤不再是"酌量情形抚恤"[3]，而是规定了具体的等级标准："因救护公司财产之重大危险而致死亡或永久残废者，除由公司予以医治，在治疗期间照支原薪工额外，并按情节轻重照下列规定给恤：1. 病伤者给予 1—3 个月慰劳金；2. 残废者参照条例从优给恤，最多不超过一倍；

---

[1]　湖北省档案馆藏：《汉镇既济水电公司职工恤养规则（原规则）及抗日紧急期内职工抚恤规则》，1937 年 10 月 21 日，档案号：LS80-1-0066-001。

[2]　湖北省档案馆藏：《汉镇既济水电公司关于公布及修订职工抚恤规则的函》，1947 年 11 月 14 日，档案号：LS80-1-0064-009。

[3]　湖北省档案馆藏：《汉镇既济水电公司职工恤养规则（原规则）及抗日紧急期内职工抚恤规则》，1937 年 10 月 21 日，档案号：LS80-1-0066-001。

3. 死亡者除按条例抚恤外另给棺殓费和特恤 8—15 个月。"①

二 恤金与物价的"赛跑"

但是高额的恤金并不代表保障能力的强大，无论是资源委员会、银行等公营企业，还是其他私营企业部门的抚恤金都面临着和物价赛跑的问题。

资源委员会钢铁厂迁建委员会第一所技工宋根林于 1938 年 4 月入厂工作，服务 7 年因患肺结核医治无效死亡，按资源委员会附属机关团体员工抚恤规则第 12、18 条，可得一次恤金 8 个月薪津 46560 元（该工每天工资 12 元，生活补助费 182 元，每月薪津 5820 元），丧葬费 2400 元，② 共计 48960 元，这位亡故者的遗族可以维持以前的生活约 9 个月。但是这 28960 元恤金到 1946 年时还不到上海产业工人一个月的平均工资，上海等大城市一个五口之家的每月最低生活费都需要 156000 元。③ 为此从 1945 年 6 月起，资源委员会恤金的发放与国民政府生活费指数同步。1948 年 5 月 11 日，皖南电厂筹备处工人沈士芬因病身故，核给恤金 5 个月薪津 14043375 元，丧葬费 456000 元，三月份生活费指数是 187245 倍。④

表 5-6 资源委员会所属机关员工抚恤登记表（钢铁厂迁建委员会）

姓名	职务	原因	核恤日期	丧葬费（元）	恤金（元）	合计（元）
刘清山	工人	积劳病故	1947.1.15	6000	177600	183600
曹洪光	工人	积劳病故	1947.4.28	54000	217200	271200
罗光荣	工人	积劳病故	1947.5.21	54000	325300	379800
廖琴甫	工人	因公致残后死	1947.6.26	120000	828000	948000
任昭普	列兵	因公溺毙	1947.7.19	120000		120000

---

① 湖北省档案馆藏：《汉镇既济水电公司关于公布及修订职工抚恤规则的函》，1947 年 11 月 14 日，档案号：LS80-1-0064-009。
② 重庆市档案馆藏：《钢铁厂迁建委员会关于请核发宋根林恤丧费的呈》，档案号：018200090203600002319450706。
③ 陈明远：《文化人的经济生活》，陕西人民出版社 2010 年版，第 276 页。
④ 台湾"中研院"档案馆藏：《资源委员会人事抚恤》，档案号：24-11-32-001-02。

续表

姓名	职务	原因	核恤日期	丧葬费（元）	恤金（元）	合计（元）
王德明	技工	因公溺毙	1947.8.13	120000	794400	914400
王云卿	技工	因公溺毙	1947.11.8	204000	863100	1067100
汤诚良	工人	因公溺毙	1947.12.2	204000	710400	914400
段海清	技工	因病亡故	1948.1.9	456000	1341400	1797400
王心堂	技工	因公亡故	1948.3.22	456000	4192200	4648200
陈海山	技工	因病亡故	1948.5.28	2790000	15180000	17970000
张旭初	列兵	因病亡故	1948.9.21	3780000		3780000

资料来源：台湾"中研院"档案馆藏：《资源委员会人事抚恤》，档案号：24-13-01-004-03。

资源委员会恤金对抗通货膨胀的办法主要有两种：一是按照生活费指数调整恤金；二是提高丧葬费标准，从2000元、6000元、12000元、204000元、456000元到2790000元、3780000元。其保障能力如何呢？1947年4月，天津一名低级雇员每月挣20万元，仅够个人糊口和杂项支出，不够付房租。1948年3月，一名政府机构低级职员的月薪为310万元，不够本人和双亲购买日常必需品和所住棚屋3斗米的月租金。① 我们以此为标准来考察上表中恤金的保障能力。曹洪光1947年4月28日积劳病故核恤271200元，相当于一个天津低级雇员1.3个月的月薪；王心堂1948年3月22日因公亡故核恤4648200元，相当于一名政府机构低级职员1.4个月的月薪，由此可见资源委员会的工人抚恤金的保障时限只有一个月左右的时间，已经远低于全面抗战初期2—10年的保障水平了，只能起到救急作用。

银行系统也是如此。银行系统是抗战后的黄金部门，在职工抚恤方面不吝投入，其后各种名目的受恤人补贴相继出台。

中国银行的员工1946年以后因公伤亡者，可以得到医药费、棺

---

① [美]胡素珊：《中国的内战：1945—1949年的政治斗争》，中国青年出版社1997年版，第144页。

殓费、恤金、一时恤金、补助金，还有同仁集团赙金 40000 元等，最后的总额不菲。

表 5-7　中国银行驻浙分行及其附属机构的职工抚恤例

姓名	服务机构	职别	申请抚恤原因	遇难时间	所支抚恤金
朱启健	杭州分行 L78-2-377	办事员	在职病故	1946.4.8	在行任职十四年又五个月，现支本俸国币 90 元，准照章发给一时恤金 2970 元，另加补助费 2509650 元，又同仁集团赙金 4 万元并予照发，保寿赔款 5 万。
赵穆	兰溪支行 L78-2-546	营业员	积劳病故	1946.9	在行任职二年又八个月，从宽按三年年资计算，应准照章发给一时恤金 180 元，另加补助费 687960 元，又同仁集团赙金 4 万元并予照发。
冯应龙	宁波支行海门办事处 L78-2-546	主任	在职病故（喉病）	1946.11.7	准将医药费 821065 元及棺殓费 2839190 元由行出帐；任职十五年，现支本俸 300 元，应准照章发给一时恤金国币 10900 元，另加补助费 9687600 元，又同仁集团赙金国币 4 万元。
钟异材	屯溪支行 L78-2-547	办事员	在职病故	1947.1.4	医药费、棺殓费合计 1929000 元，勉准由行出帐；勉予照准至同仁集团赙金 40000 元，团体保寿 50000 元。

资料来源：浙江省档案馆藏：《中国银行杭州分行卷宗 待遇、恤养、保养》(1946)，档案号：L78-2-377；《中国银行杭州分行卷宗 养恤、辞职、资遣》(1947)，档案号：L78-2-546；《中国银行杭州分行卷宗 养恤、辞职、资遣》(1947)，档案号：L78-2-547。

由上表可知，1946 年 4 月杭州分行的办事员朱启健在职病故，可得各项补偿 2602710 元，而 1946 年 2 月上海一个 5 口之家的每月最低生活费为 156000 元，[1] 那么其所得补偿可以供遗族生活 16.7 个月，接近一年半。而到 1947 年 1 月同是办事员的钟异材因病亡故，其补偿金为 2019000 元，则只能供上海一个 5 口之家生活 6.7 个月（此时

---

[1] 陈明远：《文化人的经济生活》，陕西人民出版社 2010 年版，第 276 页。

第五章　挣扎：抗战后的劳工抚恤　　263

上海一个 5 口之家的每月最低生活费为 30 万元），其中还包括 50000 元自己购买的团体寿险，其保障时间比资源委员会保险的保障时间长，但是也只能算是临时救助。

大陆银行同样如此，1945 年，一个一般职员的因病亡故恤金相当于其 29 个月月薪。而湖南分行经理笠航于 1947 年 6 月积劳病故，得正项恤金 28858560 元，特别恤金 1400 万元，另外赠给 1000 万元，赙金 500 万元，共计 57858560 元①，能够保障上海等大城市五口之家生活 21.5 个月。（上海等大城市 1947 年 6 月五口之家最低生活费每月约为 270—300 万元）②。

银行系统的恤金在当时已经是较高了。大陆银行笠航 57858560 元的恤金在当时相当于天津一名低级雇员 20 万元月薪津的 289 倍。③ 而朱启健的恤金为 2602710 元，相当于 1946 年 26 个月的上海平均月薪津（1946 年 5 月上海主要产业的平均月工资为 10 万法币）；冯应龙的补偿金为 12577990 元，则相当于当时 126 个月的上海平均月薪津。

在一些私营企业，恤金的保障能力就极为有限。1946 年 11 月，四川合众轮船股份公司规定：因病死亡者付给 3 个月薪津，再按服务年限另给 2 个月薪津为抚恤费；因公亡故者加 1/2；因公致残者将因病死亡恤金减 1/5 或 2/5 发给。如果孑然一身，公司核给 10 万到 100 万丧葬费，并派员治丧。④ 即使发给最高额的 100 万丧葬费也只相当于当时上海工人 10 个月的平均月薪或一个上海五口之家当时 6 个月的最低生活费。

蜀余盐业公司宜昌分公司工役潘中全于 1947 年 8 月 19 日晨前往氏万轮提盐失足落水，尸体四处打捞未获，各方费用已用去一百余万元，该役确因公惨死，上有老母，下有孀妇孤儿，且无积蓄，拟抚恤

---

① 上海档案馆藏：《大陆银行行员恤案》，档案号：Q266-1-375。
② 陈明远：《文化人的经济生活》，陕西人民出版社 2010 年版，第 276 页。
③ ［美］胡素珊：《中国的内战—1945—149 年的政治斗争》，中国青年出版社 1997 年版，第 144 页。
④ 重庆市档案馆藏：《四川合众轮船股份有限公司职工抚恤规则》，档案号：02960014003160000008000。

500万元。① 500万元只能供一个上海5口之家生活不到2个月。

湖北应城石膏公司会计室公役陈忠元于1947年8月24日由城区至东湾仓库传送公文往返两次，当日因中暑过甚，突患急病，经医急救终于不治身亡，查该故公役家境贫寒，尚遗有寡妻幼子及六旬双亲在堂，一家数口，生计维艰。应城公司按其8月份的实支薪饷额发给2个月抚恤金。② 由此可以看出，当时恤金的保障能力已经远没有全面抗战时期那么强，大多只能维持家庭1—6个月的生活。

恤金的实际价值已经大打折扣，而恤金的取得也不是一帆风顺。各种恤案的认定、查核、恤金发放都会有人为因素的左右，所以抚恤争端不可避免。

受恤人适用的抚恤标准不同，得到的抚恤金大不相同。如上海公用局公共汽车管理处驾驶人姚留根于八一三沪战时，奉命编队为国效劳，在嘉定工作时被敌飞机机枪扫射，身中数弹，送入医院医治无效死亡，当时上海市公用局出资入殓并拨付恤金一部分，后因军队退出，没法请恤，抗战胜利后，罹难者遗属认为："现敌日屈膝受降，（我）上有父母下有幼子全家四口恳求当局援照为国捐躯办法抚恤以免全家再受饥寒之迫。"于1947年2月8日再次请恤。上海市公用局办事员程雨接到恤案后，很快给予答复，经过查验，姚氏恤案当时的抚恤判定是：付给10个月一次恤金390元，并给予薪工1/3遗族年恤金每年156元，以20年为限，又棺殓费100元。故该家族每年可领恤金156元，以20年计算为3120元。这个恤金如果再乘以5万倍的生活费指数，姚氏遗族的生活将大为改观，但是公用局又称："二十六年（1937）生活程度比较本年生活指数相差悬殊，似应不宜依照该司机二十六年份支薪作为计算恤金标准，拟参照本局公共汽车管理处司机人员最近所订薪津以1/3折合年恤付给，以示优恤。"即使这样，20年抚恤金额的1/3，也足以让受恤人生活无忧很长时间。但是

---

① 重庆市档案馆藏：《关于请准予拨发潘中全抚恤金至蜀余盐业公司总公司函》，档案号：0360001001660000043，19470909。

② 湖北省档案馆藏：《湖北应城石膏公司收运课关于陈忠元病故请酌予抚恤的代电及应城石膏公司的代电》，1947年9月12日，档案号：LS81-1-0045-048。

此案送交市政府审批时，市长吴国桢发觉此案既不能送呈铨叙部按非因军事而殒命者请恤，也不能送联勤总部抚恤处按军人请恤，吴国桢认为姚留根据 1937 年核定恤金，既定法令依据自不得认为有效，应予以撤销成命，所请按当时核定金款照高等法院判例计算。惟念该司机为国殉职遗族孤苦，特准给予一次救济费 300 万元。① 300 万元在 1947 年只相当于一个上海 5 口之家一个月的生活费。

请恤人的身份也可以成为领恤的障碍。1948 年 2 月中央印制厂工役郭江，积劳病故，工厂算其抚恤金为：郭江每月底薪国币 62 元，1 月份工人生活费指数为 95200 倍，那么 1 月份（半个月）薪津为 295 万元。一个半月的恤金是 885 万元。工友赙金：每个工友扣 5 万元，该厂全厂工友约 4000 名，共计约 2 万万元。两者共计 2 亿零 885 万元。运回原籍安葬需费 5900 万元。但是厂方不予理睬，经法院调解，双方在恤金数目上意见不大（厂方计算赙金数为 1300 多万），但是申请人是养子，非直系亲戚，不属合法继承人，对于恤金的发放方式双方意见不一。②

由于抚恤条例的制定、解释、实行权都在厂方，一些不良企业的推诿、逃避事件屡见不鲜，甚至对簿公堂。上海三北轮船公司新宁兴轮船职员姜明生，抗战后随军内迁，由公司调派到明兴轮工作，不幸于 1941 年 8 月 9 日于巫山被敌机炸伤，虽运至重庆仁济医院医治，终因伤重无救而卒，于 22 日殉职。有同事蔡榆樟电报及重庆仁济医院簿册可稽。但是该公司不闻不问，对于该雇员生前存于公司的 3 个月薪津（240 元）不予退还；遇害所损失之衣物约值 300 余元不予赔偿；公司对依章程因公殉职应予的抚恤置之不理；亡者灵柩亦不运回。该故员遗族母子生活无着，欲前往交涉，苦无资力乏。期待抗战胜利后可重见天日，岂知复员之后，公司虽迁回沪地，但屡追不理。受恤人无奈只好诉诸法律，要求运回灵柩埋葬费 1000 万元、照章抚恤、退回存薪 1200 万元、赔偿损失 1500 万元，赔偿死后一年薪金

---

① 上海档案馆藏：《恤案》，档案号：Q6-8-240。
② 上海档案馆藏：《恤案》，档案号：Q185-3-21271。

4800万元。但是该公司负责人只肯支付原告存于公司的三个月月薪1200万元（生活费指数5万倍），并且振振有词："原告所服务之船支因逃难上四川的，在船上服务因敌机轰炸之故，他自己胆大，不回避敌机，船支被炸因而受伤曾由公司代其医治，结果不治而亡去世，其医药费及葬殓费均由公司负担，其遗嘱均曾为之代谋职业。"该负责人还称公司没有抚恤章程所以无恤可谈，也没有运送亡故员工灵柩回原籍的先例。双方最后于1948年2月27日达成和解，三北公司支付原告3300万元，原告同意放弃其他一切请求。该恤案2月9日起诉，27日结束，历时18天，受恤人远没有拿到期望的恤金，所以在实际操作层面，恤金能否足额获得是不一定的。① 3300万在1948年只相当于一个政府低级职员310万元月薪的10倍。每个月还不够家庭成员3人购买日常必需品和所住棚屋3斗米的月租金。②

恤金实际价值的减少意味着保障能力的削减，同时企业在执行抚恤规则时减少抚恤支出的潜在动机也造成受恤人获得保障的艰难，一些有实力的企业和劳工不得不另辟蹊径，求助于更为可靠的解决之道——互助保险。

三　公赙金

赙金即致赠金，当某人罹难或处于困境时，相识之人捐赠若干，助其脱困，最早发生在朋友熟人之间，近代在一些高校、机关等职业相对固定、成员文化素质较高的人群之中，即使彼此并不相熟，也会有相互致赠赙金助其渡过难关的情况。如在北大，预科生王金辉"从小学历中学成绩冠□辈"，因为家遭大故，不得不休学，后来虽复学，但生活艰难，北大同人易曾锡等30人发起募集赙金活动，助其完成学业。③

后来这一做法被借用到企业当中，商务印书馆是第一个将其制度

---

① 上海档案馆藏：《恤案》，档案号：Q185-3-13823。
② ［美］胡素珊：《中国的内战：1945—1949年的政治斗争》，中国青年出版社1997年版，第144页。
③ 《北大同仁为王君金辉募集赙金启事》，《北京大学日刊》1926年第1906期，第2页。

化的企业。1932年11月商务印书馆决定将华安保寿公司退还的同人保险费用余款作为同人赗慰金专款，"专为全公司在职同人遇有病故而身后萧条者酌量赗慰之用"①。只是这种赗金更像公司对员工的馈赠，带有奖励的意味。

公赗金的含义稍有变化，其本质不在于单方面的救助，而在于成员之间互赠，今天致赠赗金助他人渡过难关，他日自己如遇困境，也能得此赗金。时人对此高度赞美："公赗金是基于人类伟大的同情心底表现。本来我们对于一个同事的死亡，原须致送相当的赗仪，以示吊唁。公赗金不过是把分散个别的致赗改为集体的行动，所以在它的本质上，原不是特别另起的一种新例。所不同的：因为是在中国旅行社范围以内的集体行动，所以这种行动在它本身的意义以外，又足以象徵吾社同仁间甘苦与共休戚相关的精神。"②

在全面抗战前，铁路部门对于每年的巨额恤金支出苦不堪言，一些管理者如罗劼刚、金润璧、马廷燮等提出一个互助金计划，实现员工与路局互助，将铁路员工养老、抚恤、储蓄、保险以及消费合作种种福利事业，合并到一起，成立"铁路员工福利互助会"。由铁道部设总会，统制一切，由各路局设分会，分别执行基金之管理运用稽核等事，其分会得由员工代表与路局共同组织。由每个员工拿出一部分钱作为基金，员工病、伤、残、亡从中支出，③ 这样路局就可以减少抚恤金支出负担，而受恤人所得也会增加不少。但是全面抗日战争爆发后，一部分铁路相继沦陷，让这个计划无疾而终。

抗战后，受恤人的恤金难以支撑基本生活，于是有人建议抱团取暖："吾人处在这个时代，独善其身，是根本不可能的，必须有疾病相扶，生死相助的朋友，始得减免个人生前生后的种种困难。各人间相互致赗，原不过表示一些友情，除了精神得些安慰以外，原发生不了较大的意义，但是把个人行动改成集体行动以后，集腋成裘，它的力量便不

---

① 《同人赗慰金暂行办法》，《商务印书馆通信录》1932年第380期，第8页。
② 孙景潞：《利人利己，自助助人：一起加入公赗金》，《旅光》1948年第9卷第3期，第8—9页。
③ 马廷燮：《铁路员工福利事业之研讨》，《铁道半月刊》1936年第2期，第7—11页。

同，集千万块钱，在富有者看来原不值一提，但在我们辛苦阶级，则对死者的遗孤，独此赙金，化零为整，多少有些帮助。友情的发展，能够实际有助于人，何乐而不为。这是鄙人发起同仁公赙金的原意。"①

于是人数众多的铁路部门再次将这一计划提上议事日程。首先确定绝对自愿的原则。"加入公赙金应以各个人自由意志为原则，并不加以勉强，此点我们始终认为应行遵守的纪律。不过我们是在同一机关内工作，虽则因工作地点分散的缘故，天涯海角谋面为准，但我们的精神，是互相感召的，我人对于外界贫苦无告者而不吝解囊，何况对于我们不幸同事人的遗孤老弱，所以在道义上，我们应当有所帮助，这是助人。"②

其次重申其非营利性和公开性。"公赙金是我们同仁相互间的友谊表现，和社中颁给死亡同仁家属的抚恤金，为共途同归的两件事情。因此章则的例订和执行机构的组成等等，统统根据同仁意者办理，但各同仁散处四方，无法集中，为欲愿及事实起见，似乎由本社同仁福利委员会兼办此事，比较方便而合宜，这完全为遵就事实，只有义务而无权利，想必为各地同仁所谅解。至于章则方面，则由福利委员会诸位拟定草案，登载旅光公开发表，徵询各地同仁意见，如无共议，作为通过，这是本社同仁福利委员会兼办同仁公赙金事宜，和通过章则的经过。"③人们对人寿保险与公赙金的区别也有着清晰认识，"加入公赙金也带有投保寿险的意义，人事无常，谁能保无旦夕之祸福，施与人者人亦施之，这是自助，所以无论从助人讲，或自助讲，公赙金制度确为一最合理想的方法，希望各同仁多多加入。不过办法初行，遗漏必多，补偏救弊，委员会同仁责无旁贷，但人数不多，见闻有限，集思广益，端赖谋策谋力，故各同仁中如有宏规言论，尚请不时赐教，以便收集意见，公开发表，修订章则，俾臻完

---

① 孙景潞：《利人利己，自助助人：一起加入公赙金》，《旅光》1948年第9卷第3期，第8—9页。
② 孙景潞：《利人利己，自助助人：一起加入公赙金》，《旅光》1948年第9卷第3期，第8—9页。
③ 孙景潞：《利人利己，自助助人：一起加入公赙金》，《旅光》1948年第9卷第3期，第8—9页。

善，鄙人将馨香祝福之矣。"①

按照孙景璐的构想，企业只是在这个活动中承担组织、管理、发放、公布的义务，而不承担经济责任，但实际上企业的作用远不止这些。1946年下半年，京沪区铁路管理局运务处、京沪铁路、粤汉铁路、湘桂黔铁路相继试行，1947年初，浙赣铁路开办。京沪区铁路运务处同人公赙金办法于1946年6月11日公布，主要操作方法如下：首先筹集准备金：本着自愿原则，每人出国币1000元作为预存准备金，路局核拨基金2000万元，连同专款存入银行。除照章赠致公赙，得随时支付外，其他任何理由，概不能移挪动用。其后每月统计死亡人数，按死亡人数，逐月每一同人补足国币1000元，每一死亡同人之公赙金一次给予，暂定为国币150万。② 150万公赙金是基于当时的物价水平而定，相当于当时上海一个5口之家10个月的生活费（每月最低生活费为156000元）。

到10月份因公死亡的运务处货物司事须锡康的公赙金达到了190万元③（见下表）。后来因为物价上涨，公赙金额不得不提高到了190万，如此才能起到一定保障作用。

由于参加此办法的同人人数经常变动，每月死亡人数也不确定，受恤人要拿到150万元公赙金，每人缴纳的钱数不一定是1000元。如1946年6月员工死亡人数只有5人，经计算每位会员只需缴纳500元，④ 而到了1946年7月，员工死亡人数达到14人，根据计算每位同人必须缴纳国币1400元整。从下表可以看出，会员缴纳的会费根据死亡人数的不同和公赙金数额的多少增减，最少时缴纳500元，最多时缴纳2200元。

到了7月底也就是该制度运行的第二个月，京沪区铁路管理局运务处就采取了逐月修订公赙金的办法，即每月受恤人数乘以150万再

---

① 孙景璐：《利人利己，自助助人：一起加入公赙金》，《旅光》1948年第9卷第3期，第8—9页。
② 《运务周报》1946年第8期，第105页。
③ 《运务周报》1946年第22期，第497页。
④ 《运务周报》1946年第10期，第153页。

除以同人人数即每位同人应该支付的当月会费。到了 8 月份该局死亡人数达到了 19 人，其会员缴纳致赠赙金 2000 元。由于每次收款不可能恰恰发完，于是积累到一定数额转至下一轮。①

表 5-8　　　　　京沪区铁路管理局运务处公赙金统计表

时间	死亡人数	公赙金（每人）	会员缴纳（元）
1946 年 6 月	5	150 万	500
1946 年 7 月	14	150 万	1400
1946 年 8 月	19	150 万	2000
1946 年 9 月	27	150 万	2700
1946 年 10 月	16	190 万	1600
1946 年 11 月	18	190 万	1800
1947 年 1 月	20	190 万	2000
1947 年 2 月	22	190 万	2200

资料来源：根据《运务周报》1946 年第 8、10、14、15、20、22、23、28、32、45 期相关内容整理。

京沪铁路的同人赙金制度几乎同时起步，到 1946 年 12 月运行 7 个月，其致赠金额也是 150 万，到 11 月份也提高到 190 万。相当于同时期上海一个五口之家月最低生活费 156000 元的 12 倍，即一年的生活费，其保障程度在当时算高的。京沪铁路的资料可以更清晰地显示出这种制度的可行性。在 7 个月时间内，员工死亡 119 人，员司 19 人，工警 100 人，占员工总数的 0.55%，每月死亡 17 人，平均年龄为 45 岁。② 21636 名会员每月要承担大约 1700 元会费，而 1946 年 3 月上海一个机器工人的工资达到了 64008 元。③ 铁路工人工资应该不会低于这个数，会费只占收入的 2.6%。此种赙金不论因公死亡、因公致残、因公致伤、积劳病故，也不论工龄长短、贡献大小、职位高低皆采取一费制支付赙金。对于厂方来说操作方便，程序简单；对于

---

① 《运务周报》1946 年第 22 期，第 497 页。
② 《京沪旬刊》1947 年 4 月 1 日。
③ 俞克明主编：《现代上海研究论丛·第五辑》，上海书店出版社 2008 年版，第 420 页。

员工来说不问原因，同难同恤，清晰明了。其中积劳病故者最为受益。在京沪铁路 7 个月死亡的 119 人当中，肺痨及积劳者 34 人、呼吸系病者 3 人、热症者 3 人、伤寒者 16 人、霍乱者 14 人、肠胃病者 13 人、心脏病者 13 人、中风者 4 人、中毒及自杀者 2 人、外伤者 1 人、意外及其他者 17 人。① 自杀者和意外罹难者能够得到与因公亡故者相同的抚恤金，这不能不说是该制度的一大进步。

而且该制度实行现收现付，经过半年的运行，财务状况良好。经过 7 个月的运行后还有 55602122 元的结余。

表 5-9　　京沪铁路 1946 年 6—12 月公赙金收支统计表

收入	支出	结余
局垫拨准备金 50000000 元；同人征来公赙准备金 19660000 元；同人缴来公赙金 163363000 元；江苏省农民银行利息 6379122 元。	同人死亡公赙金 181300000 元；办公费用 2500000 元。	
239402122 元	183800000 元	55602122 元

资料来源：《京沪旬刊》1947 年 4 月 1 日。

粤汉区铁路员工公赙金办法的实行较晚一些，1946 年 11 月 20 日才公布，它的标准也是较低的，每位死亡员工可获公赙金 40 万元，每位会员每月扣 500 元预存。② 但是很快发觉 40 万元赙金的保障时间过短，因为 1947 年 1 月上海一个五口之家每月的最低生活费大约为 30 万元，该赙金只能维持这样的家庭一个多月的生活。

1947 年 8 月调整为 80 万元，③ 但还是不够，1947 年 6 月上海一个五口之家每月的最低生活费增至大约 270 万—300 万元。1948 年 4 月 1 日又提高至 1000 万元（约一个政府低级职员 310 万元月薪的 3 倍多）。④

---

① 《京沪旬刊》1947 年 4 月 1 日。
② 《粤汉半月刊》1946 年第 12 期，第 9 页。
③ 《粤汉半月刊》1947 年第 17 期，第 47 页。
④ 《粤汉半月刊》1948 年第 8 期，第 17 页。

1948年8月1日又提高到了5000万元。① 1948年8月19日，金圆券改革之后，11月，该局改为每位死亡员工致赠赙金150元，每位会员每月扣款1角。② 该局的公赙金运营方式和其他铁路局不一样的地方在于，其每月会员扣缴为固定的500元，支付公赙金后结余款项顺延到下一个周期。这样避免了每月根据死亡人数计算的烦琐，但是带来了管理结余赙金的问题，该局采用每半月公布结算一次。其账目如下表：

表5-10　　粤汉区铁路总务处出纳课经管公赙金报告表
（1947.9.16—9.30）

日期	摘要	收入	支出
9—16	上届报告表结存	31257874.23	
9—18	付工务处故花匠梁汝赙金		400000
9—20	付运输处故站夫徐昌发赙金		400000
9—20	付机务处故木匠姚成业赙金		800000
9—23	付运输处故司事王祝生赙金		800000
9—23	付工务处故小工叶星元赙金		400000
9—23	付机务处故司炉邢兆赙金		400000
9—26	付工务处故工刘来赙金		400000
9—26	付运输处故站夫刘鸿臣赙金		800000
9—26	付工务处故工刘金成赙金		400000
	共收	31257874.23	
	共付		4800000
	结存		26457874.23

资料来源：《粤汉半月刊》1947年第21期，第32页。

粤汉区铁路局的公赙金的缺点明显，即额度太小，1947年40万的恤金才刚刚够上海一个5口之家1946年底1个月的生活费。即使最高时提高到1000万元也只相当于一个政府低级职员1948年3月310万元月薪的3倍。粤汉铁路的公赙金数额较其他铁路低的根本原

---

① 《粤汉半月刊》1948年第16期，第13页。
② 《粤汉半月刊》1948年第22期，第24页。

因在于该铁路只有大约 2000 多名会员，而不像京沪铁路拥有会员人数达 2 万。

湘桂黔铁路的公赙金从 1946 年 12 月开始实行时，到 1947 年底，缴纳金额和公赙金额度经过了 4 次调整。1946 年 12 月至 1947 年 4 月每人扣缴 1200 元，致赠赙金为 900000 元（相当于同时期天津一个低级职员 20 万元基本工资的 4.5 倍）；1947 年 5 月至 1947 年 9 月每人扣缴 2600 元，致赠赙金为 1950000 元（相当于同时期上海一个中学教师 160 万元月薪的 1.5 倍）；1947 年 10 月至 1947 年 12 月每人扣缴 5800 元，致赠赙金为 4350000 元（相当于同时期上海一个中学教师 160 万元月薪的 2.7 倍），一年内抚恤了 100 位亡故者遗族，支出公赙金 194760000 元。[①] 但是其公赙金的保障能力更差，1947 年 5 月的 1950000 元赙金还不够上海一个五口之家的月最低生活费，4350000 元也只能保证 1 个多月的生活。

浙赣铁路则根据月薪高低来缴纳赙金，月薪 301 万元以上者扣 4000 元，1947 年 9 月增加至 16000 元，201 万元以上者扣 2000 元，1947 年 9 月增加至 8000 元，101 万元以上者扣 1000 元后增加至 4000 元，100 万元以下者 500 元后增至扣 2000 元，而员工死亡后，其家属可领公赙金也由 150 万元增加至 600 万元。[②] 到 1948 年 2 月 1 日，由于物价腾飞，公赙金增加一倍，达到 1200 万（约一个政府低级职员 310 万月薪的 4 倍），但是月薪 301 万以上扣 32000 元；月薪 201 万元以上者扣 16000 元；100 万元以上者扣 8000 元；100 万元以下者扣 4000 元。[③] 到 1948 年 8 公赙金再次调整为 7200 万，直系眷属可领 3600 万元，相应各个级别扣款 192000 元、96000 元、48000 元，直系亲属入会减半。浙赣铁路的做法比较灵活，增加了对直系亲属的保障，而且扣缴赙金可多可少，按倍数发赙金，如有的员工在 1948 年 7 月还是按 1948 年 2 月调整前的标准扣款，那公赙金也按以前的标准发放。如下表中电二段故小工聂荣贵得到公赙金是 600 万，而其他职

[①] 《湘桂黔旬刊》1948 年第 3 卷第 4 期，第 9 页。
[②] 《浙赣路讯》，1947 年 9 月 8 日。
[③] 《浙赣路讯》，1948 年 2 月 4 日。

工买了双份得到了 2400 万元。但是应该看到即使 2400 万元也只相当于 1948 年政府低级职员 310 万元工资的 8 倍。这种做法的好处是可以给予职工充分的自由，一份不够可以买两份，家属也可以参加，但是缴纳赙金根据工薪高低而不同，而致赠赙金却都是一样，这样对于低薪员工固然有利，但高薪员工似乎吃亏不少。

表 5-11　　　　浙赣铁路 1948 年 7 月公赙金统计表

收入	摘要	支出
219559018.09	上月结存	
226868858.81	本月收入	
	本月支出	
	电二段故小工聂荣贵	6000000
	电二段电匠林振杨	6000000
	玉材厂故工应汉斌	24000000
	杭州总段故工黄德宝	24000000
	车电厂故工章铺	24000000
	机四段故工陈志标	24000000
	本月结存	338427874.90

资料来源：《浙赣路讯》1948 年 7 月 3 日。

抗战后公赙金之所以能够在铁路系统流行起来，主要原因是铁路系统人数众多，上述铁路除粤汉铁路之外，都达到了 2 万人，基数越大构建的互保体系就会越牢固，保障水平也就越高。虽然银行系统中也有同仁赙金制度，但是中国银行浙江支行提供 4 万元赙金，只相当于 1946 年上海三轮车夫 2 天的工资（每天工资 2 万元）[1]，可见当时能够有效推行这项制度的企业并不多。就公赙金的保障能力而言，大部分赙金只相当于政府低级职员 2—4 倍的工资，可以维持一个上海 5 口之家生活 2—4 个月，只能算是临时救助，肆虐的物价吞噬了大部

---

[1] ［美］胡素珊：《中国的内战：1945—1949 年的政治斗争》，中国青年出版社 1997 年版，第 144 页。

分基金储存。

但是如果比较当时军人和公务员的抚恤金，1946年，军法总监部执行总监何成濬以上将退伍，退役金仅能买两条香烟。① 1947年一个阵亡上将遗族的年恤金为80万元；一个阵亡二等兵的遗族年恤金为24万元。② 如果是1947年下半年，80万元只有一个上海五口之家一个月最低生活费270万元的1/3，而24万还不够一周的生活费。

公教人员恤金的保障能力更低，浙江大学文学院院长梅光迪教授③不幸患病去世，浙大于1946年3月向教育部呈送抚恤申请表，1947年4月，各级机关终于"核给梅故院长1946年度恤金2880元，并按现任教职员之待遇比例增给563040元"。财政部国库署浙江分处接到支付通知书已经是1947年6月的事了，距离请恤已经过去了一年多。④ 565920元在1947年6月只有上海一个五口之家一个月最低生活费270万元的1/5左右。铁路、银行、公营企业、大型私企的劳工抚恤高于军人和公教人员，与这些企业的赢利能力与自主权有很大关系。企业既是通货膨胀的受害者，也是受益者，而不像军人和公务员那样自身没有造血功能，只能嗷嗷待哺，徒呼救命。

第二节　各类保险的调适

1945年5月17日，国民党第六次全国代表大会第十五次会议通过了《劳工政策纲领案》，再次强调"厉行伤害赔偿及死亡抚恤"⑤。

---

① 何成濬：《何成濬将军战时日记》，第35页。转引自张瑞德《抗战时期的国军人事》，台湾"中央研究院"近现代史所1993年版，第103页。

② 四川省档案馆藏：《四川省民政厅等单位办理军人遗族抚恤及伤亡人员登记清册和邮政发恤办法等文件》，档案号：民54-999。

③ 注：因为公务员和教师的待遇差不多，而且都由国家拨款，人们习惯把公务员和教师称作"公教人员"，多数学者将他们作为一个群体考虑。另外据铨叙部的文件大学高层也是作为公务员考绩的，因此此处以大学教授为例。

④ 浙江省档案馆藏：《国立浙江大学卷宗 梅光迪院长请抚恤》（1947），档案号：L33-1-206。

⑤ 《劳工政策纲领案》（1945.5.17），载黄季陆主编《革命文献》第76辑《中国国民党历次全国代表大会决议案汇编》（上），台北"中央"文物出版社1978年版，第417—419页。

会后决定由社会部商同有关机关，积极筹办社会保险，应分期分区分业实施，第一期应办的社会保险为职业伤害、老年、残废、死亡、疾病、生育及失业，应先以产业工人为主，公教人员次之，俟成效显著后，再图次第推广普及于国民全体。①但是，随着国内战争的加剧，这一社会改良举措让位于更为迫切的政治、军事需要，一直到国民政府离开大陆，劳工保险仍只是个草案。在实践中运行的仍然是抗战时期推行的三大保险，不过它们在通货膨胀的压力下，不得不调整政策确保保险金的购买力。

一 《简易人寿保险》的夭折

简易人寿保险属于一种储蓄性质的保险，它本身就有保额小、办理件数较多、成本较高的缺陷，而且这种提前预定保额，按月支付保费，到期（最少5年）返还的运作模式，其有效和盈利的前提是在5年甚至更长的保险期内物价相对平稳，否则对保险人来说作用就会低于预期；对保险公司来说就要亏本。例如：某先生1943年购买了一份为期5年的价值1万元的简易寿险，按月支付保费500元，如果该先生在5年内遇难，那么保险公司就要补偿寿险金2万元，在这笔交易中保险公司是赔钱的，如果该先生始终健在，那么5年后保险公司就要返还2万元寿险金，而此时2万元的购买力是1943年的万分之一。当时有人分析道："普通一般保险都是长期的，投保者按期缴费，而将来货币贬值到何程度，不得而知，将来所领到的赔额，等于贵钱买贱货，当然不感兴趣。所以除了一部分所谓短期性保险，尚有少数人投保外，其他保险事业均一落千丈，无人问津。"②

因此从1943年开始，每件契约都在亏本，而且亏欠数是逐年翻番：1937年每件保险盈利1元，1943年开始亏欠110元，1944年亏

---

① 秦孝仪编：《中华民国社会发展史》（第3册），台北近代中国出版社1985年版，第1845页。
② 何梦修：《公务员工互助生命保险合作新制度》，《台湾合作》1947年第1卷第3期，第11页。

欠294.5元，1945年亏欠499.7元，到1946年亏欠达2834.4元，是1934年的28倍。见下表：

表5-12　　　　　　每件寿险契约平均成本比较统计表

年度	1937	1943	1944	1945	1946.6
每件契约收入	2.6	28.5	101.9	192.1	162.9
每件契约支出	1.6	138.8	396.4	691.8	2997.3
每件契约的盈亏	+1.0	-110.8	-294.5	-499.7	-2834.4

资料来源：行政院新闻局印行：《邮政储汇》（内部发行），1937年，第37页。转引自王庆德《民国年间中国邮政简易寿险述论》，《历史档案》2001年第1期。

当时人认为亏损的主要原因是通货膨胀，佟树藩在一篇文章中写道："三十一年度所亏之数，因当时物价已开始波动，法币贬值，在当时并不为巨。自三十二年度起，日甚一日，年甚一年，截止至三十五年低，历年之赔亏总数已达七千万之巨，始感到荷负沉重。由此可见，寿险之赔亏实始自三十一年，恰巧是物价上升最甚的时候，故与社会经济情形有很大关系。很显然，物价高涨，支付加大，以有限之收入，应付无限之支付，当然支绌！寿险赔亏，主因在此。"[①]

从整个简易寿险的运行状况来看，1936年到1939年是盈利时期，到1940年以后，开始出现亏损，1948年亏损达七千万。见下表：

表5-13　　　　　　历年度盈亏总表（1935—1948年度）

年度	收入	支出	盈亏
1935	58064.52	90115.13	亏32050.61
1936	219029.10	231659.84	盈12630.74
1937	440928.90	394322.19	盈46606.71
1938	236407.33	202449.56	盈33957.77
1939	440417.66	422427.80	盈17989.86
1940	570183.34	497823.31	亏72360.03

---

① 佟树藩：《谈简易人寿保险》，《储汇邮工》1947年第3期，第5页。

续表

年度	收入	支出	盈亏
1941	651085.24	752309.88	亏 101224.64
1942	728470.18	1222051.88	亏 493581.70
1943	5440642.53	7872688.24	亏 2432045.71
1944	21344232.90	31296106.12	亏 9951873.22
1945	93595442.64	114363781.99	亏 20768339.35
1946	247773046.99	284938951.95	亏 37165904.99
累积数	371397951.30	442284687.89	亏 70786736.59

资料来源：佟树藩：《谈简易人寿保险》，《储汇邮工》1947年第3期，第5页。

其次保险金面对通货膨胀毫无调节能力，到后期形同虚设。如下表所示，1941年时年终有效保险的保额只有1937年的19%，新成立保单保额价值只有1937年的82%；1942年跌至最低，年终有效保额跌至1937年的8%，新成立的保单保额价值也只相当于1937年的25%，抗战以后的通货膨胀比率更高，其影响可以推想。

表5－14　　通货膨胀对中国邮政简易人寿保险之影响

年度	新成立 保额	相当1937年之%	年终有效 保额	相当1937年之%	月保费 数额	相当1937年之%
1937	3344451	100	3451051	100	24336	100
1938	113676	34	3668293	67	24958	67
1939	96142	29	1934647	35	12744	35
1940	229484	69	1059609	19	6925	19
1941	275471	82	761219	14	4603	13
1942	84625	25	450769	8	2816	8
1943	1262348	38	1416079	26	10155	28
1944	3165923	95	3412326	63	23245	64

资料来源：张约翰：《通货膨胀与邮政储金汇兑及保险》（下），《储汇服务》1946年第62期，第5页。

通货膨胀固然是主因，但是简易保险的收益低下，投保人经济困窘也是制约此类保险效果的重要因素。对于普通投保人来说，简易人寿保险的保障能力一直都很有限，最初的 500 元保额，相当于当时工人 20 个月的月薪，保障时间不到 2 年，尚属合理，但是 1948 年的保额 5 万元，不足 1 石米的价钱。因此工人主动参加者不多。在 1945 年的统计中，简易人寿保险举办 10 年来的投保人中公务员占 46.11%，商业职业者占 22.65%，而工业职业者和自由职业者分别占 8.99% 和不到 1%。[1] 此种趋势并不是一天形成的，早在 1936 年吴至信就断言："以今日劳工收入之微，若不得国家与雇主之补助，欲于收入中抽出若干以资储蓄，……认为难能。"因为"一般工人恋于现实之享受，忽视将来之危险"，必须如欧美一样采取强迫制才行。故吴氏认为：简易人寿保险乃以"普通中产阶级居多"，属于"普通之储蓄性质，不得视为纯粹之社会保险"[2]。

随着物价的飞涨，投保人经济拮据，简易人寿保险最高限额从 2 万上升到 5 万，1948 年增至 200 万、500 万，但在 1948 年买 1 石米都要 56 万元的时代，所收的保费、所支出的保险费，都贬值惊人，保障能力已经是微乎其微。如时人所言："现在情形，大非昔比，通货膨胀，货币贬值，百物腾昂，民不聊生。一般公务员工，入不敷出，对保险费非但无力负担，……近本省人寿保险，各机关虽强行团体保险，然一般普通公务员保险额 3 万至 5 万元，不知死后够买一口起码棺材否！"[3]

邮政储金汇业局的简易寿险之所以能够在亏损状态下运行多年，一方面，人们相信在战争结束后随着经营环境的好转，能够扭亏为盈，毕竟简易人寿保险在理论上是存在盈利的可能性的。佟树藩分析道："从寿险支出来看，责任准备金提存、佣金、折扣、保险金额、

---

[1] 颜鹏飞等主编：《中国保险史志（1805—1949）》，上海社会科学院出版社 1989 年版，第 424 页。
[2] 吴至信：《中国劳工福利事业之现状》，《民族》1936 年第 7—12 期合刊，第 1710 页。
[3] 何梦修：《公务员工互助生命保险合作新制度》，《台湾合作》1947 年第 1 卷第 3 期，第 11 页。

薪津、印刷、其他共7项中,薪津、印刷、其他三项受物价影响最大,薪津支出竟然与10年累积亏损数字相近,所赔的就是近年来的薪津开支。"如果没有巨大的薪津和印刷费用之负担,实际上是盈余的,至少是不赔的。"我们可以明了寿险的赔亏,并不是寿险本身理论上的错误,而纯粹是因为开支受物价影响的关系。"① 见表5-15。

表5-15　　　　　1944—1946年简易人寿保险支出统计

年度	1944	1945	1946	总计
责任准备金提存	13028335.50	43065462.73	152185961.89	208279790.12
佣金	2194659.22	8237104.52	24698766.28	35130530.02
折扣	2056512.81	9004690.90	37125492.19	48186695.90
保险金额	274018.23	1216261.23	4251602.80	5741882.26
薪津	8069312.82	21259891.84	13687532.71	53016737.37
印刷	1594965.22	4770950	30199813.83	36565729.05
其他	245774.93	993211.12	641977.98	1880964.03

资料来源:佟树藩:《谈简易人寿保险》,《储汇邮工》1947年第3期,第5页。

另一方面,其发展历程渗透了政府因素,国民政府不遗余力地推行,才使得简易保险在亏损的情况下,业务量却逐年增长。1944年7月7日,为了扭转简易人寿保险的业务下滑颓势,中央信托局与邮政储金汇业局联合上报国民政府财政部,请求实施公教人员人寿强迫保险。② 8月10日,国民政府准军委会抚恤委员会委托邮政储金汇业局,代发恤金,并发动全国邮政员工开展兜揽寿险一人三契竞赛活动。③ 所以从1945年到1948年2月,本来是亏损最为严重的三年,简易人寿保险的业务量却几乎翻了一倍,从215689件增长到419000件。见下表:

---

① 佟树藩:《谈简易人寿保险》,《储汇邮工》1947年第3期,第5页。
② 颜鹏飞等主编:《中国保险史志(1805—1949)》,上海社会科学院出版社1989年版,第416页。
③ 颜鹏飞等主编:《中国保险史志(1805—1949)》,上海社会科学院出版社1989年版,第406页。

表5-16　　　　　　邮政简易寿险业务发展状况统计表

年度	经办局数	有效契约数	月保费（元）	保额（元）
1945.8	1968	215689	3892693.7	632796162.0
1945.12	1968	229463	6053845.4	923929076.0
1946	2146	322322	18437924	2528495862.8
1947	2288	385000	60000000	9282000000.0
1948.2	2288	419000	64000000	
1948.6	2288	93000	16000000	

资料来源：转引自王庆德《民国年间中国邮政简易寿险述论》，《历史档案》2001年第1期。

国民政府之所以如此推崇简易人寿保险，当然以保持该保险的保障能力为前提，但是其"过度"的热心又让人对其动机产生怀疑。当代学者的研究多认为："邮政简易寿险之所以能在连续巨额亏损的情况下维持到1948年，实际上被国民政府当做第二财政，……它的储蓄融资功能被极大夸张，而其所应具有的寿险的社会保障功能却被忽视。"① 但是，此种观点不足以解释国民政府自愿承担多年亏损的动机，以及为了拯救简易寿险而付出的高昂代价。

到1948年国民政府虽然无力支撑简易寿险的巨额亏损，但是仍然决定通过改革来坚持。邮政储金汇业局和中央信托局希望以互助保险方式拯救简易人寿保险。"我们真的没有办法吗？当然不确！因为我们邮政员工现有4万多人，假使联络起来，彼此互助，可以集多数人的互助精神，来消除少数人的生活威胁。"②

他们认为简易寿险之所以亏损除了技术上对通货膨胀的计算缺乏前瞻外，更重要的是："保额的规定受立法的限制不能自由提高到适合实际需要的额度，因而契约不易招来，业务根本无推展之余地。"③

他们寄希望于员工互助保险，邮政储金汇业局的寿险专家佟树藩很有信心地预言："最近实行一种员工互助保险，保额5千万元，据

---

① 自王庆德：《民国年间中国邮政简易寿险述论》，《历史档案》2001年第1期。
② 重庆市档案馆藏：《员工互助保险、健康保险说明书》，档案号：03410001000050000028。
③ 佟树藩：《谈简易人寿保险》，《储汇邮工》1947年第3期，第5页。

云此项保险实施后不但实现了一部分寿险理论并且立刻可以弥补赔亏。"①

1948年，邮政储金汇业局推出了员工互助寿险和互助健康保险，基本保额根据国民政府主计处1948年2月份公布的零售物价指数19932000，定为1500万元，保险率一人为4‰，二人为7‰，三人为9‰，最少达到了250倍，也就是说，每季度投入60万元的保费，可以享受1500万元的保额。该办法鼓励以家庭为单位参保，如果两人联合每季度投入105万元就可享受1500万元的保额（优惠15万元），三个人只要135万元（优惠45万元）。而且可以买多份，最高可买20份，意味着每季度投入1200万元，则可以享受300000万元的保额。"可获一有备无患心理上之保障。"②

健康保险同样如此，员工每月投入18万元的保费，可以享受3000万元的医疗保险，最高可以买到5份。策划者认为："则一旦生病或遇到伤害，所需的医药费用，可以毋庸过虑。"③ 互助寿险1500万元的保额相当于当时一个政府低级职员310万元月薪的5倍，而且根据生活费指数调整，其保障能力在当时劳工抚恤金中算是较高的，3000万元的健康保险也可以应对当时劳工病亡率高的问题。

由于简易人寿保险的失败，很多人对邮政员工互助保险持不信任态度，能不能维持到底？由于该保险被保险人离职时不退还保费，甚至被人们认为是变相的剥削。④ 尽管主事人杨国观出面努力讲解该保险的科学性，希望人们明白当局的苦心，但大多数人仍选择观望，时人道："员工互助寿险，究竟是科学的互助办法呢，还是变相的剥削？目前还未到讨论的阶段。……我选择自由！"⑤

为了表明该保险是为投保人提供福利，并非牟利，邮政储金汇业局只要遇有员工死亡情事，并不以未填投保申请书或未缴保费为借

---

① 佟树藩：《谈简易人寿保险》，《储汇邮工》1947年第3期，第5页。
② 重庆市档案馆藏：《员工互助寿险、健康保险说明书》，档案号：0341000100005000028。
③ 重庆市档案馆藏：《员工互助寿险、健康保险说明书》，档案号：0341000100005000028。
④ 杨国观：《关于邮政员工互助寿险》，《储汇服务》1948年第83期，第8—9页。
⑤ 《关于员工互助寿险，我选择了自由》，《中华邮工》1948年第8期，第23页。

口，拒付赔款。① 该局信差陈耀宗于 5 月 17 日病故，其生前尚未履行投保员工互助寿险手续，亦未缴纳保费，按照储汇局规定，准予按照其家属人数作为基本保额个数，拨发死亡赔款，除已先拨给该故差家属 9000 万外，俟其家属人数查明确定后，仍可照章补发。该君身后萧条，得此意外巨款，其家属颇为感谢，登报致谢。② 从 1948 年 4 月 1 日到 9 月 30 日保险共核发赔款 66 笔，共计法币 100 多亿元。这 66 笔中，只有二三笔，是已填妥申请书并缴付保费的，其余要么已填申请书未缴保费，或者申请书未填保费也未缴的，发生死亡情事，初按家属人数赔，后按一个基本保额核赔。而且陈耀宗 1948 年 5 月领取的 9000 万保险金在当时相当于 3 月份一个政府低级职员 310 万元月薪的 30 倍，保障相当有力，而且在这 66 笔赔款中最高的东川管理局唐琼艺因为有 20 份基本保额，保险赔款达到 11 亿元，相当于 310 万元月薪的 354 倍，保障期达 30 年；最低的河北管理局的王忠诚达到 3000 万元，也有月薪的 10 倍。③ 邮政储金汇业局这种不计成本，挽回信誉的做法令人感动，公司宣称："此种措施，完全为建立保险信用及谋取同仁福利。"④

基于当局的态度和行动，到 1948 年 9 月 30 日，全国有江苏、浙江、安徽、江西、湖南、西川、山东、山西、河北、广东 10 个邮区及杭州等 7 个分局递交了投保申请书和应缴保费。⑤ 但随着国民党政权的溃败，这种努力无疾而终。

二 资源委员会等企业的互助寿险改革

抗战胜利后资源委员会获得了大扩张。1945 年有 125 个企业，63733 人⑥；到 1947 年底资源委员会共有 11 个生产部门，96 个管理

---

① 龙毓口：《邮政员工互助寿险近况》，《储汇服务》1948 年第 87 期，第 31 页。
② 砺成：《亡人遗属感谢互助寿险》，《储汇服务》1948 年第 38 期，第 35 页。
③ 龙毓口：《邮政员工互助寿险近况》，《储汇服务》1948 年第 87 期，第 31 页。
④ 龙毓口：《邮政员工互助寿险近况》，《储汇服务》1948 年第 87 期，第 31 页。
⑤ 龙毓口：《邮政员工互助寿险近况》，《储汇服务》1948 年第 87 期，第 31 页。
⑥ 许涤新、吴承明主编：《中国资本主义发展史》第 3 卷，人民出版社 2003 年版，第 507 页。

机构，所属厂矿 291 个，职工 223775 人（最高峰是 1947 年 8 月达到 261038 人）。[①] 企业的快速扩张使得职员互助寿险的参加者不断变更，按照以前做法，每月核算受恤人、会员、应缴会费及结存等，显得操作不易，任务繁重。再则飞速的通货膨胀给这种互助寿险运行带来了困难，"物价情形，亦因时因地而变异"，因为按以前亡故一人 1 元的简单算法，一个因公亡故者遗族在 1939 年所得的 1 万多元恤金，在 1946 年已经缩水 2000 倍。为了保值，企业不得不调整应缴会费，仍然难以为受恤人提供有效支持，其寿险金的保障期已经由最初的 3—5 年缩短为 3—5 个月了。而工人每月固定缴纳 4 元保金，所得 5000 元固定保额到 1946 年不及当时重庆工人一个月薪津，显然跟不上物价的上涨速度了。

另外，资委会职员的互助寿险金在全面抗战时期采取固定保额的做法，暴露出绝对平均主义的弊端，员工因为职别、服务年限不同，工资也各不相同，工作多年的老员工拖家带口难以聊生。

抗战胜利后最早对类似互助寿险进行改革的是私营企业。民生实业公司职工互助保险在 1945 年就修改了章程。主要变化是采取按职位差额保险的办法：保费依然按保额 15‰ 向职工征收，保额越大征收越多，但是保额被分为 5 级：第一级人员：总经理、协理、副经理、主任秘书、总工程师、副总工程师、主任稽核秘书、大队长、专员以上各保国币 35000 元正。

第二级人员：正副主任、视察事务长、航道视察正副工程师、船长、大副、轮机长及大管轮、主任医师、副大队长、大领江以上各保国币 30000 元正。

第三级人员：办事员、助理工程师、技术员助理、技术员、报务员、医师、护士长及护士、护航中队长、理货主任、行轮囤栈驳管理、二三副会计员、二三领江、二三管轮正副驾驶、正司机以上各保国币 25000 元正。

第四级人员：助理员护航分队长、理货领组及理货员、学引水员

[①] 许涤新、吴承明主编：《中国资本主义发展史》第 3 卷，人民出版社 2003 年版，第 627 页。

及学驾驶及正副舵工、正副水手长、木匠副司机及机匠、加油火夫长、看炉水长官及警长以上各保国币20000正。

第五级人员：练习生、报务生、护航组长及队员、警事务员、兽医、茶房头目及茶房洗浆工、理发工、长工、看舱埠工、学舵工、木驳舵工、水手、学加油火夫、电灯工、煤驳工、看守工、植花工、汽车司机、电焊工以上各保国币15000元正。①

难能可贵的是，公司继续保持了对不同级别的保险人进行不同补贴的做法，级别越低补贴越高。第一级公司津贴保费1/6；第二级公司津贴保费1/5；第三级公司津贴保费1/3；第四、五级公司津贴保费1/2。② 这种保险的弱点仍然是保险金购买力有限。因为1945年8月重庆产业工人的平均工薪是145018元，15000元只相当于1个月的月薪。而且不能根据物价及时调整保险金额，到1946年5月，上海工人平均月薪达到10万，这个保额连一个月月薪都不到。民生公司能够率先改革，是私营企业的榜样，但是其规模弱小，建立的互助体系只能为受恤人暂时救急。

1946年10月22日，资源委员会出台了新的《资源委员会员工寿险办法》，其目的是克服通货膨胀的不利影响，基本原则为："本保险之保险金及保险费数目，均依照员工所得薪津总数逐月自动调整，俾保险金的购买力，不致因物价变异而受巨大影响。"③

新办法抛弃以前按人收会费的办法，采取按薪水固定收会费。将员工分为职员和工人两部分，职员工资分为甲乙丙三个等级：甲、月薪津430元以上者，按600元计算；乙、月薪津220元以上的，按400元计算；丙、月薪津200元以下的，按200元计算。工人者分为丁戊等级：丁、技工为一个等级，以最高级别为标准计算；戊、普通工以平均工资为标准。职员每百元工资收保费5角，非危险厂矿工人

---

① 重庆市档案馆藏：《关于印发民生实业公司职工互助保险1945年章程的通函、通告（附章程）》，档案号：02070007000820000001。
② 重庆市档案馆藏：《关于印发民生实业公司职工互助保险1945年章程的通函、通告（附章程）》，档案号：02070007000820000001。
③ 《资源委员会员工寿险办法》，《资源委员会公报》第11卷第4、5期合刊，1946年11月版，第101—107页。

收 6 角，危险厂矿工人收 8 角，被保险机关和工人各承担一半。①

其主要变化：一、新增对意外伤亡的赔款规定。除对普通死亡者赔付 4 个月薪津外，对意外死亡者，赔付 8 个月薪津；全残废者（双目失明，或一目失明及一肢残废或双肢残废），赔付 8 个月薪津；半残废者（一目失明或一肢残废），赔付 4 个月薪津；暂时残废者，残废期间每月付给半个月薪津，到 6 个月止。

二、按薪津逐月自动调整计算保险金。职员月缴薪津的 0.25%，工人为 0.3%，危险厂矿工人为 0.4%。每年约在 0.6% 至 0.7% 之间，工人部分在 0.96%。而保险金额按照 8 个月薪津计算的话，可能达 299 万—400 万元，4 个月可达 100 万—200 万元。②虽然保险金额的保障力度已经较全面抗战初期 3—5 年的保障力度降低不少，但是至少可以保证受恤人 4—8 个月的原来生活水准③。

三、被保险机关承担了一半保险金额。这与以前由单位组织、工人互助承担费用的做法有一些区别。也体现出在近代保险发展过程中，企业、个人分担的原则，危难时刻彰显企业责任。

资源委员会的寿险改革，在一定程度上克服了通货膨胀所带来的职工抚恤金保障能力下降的问题，那么它在实际运行中的效果如何呢？下表是资源委员会华中钢铁有限公司筹备处的人寿保险统计表，我们以此为例来解析一下当时的实际运行情况。

表 5-17　资源委员会华中钢铁有限公司筹备处人寿保险统计表
（1946.10—1948.6）

时间	参保人数 职员 甲	参保人数 职员 乙	参保人数 职员 丙	参保人数 工人 丁	参保人数 工人 戊	总计	各组个人所缴保险费（元）甲	各组个人所缴保险费（元）乙	各组个人所缴保险费（元）丙	各组个人所缴保险费（元）丁	各组个人所缴保险费（元）戊	总保险费
1946.10	3	35	94			132	900	660	430			139640

---

①《资源委员会员工寿险办法》，《资源委员会公报》第 11 卷第 4、5 期合刊，1946 年 11 月版，第 107 页。

② 薛毅：《国民政府资源委员会研究》，社会科学文献出版社 2005 年版，第 449 页。

③ 因为其按薪津计算，薪津包括生活费指数调整部分，固能够维持原有生活。

续表

时间	参保人数 职员 甲	乙	丙	工人 丁	戊	总计	各组个人所缴保险费（元） 甲	乙	丙	丁	戊	总保险费
1946.11	7	36	107			150	900	660	430			152140
1946.12	7	40	114			161	1460	1070	680			261080
1947.1	8	38	120			166	1460	1070	680			263880
1947.10	7	38	34	281	550	910	10630	8000	5130	4320	1093	6044900
1947.11	7	35	69	275	580	966	10630	8000	5130	4320	1093	6037080
1947.12	7	35	65	274	571	952	10630	8000	5130	4320	1093	5952340
1948.1	8	38	62	173	525	806	5650	4360	3050	1860	920	2409520
1948.2	8	36	61	192	528	825	19950	15130	10230	6040	2970	8172820
1948.3	8	37	59	194	524	822	25600	19490	13280	7900	3890	10560820
1948.4	8	37	61	194	515	815	70000	53000	37000	21000	11000	29034000
1948.5	8	39	60	199	519	825	100000	75000	50000	27000	18000	42880000
1948.6	8	39	59	201	538	845	134000	102000	69000	41000	24000	60548000

资料来源：湖北省档案馆藏：《华中钢铁公司寿险》，档案号：LS56-9-175。

从上表可以看出，该处在实行新人寿保险办法两年的时间里，参保人数在1947年11月达到966人，工人人数最多，而且是普通工人。1947年10月，工人人数达831人，占投保总数的91.3%，普通工人占投保人数的60%，1948年6月，工人投保数达739人，占投保总数的87.5%，普通工人占投保总数的63.7%。可见普通工人始终是该保险的主要参加人群和受益人群。但是在保费的支付方面，由于工资水平不一样，工人虽然每百元的应缴保险费较高，但由于工人工资水平低，所以所承担的保险在总保险费中却是相对少的。如1947年9月，工人人数虽然占到总投保人数的91.3%，但工人承担的费用只有1815070元，只占总保险费的30%；1948年6月，占总人数87.5%的工人，只缴纳了约35%的保险费。说明此项保险的开办对工人是有益的。

那么工人的获益情况如何呢？我们还是以该处同一时期的理赔数

据来做分析。

表5-18　　资源委员会华中钢铁公司筹备处人寿理赔一览表
（1946.10—1948.6）

姓名	性别	年龄	组别	入保时间	事由	保险费	受益人	批准时间
卫昌煜	男	39	丁	1946.5	1947.11 病故	5753703	妻	1947.12
吴流茂	男	30	戊	1946.6	1947.12 工伤病故	2562730	母	1947.12
郑银洲	男	34	戊	1947.4	1948.1 因公死亡	5125464	妻	1948.3
周三	男	33	戊	1946.10	1948.2 因伤死亡	7928000	父	1948.3
胡仁先	男	42	丙	1946.12	1948.4 病故	26555000	妻	1948.7
黄义	男	30	戊	1946.6	1948.6 病故	30000000	母	未知

资料来源：湖北省档案馆藏：《华中钢铁公司寿险》，档案号：LS56-9-174。

从1946年10月到1948年6月，该处一共有6人因公亡故，5人是工人，其中4人是普通工人，占总数的66%，这与工人在生产一线工作、危险性大有密切关系。实际的保障程度如何呢？上表中的周三是一个警士，服务1年5个月，1946年入保，月薪为991000元，1948年2月值班时被车霸王打伤头部致死，其父为受益人领取8个月的薪津寿险金7928000元[①]，相当于3月份一个政府低级职员310万元月薪的2倍多；而唯一的一名职员胡仁先，其因公病故的保险费26555000元，相当于3月份月薪的8.5倍。如果再加上恤金的保障能力大约2—4个月，那么一个因公亡故工人受恤人所获得的补偿金大约有半年保障能力，而职员大致不会超过一年，与制度设计初衷相符。

资源委员会互助寿险这一变化的积极作用明显，企业责任的彰显不仅在策划、组织上，还表现在对经济费用的承担上。一个受恤人如果将恤金、寿险金等费用相加，所得不菲。1947年9月3日《申报》称："公基金职工互助寿险及资委会保险事务所的四种保障，设若一个工人不幸死亡，他的家属五年生活费用不成问题。"[②]

[①] 湖北省档案馆藏：《1947年12月申请死亡保险金》，档案号：LS56-9-174。
[②] 《申报》1947年9月3日。

三　川北盐工保险的继续

1945年底，面对重新涌动的通货膨胀浪潮，川北盐工管理局决定提高盐工保险支付金额。"原定各种保险给付因受战时物价波动及币值低落影响不能切合实际，因而酌予提高。"① 社会部将1943年颁布的《川北各场盐工保险暂行办法》进行修订，规定保险给付以现金为主，负伤津贴其金额为标准工资日额平均数额（原来是1/2），同一负伤津贴一年内以90日为限。

婚娶津贴为保险人一年标准工资平均数10%；死亡给付——被保险人或其家属死亡丧葬费为一年标准工资平均数20%（原来是10%），被保险人死亡遗族津贴按一年标准工资平均数计算，参加工作未满1年者40%（原10%），满1年者40%（原20%），满2年者120%（原30%），满3年者160%（原40%），满5年者200%（原50%）。②

由此可见保险的支付额度基本是原来的2倍以上，一些任职超过2年的老盐工甚至达到4倍。之所以能够增加得益于前期保险良好的财务状况，到1945年底，盐工保险费的总额已经结存10337035元，如果按照1945年12月的308200的支付标准可以在没有任何收入的前提下运行33个月（见表5-19）；同时1945年12月，川北盐工管理局将盐工保费每人每月20元增至30元。③ 使得保险池中的资金更加充裕，于是在周光琦的建议下，1946年增加了家属丧和婚娶支付，1947年又增加了负伤支付，难得的是1947年盐务总局又拨川康区盐工福利补助费5亿元。④

川北盐工保险以川北10个盐场的大约10万名盐工为基础，在理论上具有实现成员互助的极佳条件，1946年后运行平稳，参保人数常

---

① 四川省档案馆藏：《川北区各盐场公署呈报》，档案号：128--1373。
② 秦孝仪编：《中华民国社会发展史》（第3册），台北近代中国出版社1985年版，第1844—1845页。
③ 四川省档案馆藏：《川北区各盐场公署呈报》，档案号：128--1373。
④ 《征信新闻（重庆）》1947年第799期，第4—5页。

年保持在 3 万人左右，财务状况良好，即使在通货膨胀最为凶猛的 1947 年、1948 年，保险金额每月都有余存，到 1948 年 8 月金圆券发行前期，保险池中资金达到 1253120000 元。按照 1948 年 8 月份的支付标准可以支付 13 个月。

表 5-19　　川北区十盐场 1946—1948 年盐工保险统计表

时间	保险人数	停保人数	保险收入	保险支出
1946.1	34442	349	2487379	909616
1946.2	35771	791	1759601	255200
1946.3	35167	394	2042167	589800
1946.4	34956	387	2752276	849600
1946.5	34684	418	2558492	789000
1946.7—9	24266	1566	7185356	2955200
1946.10—12	24790	1109	7886179	1897300
1947.1	23711	860	3298708	702800①
1947.2	26685	251	4524202	1155200②
1947.3	30467	1582	4316912	979100③
1947.4	32255	810	6107648	2689000④
1947.5	27100	315	6894603	2066800⑤
1947.7	31264	1005	14045244	2804400⑥
1947.8	33166	1270	17368841	4420480⑦
1947.9	33609	1945	18560000	7250000⑧
1947.10	33758	752	17180000	9800000
1947.11	37521	1244	27180000	5980000
1947.12	37873	127	37690000	10840000
1948.1	37708	289	39930000	15630000

① 射洪、乐至、盐亭三场未有数据，仅七场数据。
② 乐至、蓬溪、盐亭三场缺。
③ 乐至、盐亭二场缺。
④ 缺乐至。
⑤ 缺和平、乐至、盐亭。
⑥ 缺乐至、盐亭。
⑦ 缺乐至。
⑧ 缺乐至。

续表

时间	保险人数	停保人数	保险收入	保险支出
1948.2	37922	102	58980000	16870000
1948.4	38865	328	84570000	38580000
1948.5	39367	365	212570000	54420000
1948.6	39985	293	170520000	34000000
1948.7	40088	450	317430000	58320000
1948.8	40140	142	475160000	93770000

资料来源：根据社会部编《川北区十盐场盐工保险概况》，《社会行政统计》1946年第22期—1948年第48期相关内容整理。

表5-20　　川北区十盐场盐工保险财务状况统计

时间	被保险人数	结存资金	支出					
			死亡	家属丧	婚娶	负伤	管理费	总计
1945.12	35788	10337035	32400				275800	308200
1946.12	35313	31184061	822600	612000	554000		3344519	9950335
1947.12	37871	157290000	31290000	5290000	7130000	600000	6180000	55180000
1948.8	40140	1253120000	45570000	5200000	10720000	2340000	29940000	93770000

资料来源：根据社会部编《川北区十盐场盐工保险概况》，《社会行政统计》1946年第22期—1948年第48期相关内容整理。

盐工保险良好的财务状况，来源于周光琦等保险专家的精确计算和保守经营。

早在1945年，周光琦就对盐工保险未来10年的运营状况作了科学的概算。预计第一年会结存115.44万元；第二年会结存199.33万元；第三年会结存312.45万元；第四年会结存444.44万元；第5年会结存581.82万元；第六年会结存714.91万元；第七年会结存852.91万元；第八年会结存995.40万元；第九年结存达1143.58万元；第十年结存达1479.69万元。[①] 实际上在1946年保险费结存就达到了3118.4061万元，超过了周氏估计数字的一倍。具体原因在于养

---

① 四川省档案馆藏：《川北区河边盐场盐工保险社章程等》，档案号：128-0-1373。

老保险费在实际运行中并未支出，因为养老保险金提取最低要求为加入保险满5年，到60岁退休，盐工保险于1943年开办，所以到1948年没有养老保险支出。

保守经营则体现在对保费的核定上。在开办之初，保险率定得很低，保险费高，但对于普通盐工的经济生活却是相当的保障。① 假定盐工每月薪酬1000元，保费为30元，即30‰，这个缴纳比和民生公司的15‰、资源委员会的月薪的3‰（平均）相比高出一倍。

其次在支出种类上，盐工保险采取循序渐进的原则，1945年只有死亡赔付，1946年增加了家属丧和婚娶赔付，1947年增加了负伤赔付。在财务收支上每个月的收入几乎是支出费用的一倍多（见表5-20），因此结存余额越积越多。

也许正是基于盐工保险的良性运作再加之盐工退保不退款的硬性规定，所以每月非正常停保盐工人数寥寥（见表5-21）。1946年停保的9336人当中，解雇和辞工改业者达6219人，占66.6%，再加之死亡、久病不愈、盐井停煎、井厂移转、井厂撤销等正常停保，原因不明者仅为2706人，约占29%。说明大部分盐工仍然对此保险较为信赖。

表5-21　　　　　　　　1946年停保原因统计

保险社	总计	盐灶停煎	井厂移转	井厂撤销	盐灶退佃	解雇	志愿从军	辞工改业	久病不愈	逃工	死亡	填报不明
总计	9336	89	25	126		2096	1	4123	11	7	150	2708
三台	1202					6					17	1179
西充	608					507	1	89	2		9	
河边	913		25			30		637			12	209
南阆	1221			126		58		1003	9		25	
射洪	4738					1323		2079			46	1290
绵阳	423	87						315		7	14	

---

① 周光琦:《川北盐工保险业务改进之商榷》，《社会工作通讯》1945年第2卷第11期，第4页。

续表

保险社	总计	盐灶停煎	井厂移转	井厂撤销	盐灶退佃	解雇	志愿从军	辞工改业	久病不愈	逃工	死亡	填报不明
乐至	63					58					5	
蓬溪	13										13	
简阳	125	2				114					9	
盐亭	30										30	

资料来源：《川北十个盐工保险社被保险人数及财务状况》，《社会福利统计》1946年第2期，第75页。

川北盐工保险这种重积累、轻保障（支付）的做法，固然可以保证保险运行稳定和逐步扩大，但是在物价飞涨的条件下，其保障金只能为保险人提供应急之款，不能算是保障。1948年1月，郝某1944年入保，死亡给付保险额为648000元；3月，盐工杨正1944年入保，死亡给付保险额为1296000元；5月，李家海保险额为864000元；6月，周德洪保险额为1440000元。① 1948年3月一个政府低级职员的月薪是310万元，前面盐工的保额收入最高的不及该工资的一半。

而且保险池中的巨额积累资金在日以百倍计的通货膨胀面前，缩水严重，失去了"蓄水池"作用。但是保险特有的年份传递性质，又使得人们很难轻易改变保险的模式，此时如果能将这种积累式的保险运行模式改为现收现付模式，也许受恤人可以获得更多，保险金贬值的弊端将会减轻。如周光琦本人所言："该项事业创始于艰难困苦的全面抗战时期，所以格于时势，限于财力，而且受交通的困难，以及币值低落等种种影响，容有未尽完善之处。"并希望"今后能够积极的推进，达到美满"②。

鉴于各个企业互助保险的作用明显，1948年5月12日全国保险公会联合会代表在国民党国民大会上提出两项议案：一是举办社会保险，二是制定和举办寿险条例以替代抚恤条例。其具体办法：1. 制定

---

① 四川省档案馆藏：《川北区各盐场公署呈报》，档案号：128--3139。
② 周光琦：《川北盐工保险业务改进之商榷》，《社会工作通讯》1945年第2卷第11期，第5页。

颁发社会保险法，公教及军警人员寿险条例；2. 分期举办社会保险，先办健康保险及伤害保险，次办老年保险及失业保险；3. 社会部下设置社会保险局负社会保险行政管理之责，其业务委托中央信托局办理；4. 由政府制定国营寿险机关办理寿险事宜；5. 废除抚恤条例，将抚恤费用移充保费，并通饬全国各级公教人员及军警人员一律投保。① 但是随着政治和军事的溃败，国民政府已经失去了改革的时间和机会。

---

① 颜鹏飞等主编：《中国保险史志（1805—1949）》，上海社会科学院出版社 1989 年版，第 461 页。

结　　语

民国时期的劳工抚恤实际上是中国近现代工业化背景下社会变迁的缩影。在传统社会中，抚恤虽然包含济弱帮困的慈善因素，但其主要功能是君王或者当权者酬绩慰勤的宣恩手段，在工业化初期，因公伤残或因公亡故的受恤人延续了这种想法，雇主象征性地给予一定数额赔偿金，表示酬劳或赔偿，古老的抚恤传统被赋予了现代社会保障的含义。在运行初期与工业时代要求相去甚远。就像民国学者吴仲行在评价军人抚恤所表达的含义一样，"过去的抚恤，视为一种恩典，好像告朔的饩羊，仅存其礼，国家未虑其过少，受恤者也无由请其增多"。而"现在国家恤金的给予不是可有可无……而是恃为生活和生存的要件"①。

于是与同西方工人运动浪潮一样，数量逐渐增多的工业劳工开始以各种方式表达诉求，从谋求抚恤到谋求终身抚恤，抚恤金的功能历经了救急、救助和保障的变迁。这种抚恤方式既不同于传统的恩典型，也不同于近代西方工业化国家的社会保障型，它包含了雇主奖绩酬优的情怀和济弱帮困的实际作用，并且这种救助的保障时间逐步延长，是以实现完全保障为目标的。这与西方工业化国家社会保障发展历程显然不同，是我国传统抚恤在工业社会的调适。

一

我们将它称为"过渡型抚恤"。这种"过渡型抚恤"植根于中国

---

① 吴仲行：《进步性的军人抚恤》，《联勤月刊》1948年第10期。

近代社会，带有该时期的鲜明特点。

首先是政府缺位。西方社会保障体系的建立都是在一个强有力的政府推动下完成的。政府一方面承担制度设计责任；另一方面承担经济责任。在社会保障体系最早建立的德国，通过立法确立劳资双方的责任，政府在养老保险和健康保险中采取补贴制度。而在我国自从洋务运动中出现劳工抚恤问题后，虽然一些有识之士和个别企业率先为受恤人提供高于同时期的补偿，但是在当时并未形成风气，更未上升到国家层面来考虑。因为当时劳工人数较少，工业在国家经济生活中不是主流。到了民国时期，北洋政权是一个弱势的独裁政权，长期处在政权分裂和更替之中，无暇顾及劳工利益，但是此时的劳工阶层特别是工业劳工在人数上达到了百万级别，集中于当时几个经济中心和矿山，由于工业化初期无视安全生产，在矿山和工厂罹难劳工人数增长较快，加之西方社会工业浪潮的影响，反抗和诉求之声此起彼伏，一些企业不得不采取有限的抚恤补偿，但是这种补偿仅能帮助受恤人度过灾难时刻，只具有救急的功能。第一次世界大战以后苏联的建立，引起西方世界对劳工问题的重视，而同时中国知识分子认识到了工人运动的巨大威力，开始建立工人政党——中国共产党——领导工人运动，以期改变中国分裂落后的局面，于是在1920年到1923年间，工人罢工突破了企业、行业、地区的限制，深刻影响中国的政治和经济面貌，劳工抚恤作为罢工争取的重要目标，在一次次罢工中，标准逐步提高，最高时达到完全保障。北洋政府一方面动用武力予以镇压；另一方面则主张劳资调和，制定了《矿业条例》和《暂行工厂通则》，规定了企业对劳工伤残亡故抚恤的责任和标准，但这个标准极其低下，而且这些法规因为时局的动荡毫无约束力。

到了南京国民政府时期，劳工抚恤问题的解决终于有了一个统一的政权的推动，《工厂法》的颁布、工厂检查法的施行，似乎劳工抚恤即将进入一个新的水平，但是资方的反对和抵触，外资工厂的无视与延误，使得该法的推行举步维艰。但是政府的强势推动还是使得该项法律成为当时的抚恤标准。随之而来的抗日民族战争，政府陷入战争的泥沼不能自拔，劳工抚恤完全依靠企业自为。全面抗日战争之后，国民政府很快又发动内战，虽然政府也曾创办过简易人寿保险等商业保险，但是这些保险因为缺乏福利性而没有发挥重要作用，而随着军事失利、政权式微、通货膨胀、社会混乱的加剧，运行社会保障的基本条件丧失，此时对于劳工受恤人的利益保障基本由企业自为。可见在整个民国时期，政府虽然有过短暂的强势（1927年到1937年），但是基本处于纷争和动荡之中，没有能力制定切实可行的法律，也没有能力维护法律秩序，更不要奢谈政府承担社会保障的经济责任。劳工保险法的屡次夭折便是明证。

第二个特点是以企业自为为主。企业最初承担劳工抚恤责任是本着慈善情怀的，因为清末的大多数外资工厂都没有关于劳工抚恤的规定，后来随着技术型劳工比例的增加，企业为了拥有稳定的技术工人和劳动力来源，开始实行政府颁布的抚恤条例，在一些知识或技术密集型企业，这种待遇达到了很高的标准，例如商务印书馆、银行等企业，但是在执行过程中，职别、工种、伤亡原因等成为影响抚恤金多寡的因素。南京国民政府时期，公营企业的扩张带来劳工抚恤的新变化，因为公营企业拥有垄断资源，其企业利润能够得到保证；其次公营企业代表了政府形象，必须承担相应社会责任；再次公营企业都是资本雄厚、人才众多、技术先进的企业，为了保持领先性必须优待员工。如建设委员会、资源委员会、复兴商业公司等，他们有能力为因公伤残亡故受恤人提供救助和保障，这一时期公营企业成了《工厂法》的模范施行者，受恤劳工可以得到3至5年甚至更长时间的生活保障。虽然距离完全保障还有差距，只能算是救助，但已经是一大进步，而且是在没有外力强迫下，由企业自觉完成的。进入全面抗战时期，劳工因战伤亡增多，再加之通货膨胀，企业难以单独承担受恤人的保障责任，此时公营企业的人数优势成为开展员工互助的有利条件，企业由受恤人保障的承担者转而变为组织者，资源委员会的互助寿险、铁路系统的公赙金制度以及一些大型私营企业的互助保险，一方面继续承担抚恤的经济责任，另一方面承担了组织责任，通过组织员工互助保险，使得受恤人在得到恤金的同时还能得到互助保险的保险金，保障时间和保障力度都得以加强，资源委员会的互助寿险的保障时间有时可以达到 10 年。即使在通货膨胀最为凶猛的时候，互助寿险、公赙金、川北盐工保险仍然表现出强大的保障能力，实在是动乱岁月中的诺亚方舟。值得肯定的是，在抗战胜利后的职工互助寿险、川北盐工保险中，企业都承担了保险费的一半。但是应该看到的是，这些只发生在一些实力雄厚的企业，在大多数未达到《工厂法》实施标准的企业，员工的抚恤完全由企业自为，多寡不均，甚至没有。

第三个特点是劳工互助为根本。与其说是企业使得那些因公伤残亡故的劳工受恤人度过了全面抗战中和抗战胜利后物价飞涨的时期，不如说是劳工的互助使然。因为单纯依靠企业支付抚恤金来度日的劳工受恤人，不可能要求企业根据物价调整恤金。劳工互助来源于传统社会熟人之间的互赠赙金和行会互助行为，扩展到整个企业，数以千计、万计的陌生人在企业的组织下联结成一个互保整体。这种保障方式既体现出现代保险制度的基本原理，又成为处于困境中的人们搀扶相助的良策。劳工之间的互助包含两方面含义：一是每个人对于别人的帮助义务，因为罹难者只是企业劳工中很小部分，很多人付出的保险费或赙金终身无法享用，但是获得了有备无患的安全阀；另一方面的含义是每个成员都有从这个保险体中获得资助的权利，当成员罹难后，其本人或遗族获取资助成为一种理所当然，而非旧时感恩戴德的恩典。为了保证所缴之款用到实处，最初的保险费是严格按照罹难者人数来定的，现收现付，计算与收集颇费周折；后来随着参保人数的增加和保险体的扩大，变为相对固定地收取保险费，也相对固定地支付保额（一段时间会根据物价调整），多余部分积累下来，达到一定数目再提高支付标准，川北盐工保险可谓是这种模式的一个典范。积累式保险的好处在于操作简单，收入和支出不会因为成员数目的改变而导致保险赔偿金额的改变，但是对于巨额保险资金的保管是一个问题，尽管铁路系统的公赙金制度和川北盐工保险制度都采取每月发布公报的办法，但是这种知情权在理论上仍然难以抵消资金保管的风险，虽然事实上并无资金被挪用和盗取的事件发生。

二

与西方国家社会保障制度由国家自上而下强力推行不同,民国时期的劳工抚恤制度则是自下而上的力量促成的。它的建立更多的是源于劳工对生存保障的诉求,其次才是企业对于自身发展的需要,再其次是政府维护政权合法性的需要,包括反击反对者的批评,以及履行国际公约等。

这个过程也是中国近代劳工力量增长、工业实力的发展造就的,因为不同的经济水平只能承载不同水平的社会保障制度,如果实行过高的抚恤标准无异于杀鸡取卵,如果实行过低或者不实行抚恤制度,众多受恤人残无所恃,病无所医,孤无所靠,就会带来社会危机,成为暴乱的温床。因此抚恤制度的形成也是社会各种势力相互斗争协调的结果,最初只是关照因公亡故的受恤人,然后再是因公致残、因公致病者,最后才是当时死亡率最高的积劳病故者。抚恤标准由最初的100日薪的恤金,提高到《工厂法》所要求的2—3年,一些企业在某一时期甚至达到了10年以上。与之相应的是中国经济工业化程度的不断提高。1913年到1917年间工业投资增长了3倍[①],1920年,现代工业在工农业总产值中的比重为7.37%,1933年上升为10.33%,1936年达到13.37%,1920—1936年,中国近代工业的生产总值增长了172.5%,年增长率为10.14%。[②] 而1936年之后就是官僚垄断资本控制的公营企业、国营企业的扩张期,工业和交通运输业官僚资本比重由1911年的26.8%,约4.78亿元,增长到1936年的35.9%,约19.89亿元,1947/1948年陡增至64.1%,折算战前币值约为42亿元。[③] 可见经济发展水平是抚恤保障水平的基础,两者互

[①] 杜耀云:《中国近代史论》,齐鲁书社2014年版,第231页。
[②] 龚书铎总主编、朱汉国主编:《中国社会通史 民国卷》,山西教育出版社1996年版,第687页。
[③] 许涤新、吴承明主编:《中国资本主义发展史》第3卷,人民出版社2003年版,第14页。

相影响互相制约。

　　值得一提的是，在1922—1923年第一次工人运动高潮中，工人在中国共产党领导下分别于安源路矿工人罢工、开滦五矿同盟等罢工谈判中提出过终身抚恤的要求，但是最终要么主动放弃，要么折中解决，即使答应的后来也未见施行，人们似乎认为这是资方势力强大使然，待到大革命期间，国民政府迁都武汉，出台《湖北工厂暂行条例》要求工厂对伤残亡故受恤人实行终身抚恤，但是即使在革命政权的支持下，资方也未见妥协，可见超越经济水平的抚恤要求，无论是谈判抑或革命都难以实现。

　　与西方国家政府不同，民国各时期政府在构建以抚恤为中心的保障体系时，无论是在法律责任、组织责任、协调责任方面还是在经济责任方面，都处于缺位状态，但是并不代表无所作为，我们仍然能在一些重大抚恤事件中看到政府的影子。政府不遗余力地推动伤残亡故劳工的生活保障事宜，首先是出于社会安全角度。中国自古以来就有牧民安政的思想，《论语》有语云："丘也闻有国有家者，不患寡而患不均，不患贫而患不安。……忧不能安民耳，民安则国富。"孔子在这里所说的"安"是免于冻绥，免于贫困，使人民能够安居乐业的意思。晁错的《论贵粟疏》道："民贫，则奸邪生。贫生于不足……夫寒之于衣，不待轻暖；饥之于食，不待甘旨；饥寒至身，不顾廉耻。人情一日不再食则饥，终岁不制衣则寒。夫腹肌不得食，肌寒不得衣，虽慈母不能保其子，君安能以有其民哉？"而在民国语境下，社会安全意味着是调适社会生活，预防和补救社会缺陷，而使人民免于贫困和恐惧。因此救残扶弱成为各个政府存在合法性的应有之义。

　　同时，各时期的政府都处在政治势力的竞争当中，北洋政府与广州国民政府、南京国民政府与中共政权都将劳工群体作为争取对象，劳工政策俨然成了另一个战场，北洋政府的《暂行工厂通则》与广州国民政府的《湖北工厂暂行条例》几乎同时颁布，孰优孰劣一眼便知。而南京国民政府的《工厂法》颁布实施不光受到资方的抵触，同样受到代表劳工利益的中共舆论的批评。这些批评事实上也推动了劳工抚恤制度的进步。而到了全面抗战以后，国民党政权处于风雨飘摇之中，希望借助社会保险摆脱困境，但是推行缓慢，而1948年12月中共在东北推行的《东北公营企业战时暂行劳动保险条例试行细则》规定企业职工劳动保险基金由企业负责。该细则的起草者郗占元曾计划保险费由企业行政每月缴纳工资总数3%，工人缴纳所得工资的5‰，但是遭到中共东北局其他同志的反对，大家认为："保险费完全由国家负担，政治意义更大。"① 由于中共政权强大的组织动员能力能够短时间内集聚大量资源解决难题，40万工业劳工因此获益。两相对比，民众的心理倾向不言自明。

中国共产党劳工保险推行的成功不是孤例，单从政治角度来说，纵观全世界劳工社会保障成功的国家，要么是法制健全有力，政府依法强力推行，如美国、英国；要么中央集权有力，自上而下贯彻，如德国、苏联等。而中国各时期的政府大多处于纷争内耗之中。北洋政府分裂动荡、有令难为；南京国民政府从建立之初就先天不足，依据王奇生的研究，属于"弱势独裁"，只能在利益群体之间寻找平衡，如同《工厂法》的立法原则所言："折衷于劳动中心主义与资本中心主义之间，于不妨碍产业之发展或存在之限度以内，予劳动者以相当之保障，即以促进劳资之协调。"② 这种原则透露出政府制定和施行各种劳工政策，包括劳工抚恤制度，不是为了彻底解决劳工问题，其目的在于暂时调和劳资矛盾，缓解社会压力，因此采取骑墙的做法。诚如国民党学者萨孟武所说："如果我们同时希望两个阶级都来拥护，那么我们的政策只能模棱两可，然而模棱两可的政策，终究必为他们所厌弃。"③ 也许正是这种政治的模糊性，使得劳工伤残亡故保障问题始终悬而无决，这个过程带来的思考是，劳工抚恤及其他利益的获得，离不开一个强有力的政权的引导，在工业化初期，需要对唯利是图的资方套上制度的枷锁，减轻劳工的苦难，但是国民政府似乎无意也无力承担这份责任。

---

① 夏波光：《郗占元和劳动保险》，《中国社会保障》2011年8月。
② 谢振民：《中华民国立法史》（下册），中国政法大学出版社2003年版，第1063页。
③ 萨孟武：《如何增厚党的力量》，《时代公论》第4号，1932年4月。

三

影响民国劳工抚恤整体水平的因素有很多，政治的动荡与战争的摧残是最为重要的条件，这些因素造成了中国与世界社会保障水平的差距，但是这种极端条件下的保障措施在今天仍然具有许多值得思考和借鉴之处，因为西方的社会保障制度从没在如此恶劣的政治经济条件下运行过，从没有经历过如此汹涌的通货膨胀。

严格说来，从清末到新中国成立，劳工抚恤水平在逐步提高，因公亡故劳工从最初1个月月薪的抚恤金，到北洋政府时期的100日工薪，再到南京国民政府《工厂法》所设定的3—5年的保障期，以及全面抗战期间一些公营企业10年左右的互助寿险金。经历了一个由救急一时到救助一段，最后达到保障终身的过程，虽然最终目的没有实现，但是这种发展轨迹十分明显。这种提高一方面是，劳工不断抗争的结果；另一方面也是经济不断发展带来的。尤其难得的是，劳工抚恤水平最高的时期居然是各种条件极为恶劣的全面抗战时期。

民国时期对军人、公务员等公职人员的抚恤和对劳工的抚恤，就像是两种社会保障制度的试验场。公职人员抚恤由政府包办，国家财政拨款，覆盖全国的服务体系支撑，在政治、经济、社会稳定的情况下，这种抚恤显得尤为强大，1935年，一个最低级别因公阵亡士兵的遗族按照《陆军平战时抚恤暂行条例》[①] 每年最少可以得到40元年恤金，"年恤金的给予期限为战时阵亡20年"。20年可得到880元抚恤金（含一次性恤金），相当于一个工人52个月的工资，上将20年可以拿到19000元的抚恤金，相当于一个工人127年的工资。而公教人员中最低级别的公务员如果因公死亡最少能得到66元的年恤金和110元的一次恤金，年恤金相当于一个工人4个月的工资，可以供1名遗族生活1年。最高的部长级的年恤金可达到每年960元，可供4

---

① 《陆军平战时抚恤暂行条例》，载蔡鸿源编《民国法规集成》，黄山书社1999年版，第48册，第467页。

个五口之家的工人家庭生活 1 年。①

而到了全面抗战时期，由于通货膨胀，恤金极速贬值，1944 年一个上将阵亡后的遗族年恤金为 800 元，尚不及重庆一个产业工人月收入 3854 元的 1/4。根本谈不上维持遗族一年的基本生活。抗战后到国民政府离开大陆，这一时期的情况更为严重，政府权威丧失，发恤、请恤、领恤各个环节的官员贪污成风，受恤人很难领到恤金，即使领到恤金，在疯狂的通货膨胀面前，形同废纸。对于公教人员的恤金，政府通过补薪等办法，极力挽救，但是在这场赛跑中，恤金的购买力仍然一泻千里，维持受恤人基本生活的时间越来越短，到 1949 年一个亡故者遗族的年恤金仅能维持几天的生活。

相反，对于劳工抚恤，全面抗战以后《工厂法》虽然只字未改，但公营企业工人的实际抚恤状况却好于军人和公教人员，因为公营企业工人的工资是随着物价的上涨而调整的，所以收入贬值情况不算严重，但仍不能达到保障受恤人基本生存的状态。而资源委员会的互助保险、铁路银行系统的公赙金制度、川北盐工保险等能在一定范围内保证部分受恤人长时期的生活，虽然这只是发生在一些大企业中的个别现象。国家与社会因素在此过程的消长，引发了一些思考：

社会保障体系的建立与运行究竟是国家主导还是国家主责？一个安全的社会保障体系的资源究竟应该集中还是分散？

资源委员会、民生公司的互助保险，川北盐工保险、铁路系统的公赙金制度之所以能够在通货膨胀的狂澜中发挥济弱扶贫的作用，来源于企业的策划、组织、管理，更来源于众多受恤人的需要。企业提供平台和信任基础，每个人所付不多，但是所得较为丰厚。这种传统互助思维与现代保险组织形式的结合在危难时刻作用明显，一种成功的社会保障制度应该是全体社会成员最需要的，每个人的参与是这个制度的源头活水，而政府或社会团体的作用是为这种需求提供值得信任的平台，管理账目、平衡收支、公平支付就能够保证整个体系的良

---

① 详见姜迎春《国家保障：民国时期公职人员抚恤问题研究》，中国社会科学出版社 2017 年版，第 111 页。

性运作。当然这种体系的保障能力和保障水平来源于参与者的多寡以及所付费用的数目，只有建立起体量足够的"保险池"，才能抗击各种风险。

但是问题同时产生，体量巨大的保险机构必然拥有权威，能够左右单个保险人的利益分配，影响到保险人的自由选择，甚至会危及整个体系的安全。民国时期，军人和公务员所倚仗的政府保障体系崩溃后的惨状表明，社会保障资源过度地依赖某一机构或其一渠道，从理论上来说是不安全的。而劳工保险以企业为单位运行，但是囿于人数、资金的限制，保障能力不足，虽然避免了"一荣俱荣、一损俱损"的整体性危机，但是无法实现终身保障和稳固保障。如何在集中和分散之间找到平衡，才是社会保障体系保持活力和稳定的根本。

现行社会保障体制由政府全面主责，经费的收集、发放，保障标准的制定等一应事务都由政府操办。毋庸置疑，政府承担全责具有无法比拟的优越性，因为按照社会保障理论，社会保障的动员人数越多，这个体系也是越安全的，政府能够吸纳全社会的力量构成这个体系，从而提供了最安全的避风港。其次，政府的合法性、公益性、权威性以及强制性能够保证社会保障资金的筹集、管理、发放有条不紊，最重要的是能实现最大限度的公平，不论孤老妇幼、贫富贵贱都按照同一标准。但是这个体系如何才能更加完善是人们新的关注点，庞大的社会保障机构积聚着社会的巨额保障资金和其他资源，如何灵活地应对物价的波动，实现保值和增值；如何为被保障人提供高质量的稳固保障，民国的案例似乎能给人以启示。中国近代劳工抚恤制度发展史的启示在于，一个具有韧性的社会保障体系应该动员全社会的力量共同参与，不光参与集资，还可以参与分配，提供多样性的保障服务，才能减轻政府财政压力，也才能使这个体系更加贴近被保障人的需求，克服服务跟不上需求的窘态，摆脱政府疲于应付的局面。政府、社会、个人究竟应该在这个体系中承担什么角色和任务，多大程度参与这个体系的管理、创新和发展，而不仅仅是资金的缴纳者，值得思考。

另外，社会成员互助这一来自传统但是又历久弥新的方式，在当今世界仍有价值。在非洲、中东，一些国家政局动荡，内战频仍，百姓生灵涂炭，无所依靠，社会保障体系在最需要的地方却毫无作为，其根源在于现行社会保障体系对其所运行环境的政治、经济、社会的依赖过重，稍有欠缺，就无能为力，这不能不算是一个缺憾，如何在极端条件下实现对于弱者的保障，如何在受恤人之间建立一个超越国家、政治鸿沟的保障机制，是一个现实问题。全面抗战和战后一些企业在这样混乱的环境中抱团互济使部分受恤人安然度过了那段艰难岁月，这些案例包含着一些有益的启示。意大利历史学家克罗齐曾说过："为了将来，现在对过去进行反思。"从历史中也许能找到些许昭示。

参考文献

一 历史文献

1. 档案

重庆市档案馆档案60卷；湖北省档案馆档案250卷；江西省档案馆档案5卷；四川省档案馆档案36卷；上海档案馆档案73卷；台湾"国史馆"档案20卷；云南省档案馆档案40卷；台湾"中研院"档案112卷；中国国民党党史会档案30卷；中国第二历史档案馆档案55卷；浙江省档案馆档案32卷。

2. 民国报刊（1927—1949年）

公报类

《安徽省政府公报》《北平市市政公报》《北平市政府公报》《财政公报》《察哈尔省政府公报》《大学院公报》《福建省政府公报》《国际公报》《国民政府公报》《甘肃省政府公报》《广东教育厅报》《广东教育厅月报》《广东省政府公报》《广西省政府公报》《广州市政府公报》《广州市政府市政公报》《广州市政公报》《海军公报》《河北省政府公报》《河南省政府公报》《湖北省政府公报》《湖南省政府公报》《监察院公报》《建设委员会公报》《江苏省政府公报》《江西省政府公报》《经济部公报》《军事委员会公报》《军政公报》《军政旬刊》《考试院公报》《立法院公报》《内政公报》《南京市政府公报》《平绥铁路管理局公报》《青岛市政府公报》《铨叙公报》《山西公报》《上海市政府公报》《上海特别市市政公报》《社会部公报》《审计部公报》《实业部公报》《首都市政公报》《司法公报》《四川高等法院公报》《四川省政府公报》《铁

道公报》《万国公报》《外交部公报》《外交公报》《行政院公报》《盐务月报》《银行周报》《云南省政府公报》《浙江省政府公报》《中央党务公报》《重庆市政府公报》《最高法院公报》《资源委员会公报》。

报刊类

《安徽教育行政周刊》《北平邮工月刊》《残不废月刊》《财政日刊》《东方杂志》《法令周刊》《妇女新运》《工业合作月刊》《工业合作》《革命行动》《广东行政周刊》《国际劳工消息》《国闻周报》《河北银行月刊》《后方勤务》《湖南财政汇刊》《黄埔》《劳工月刊》《简易人寿保险》《交通公告》《教育与职业》《教育周刊》《抗到底》《抗战》《垦讯》《联勤月报》《陆军经理杂志》《民众生活》《农业推广通讯》《社会服务周报》《社会教育辅导》《时代公论》《自由新闻》《粤汉半月刊》《浙江民政月刊》《中东半月刊》《中国劳动》《现代邮政》《新民族》《新中华报》《新运导报》《社会福利统计》《观察》《大公报》（1902—1949年）、《新华日报》（1938—1946年）、《中央日报》（1936—1946年）、《申报》（1872—1949年）。

3. 资料汇编

蔡鸿源：《民国法规集成》（66—100册），黄山书社1998年版。

陈旭麓、顾廷龙、汪熙主编：《盛宣怀档案资料选编之二　湖北开采煤铁总局》，上海人民出版社1981年版，第115页。

财政年鉴编纂处编：《财政年鉴三编》，南京，1948年。

国民政府主计部统计局编：《中华民国统计年鉴》，中国文化公司1948年6月发行。

国民政府主计处岁计局编：《岁计法令汇编》，1935年。

国民政府实业部劳动年鉴编纂委员会编：《民国二十一年劳动年鉴》（第5编），文海出版社1990年版。

"国史馆"编：《中华民国褒扬令集初编（二）（三）》，台湾商务印书馆股份有限公司1984年版。

郭士浩编：《旧中国开滦煤矿工人状况》，人民出版社1985年版。

龚书铎总主编、朱汉国主编：《中国社会通史·民国卷》，山西教育出版社1996年版。

湖北省档案馆编：《汉冶萍公司档案史料选编》，中国社会科学出版社1992年版。

胡政主编：《招商局与重庆——1943至1949年档案资料汇编》，重庆出版社2007年版。

贾秀岩、陆满平：《民国价格史》，中国物价出版社1992年版。

考试院考铨丛书指导委员会主编：《中华民国铨叙制度》，台北正中书局1983年版。

考试院考铨丛书指导委员会主编：《中华民国公务人员退休抚恤制度》，台北正中书局1984年版。

孔敏编：《南开经济指数资料汇编》，中国社会科学出版社1988年版。

财政部财政年鉴编纂部编：《财政年鉴》，1935年。

劳动年鉴编纂委员会编：《民国二十二年中国劳动年鉴》，文海出版社1984年版。

刘明奎、唐玉良编：《中国工人运动史》（第一卷），广东人民出版社1988年版。

刘明远、唐玉良主编：《中国近代工人阶级和工人运动》（第八册），中共中央党校出版社2002年版。

林少川：《陈嘉庚与南侨机工》，中国华侨出版社1994年版。

李文海主编：《民国时期社会调查丛刊》（社会保障卷），福建教育出版社2004年版。

罗元铮总主编：《中华民国实录：文献统计》，吉林人民出版社2005年版。

南开经济研究所经济史研究室编：《旧中国开滦煤矿的工资制度和包工制度》，天津人民出版社1983年版。

内政部总务司第二科编：《内政法规汇编礼俗类》，商务日报馆1940年印。

潘懋元、刘海峰编：《中国近代教育史资料汇编·高等教育》，上海教育出版社1993年版。

全国政协文史资料研究委员会工商经济组编：《回忆国民党政府资源委员会》，中国文史出版社1988年版。

强重华编：《抗日战争时期重要资料统计集》，北京出版社1997年版。

铨叙部秘书处第二科编：《现行铨叙法规汇编》，国民政府考试院印刷所1936年印。

秦孝仪主编：《革命文献》第53、54、56、57、61、75、76、78辑，中央文物供应社1969年版。

秦孝仪主编：《中华民国重要史料初编——对日作战时期》绪编（一）、（二），中国国民党"中央委员会"党史委员会，1980年。

泉州华侨抗日史编委会编：《菲岛华侨抗日风云》，鹭江出版社1991年版。

任贵祥：《华侨第二次爱国高潮》，中共党史资料出版社1989年版，第139页。

荣孟源编：《中国国民党历次代表大会及中央全会资料》（上下），光明日报出版社1985年版。

孙安第编：《中国近代安全史（1840—1949）》，上海书店出版社2009年版。

上海申报年鉴社编：《申报年鉴》，1935年。

上海社会科学院历史研究所编：《五卅运动史料》，上海人民出版社l981年版。

沈雷春编：《中国保险年鉴》，中国保险年鉴社1937年版。

孙毓棠编：《中国近代工业史资料》（第一、二辑），科学出版社1957年版。

舒新城编：《中国近代教育史资料》，人民教育出版社1981年版。

实业部中国经济年鉴编纂委员会编：《中国经济年鉴》，1934年。

沈云龙编：《近代中国史料丛刊》，台湾文海出版社1967年版。

沈云龙编：《近代中国史料丛刊续编》，台湾文海出版社1967年版。

王清彬等编：《第一次中国劳动年鉴》，北平社会调查部，1928年。

吴强、陈毅明、汤晓梅编：《南侨机工档案史料选编·云南省档案馆馆藏部分》，中国华侨出版社2009年版。

万仁元、方庆秋主编：《中华民国史史料长编》，南京大学出版社 1993 年版。

邢必信等编：《第二次中国劳动年鉴》，北平社会调查所 1932 年版。

许涤新、吴承明主编：《中国资本主义发展史》第 3 卷，人民出版社 2003 年版。

许高阳编：《国防年鉴》（第一次），香港中美图书出版社 1969 年版。

徐堪主编：《中华民国统计年鉴》，中华民国主计部统计局 1948 年印。

薛世孝：《中国煤矿革命史（1921—1949）》（上），煤炭工业出版社 2014 年版。

薛毅：《国民政府资源委员会研究》，社会科学文献出版社 2005 年版。

谢振民：《中华民国立法史》（下册），中国政法大学出版社 2003 年版。

行政院编纂：《国民政府年鉴》，行政院 1943 年 7 月发行。

杨兵杰：《中国近代公务员工资制度思想研究》，上海财经大学出版社 2006 年版。

杨德华等：《历史上云南对中华民族发展的贡献》，云南民族出版社 2006 年版。

虞和平等主编：《招商局与中国现代化》，中国社会科学出版社 2008 年版。

俞克明主编：《现代上海研究论丛》（第五辑），上海书店出版社 2008 年版。

颜鹏飞等主编：《中国保险史志（1805—1949）》，上海社会科学院出版社 1989 年版。

中共北京市委党史研究室编：《反饥饿反内战运动资料汇编》，北京大学出版社 1992 年版。

中国第二历史档案馆编：《中华民国史档案资料汇编》，江苏古籍出版社 1998 年版。

中共唐山市委党史办公室编：《唐山革命史资料汇编》（第 4 辑），1984 年。

中共唐山市委党史研究室：《中国共产党唐山历史·第一卷（1921—

1949）》，中共党史出版社 2014 年版。

中华全国总工会中国职工运动史研究室编：《中国工运史料》，工人出版社 1958 年版。

中国劳工运动史编撰委员会编：《中国劳工运动史》，中国劳工福利出版社 1966 年版。

中国社会科学院编：《中国近代史资料丛刊》，上海人民出版社 1988 年版。

中国银行史编辑委员会：《中国银行史（1912—1949）》，金融出版社 1995 年版。

周华孚、颜鹏飞编：《中国保险法规暨章程大全》，上海人民出版社 1992 年版。

中华民国史公职志编纂委员会编：《中华民国史公职志》（初稿），台湾"国史馆"1990 年版。

张侠等编：《北洋陆军史料（1912—1916）》，天津人民出版社 1987 年版。

中央档案馆编：《北伐战争》（资料选辑），中共中央党校出版社 1981 年版。

郑友揆、程麟荪、张传洪：《旧中国的资源委员会——史实与评价》，上海社会科学院出版社 1991 年版。

张梓生、章卓汉编：《申报年鉴（民国二十四年）补编》，上海申报年鉴社 1935 年版。

4. 新编方志

安徽省地方志编纂委员会编：《安徽省志·民政志》，安徽人民出版社 1993 年版。

大连史志办公室编：《大连史志·劳动志》，方志出版社 2004 年版

甘肃民政厅民政志编辑室编：《甘肃民政大事记》，甘肃人民出版社 1992 年版。

广东省地方志编纂委员会编：《广东省志·民政志》，广东人民出版社 1990 年版。

湖南省地方志编纂委员会编：《湖南省志·民政志》，湖南人民出版社

1992年版。

湖南省地方志编纂委员会编:《南岳志》,湖南出版社1996年版。

江西省地方志编纂委员会编:《江西省志·民政志》,江西人民出版社1993年版。

四川省地方志编纂委员会编:《四川省志·民政志》,四川人民出版社1996年版。

山东省地方志编纂委员会编:《山东省志·民政志》,山东人民出版社1992年版。

武汉市地方志编纂委员会编:《武汉市志·民政志》,武汉大学出版社1990年版。

云南省地方志编纂委员会编:《云南省志·民政志》,云南人民出版社1994年版。

5. 回忆录及其他

白崇禧:《白崇禧回忆录》,解放军出版社1987年版(内部发行)。

包惠僧:《包惠僧回忆录》,人民出版社1983年版。

陈诚:《陈诚回忆录》,台湾"国史馆"2003年版。

陈嘉庚:《民国笔记小说大观 陈嘉庚回忆录》,山西古籍出版社1999年版。

陈立夫:《成败之鉴》,台北正中书局1994年版。

冯玉祥:《我的生活》,上海教育书店1947年版。

黄仁宇:《黄河青山》,生活·读书·新知三联书店2001年版。

何应钦:《八年抗战》,国防部史政编译局1982年印。

李默庵:《世纪之履——李默庵回忆录》,中国文史出版社1995年版。

罗章龙:《京汉铁路工人流血记》,河南人民出版社1981年版。

李宗仁:《李宗仁回忆录》,广西人民出版社1991年版。

宋希濂:《宋希濂自述》,中国文史出版社1987年版。

唐纵:《在蒋介石身边八年——侍从室高级幕僚唐纵日记》,群众出版社1991年版。

王恩茂:《王恩茂日记》,中央文献出版社1995年版。

徐润:《徐愚齐自叙年谱》,江西人民出版社2012年版。

中国现代文学馆编:《何其芳文集》,人民文学出版社 1983 年版。
孙中山:《孙中山全集》,中华书局 1982 年版。
朱执信:《朱执信集》,中华书局 1979 年版。
张治中:《张治中回忆录》,中国文史出版社 1985 年版。

二 论著

1. 专著

敖文蔚:《中国近现代社会与民政》,武汉大学出版社 1992 年版。
陈诚:《八年抗战的经过》,台湾"国防部"史政编译局 1982 年印。
陈达:《中国劳工问题》,商务印书馆 1929 年版。
陈国钧:《社会政策与社会立法》,三民书局 1984 年版。
曹剑光:《劳工法的研究》,南华图书局 1929 年版。
陈明远:《文化人的经济生活》,陕西人民出版社 2010 年版。
曹云屏:《求索:一门三烈士》,中共党史出版社 2008 年版
陈志让:《军绅政权——近代中国的军阀时期》,生活·读书·新知三联书店 1980 年版。
邓中夏:《省港罢工概观》,中华全国总工会省港罢工委员会宣传部 1926 年版。
邓中夏:《中国职工运动简史》,中原新华书店 1949 年版。
房列曙:《安徽敌后抗日根据地社会史研究》,安徽人民出版社 2007 年版。
郭士浩编:《旧中国开滦煤矿工人状况》,人民出版社 1985 年版。
公孙訇主编:《高树勋纪念文集》,中国文史出版社 1998 年版。
高晓星、时平编:《民国空军的航迹》,北京海潮出版社 1992 年版。
谷云编:《中国近代史上的不平等条约》,人民出版社 1973 年版。
何家伟:《国民政府公务员俸给福利制度研究》,福建人民出版社 2010 年版。
侯杨方:《中国人口史》第 6 卷,复旦大学出版社 2001 年版。
黄逸峰等:《旧中国民族资产阶级》,江苏古籍出版社 1990 年版。
姬丽萍:《中国现代公务员考铨制度的初创:1928—1948》,天津古籍

出版社 2000 年版。

贾秀岩、陆满平：《民国价格史》，中国物价出版社 1992 年版。

姜迎春：《国家保障：民国时期公职人员抚恤问题研究》，中国社会科学出版社 2017 年版。

孔庆泰等：《国民党政府政治制度史》，安徽教育出版社 1998 年版。

刘国林：《中国历代优抚》，黑龙江科学技术出版社 1988 年版。

刘巨壑：《工厂检查概论》，商务印书馆 1934 年版。

李剑华：《劳动问题与劳动法》，太平洋书店 1928 年版。

林嘉：《社会保障法的理念、实践与创新》，中国人民大学出版社 2002 版。

李俊清：《现代文官制度在中国的创构》，生活·读书·新知三联书店 2007 年版。

李进修：《中国近代政治制度史纲》，求实出版社 1988 年版。

李良志、李隆基编：《中国新民主主义革命通史》（第 9 卷），上海人民出版社 2001 年版。

刘明逵、唐玉良编：《中国工人运动史》（第 1—6 卷），广东人民出版社 1998 年版。

刘明逵、唐玉良编：《中国近代工人阶级和工人运动》（第 1—14 卷），中共中央党校出版社 2002 年版。

刘文英编：《世界军事后勤史》（中册），金盾出版社 1992 年版。

罗哲文：《中国名祠》，百花文艺出版社 2002 年版。

孟昭华、王明寰编：《中国民政史稿》，黑龙江人民出版社 1986 年版。

秦孝仪编：《中华民国社会发展史》，台北近代中国出版社 1985 年版。

泉州华侨抗日史编委会编：《菲岛华侨抗日风云》，鹭江出版社 1991 年版。

孙安第：《中国近代安全史（1840—1949）》，上海书店出版社 2009 年版。

孙本文：《中国现代社会问题》（第四册），商务印书馆 1947 年版。

史国衡：《昆厂劳工》，商务印书馆 1946 年版。

宋鸿兵：《货币战争：金融高边疆》，中华工商联合出版社 2011 年版。

王立等主编：《当代中国的兵器工业》，当代中国出版社 1993 年版。

王奇生：《革命与反革命：社会文化视野下的民国政治》，社会科学文献出版社 2010 年版。

王孝贵、龚泽琪主编：《中国近代军人待遇史》，北京海潮出版社 2006 年版。

吴相湘编：《第二次中日战争史》下册，综合月刊社 1974 年版。

王益英主编：《外国劳动法和社会保障法》，中国人民大学出版社 2001 年版。

文直公：《国民革命北伐成功史》，新光书店 1929 年版。

文直公：《最近三十年军事史》，台湾文海出版社 1987 年版。

吴至信：《中国惠工事业》，世界书局 1940 年版。

许涤新、吴承明编：《中国资本主义发展史》（第一、二、三卷），人民出版社 1985 年版。

项怀诚主编：《中国财政通史》（中华民国卷），中国财政经济出版社 2006 年版。

徐矛：《中华民国政治制度史》，上海人民出版社 1992 年版。

肖如平：《国民政府考试院研究》，社会科学文献出版社 2008 年版。

薛世孝：《中国煤矿工人运动史》，河南人民出版社 1986 年版。

薛毅：《国民政府资源委员会研究》，社会科学文献出版社 2005 年版。

徐有守等：《中华民国公务人员退休抚恤制度》，台北正中书局 1984 年版。

谢振民编：《中华民国立法史》，台北正中书局 1948 年版。

许倬云编：《抗战胜利的代价——抗战胜利 40 周年学术论文集》，台北联经出版事业公司 1986 年版。

杨兵杰：《中国近代公务员工资制度思想研究》，上海财经大学出版社 2006 年版。

杨德华等：《历史上云南对中华民族发展的贡献》，云南民族出版社 2006 年版。

翊动：《蒋党真相：三十年见闻杂记之一》，北京大众出版社 1949 年版。

虞和平等主编：《招商局与中国现代化》，中国社会科学出版社2008年版。

颜鹏飞等编：《中国保险史志》，上海社会科学院出版社1989年版。

杨培新：《旧中国通货膨胀》，人民出版社1985年版。

岳宗福：《近代中国社会保障立法研究（1912—1949）》，齐鲁书社2006年版。

张解民编：《回望抗战：浦江战时实录》，浙江人民出版社2009年版。

赵立新：《德国日本社会保障法研究》，知识产权出版社2008年版。

张瑞德：《抗战期间的国军人事》，台湾"中央研究院"近代史研究所1993年版。

政协衡阳市委员会主编：《衡阳抗战铸名城》，中国文史出版社2005年版。

郑友揆、程麟荪、张传洪：《旧中国的资源委员会——史实与评价》，上海社会科学院出版社1991年版。

［美］阿萨·勃里格斯：《英国社会史》，陈叔平等译，中国人民大学出版社1991年版。

［美］德怀特·L．杜梦德：《现代美国1896—1946》，宋岳亭译，商务印书馆1984年版。

［美］费正清主编：《剑桥中华民国史》，章建刚等译，上海人民出版社1992年版。

［美］何炳棣：《明初以降人口及其相关问题（1368—1953）》，葛剑雄译，生活·读书·新知三联书店2000年版。

［美］齐锡生：《中国军阀政治（1916—1928）》，杨云若、萧延中译，中国人民大学出版社1991年版。

［美］易劳逸：《1927—1937年国民党统治下的中国流产的革命》，王建朗等译，中国青年出版社1992年版。

［美］易劳逸：《蒋介石和蒋经国（1937—1949）》，王建朗等译，中国青年出版社1989年版。

2. 论文类

慈鸿飞：《二三十年代教师、公务员工资及生活状况考》，《近代史研究》1991 年第 3 期。

邓亦武：《论袁世凯政府的文官制度》，《济南大学学报》2002 年第 1 期。

窦泽秀、王义：《1929—1937 年国民党政府推行公务员制度的特点及其历史反思》，《历史档案》1996 年第 4 期。

范彬：《从传统到现代——孙中山的优抚思想与实践》，《绥化学院学报》2000 年第 2 期。

房列曙：《民国文官制度的独特创制》，《史学集刊》2007 年第 6 期。

顾新生：《近代西方资产阶级的文官制度》，《史学月刊》1989 年第 6 期。

衡芳珍：《1927—1936 年南京国民政府劳工立法研究》，硕士学位论文，河南大学，2005 年。

贾秀堂：《南京国民政府"邮政储金汇业局"研究》，博士学位论文，华东师范大学，2008 年。

罗铭：《关于北伐战争的军费问题》，《民国档案》1992 年第 4 期。

罗平飞：《建国前中国共产党军人抚恤优待及退役安置政策研究》，《中共党史研究》2005 年第 6 期。

李琼：《民国社会保险初探》，《华中科技大学学报》2006 年第 1 期。

李琼：《民国社会保险初探》，博士学位论文，武汉大学，2006 年。

鲁卫东：《制度设计与实践的背离——北洋政府时期文官考试初探》，《安徽史学》2008 年第 1 期。

李翔：《抗战时期国民政府陆军抚恤机构初探》，《抗日战争研究》2008 年第 1 期。

李翔：《抗战时期国民政府强化军人抚恤制度原因之分析》，《军事历史》2008 年第 1 期。

李翔：《南京国民政府军队抚恤制度研究》，硕士学位论文，武汉大学，2006 年。

田湘波：《训政前期南京国民政府公务员党化问题之研究》，《云南行政学院报》2005 年第 6 期。

温海红、郭新娟：《我国国家公务员社会保障制度研究综述》，《兰州大学学报》（社会科学版）2005 年第 3 期。

吴建国：《广州——武汉国民政府官制的特点》，《近代史研究》1990 年第 2 期。

王娟：《孙中山的社会保障思想与实践》，《华南师范大学学报》（社会科学版）2005 年第 1 期。

王庆德：《民国年间中国邮政简易寿险述论》，《历史档案》2001 年第 1 期。

武乾：《论北洋政府的文官制度》，《法商研究》1999 年第 2 期。

徐健：《"社会国家"思想、公众舆论和政治家俾斯麦——近代德国社会保障制度的源起》，《安徽史学》2007 年第 4 期。

杨兵杰：《南京国民政府时期公务员工资制度思想评析》，《江苏社会科学》2000 年第 2 期。

《中国妇女慰劳自卫抗战将士总会 8 年工作总报告》，《民国档案》2007 年第 1 期。